PREUSSEN
Verwaltungsgrenzen
0
100
200 km
ERWERBUNGEN
bis 1786
1793-1807
1815
1866
O S T S E E
Memel
Tauroggen
Memel
Tilsit
Preuß
Königsberg
Pregel
Insterburg
Gumbinnen
Serrey
Bartenstein
Angerburg
Litthauen
Ost-
Preußen
NEU OSTPREUSSEN
Neidenburg
Lauenburg
Danzig
Elbing
Kolberg
Köslin
Hinter-
pommern
Bütow
West-
Marienwerder
preußen
Mockrau
Graudenz
Draheim
Kulm
Fordon
Netze-
Bromberg
distrikt
Thorn
Weichsel
Neumark
Landsberg
Netze
Warthe
Küstrin
Posen
Schwiebus
POSEN
SÜD-PREUSS
RUSSLAND
Glogau
Wohlau
Schlesien
Liegnitz
Breslau
Brieg
Hirschberg
Schweidnitz
Oppeln
Oder
Neiße
Neisse
Beuthen
Glatz
Cosel
Jägerndorf
Troppau
ÖSTERREICH

Peter Mast

# Die Hohenzollern

Peter Mast

# Die Hohenzollern

## Von Friedrich III. bis Wilhelm II.

tosa

In Zusammenarbeit mit der Stiftung Mitteldeutscher Kulturrat

Umschlagbild: Archiv für Kunst und Geschichte, Berlin
"Das große Kaiserwappen"
zu Wilhelm II., deutscher Kaiser 1859-1941.
Farblithographie aus: Meyers Großes
Konversations-Lexikon, 6.Aufl., 4. Band,
Leipzig und Wien (Bibliogr. Inst.) 1903

Im Auftrag hergestellte Sonderausgabe


Gesamtherstellung: Der Graph, Wien
Printed in Italy

EBERHARD KESSEL
zum Gedächtnis

# Inhalt

# Vorwort

Die vorliegende Darstellung der Geschichte des Hohenzollernhauses ist im Abstand zu den Begriffen und Maßstäben unserer Zeit geschrieben. Ferngehalten habe ich mich insbesondere von jedem aktualisierenden Räsonnement. Ich bin darum bemüht gewesen, die Hohenzollern und ihr Werk aus ihren jeweiligen Voraussetzungen heraus zur Anschauung zu bringen. Auf diese Weise hoffe ich, dem geschichtlich interessierten Leser am besten zu dienen. Denn »die vielberufene (und vielmißdeutete) historische Gerechtigkeit ist«, wie der große Freiburger Historiker Gerhard Ritter einmal geschrieben hat, »nichts anderes als rechtes Verstehen. Und nur vom Verstehen her ist auch der rechte Begriff historischer ›Objektivität‹ zu finden.« Die dahinterstehende Ehrfurcht vor früherem Leben hat auch Eberhard Kessel, den Biographen Moltkes, erfüllt, dem ich mein Buch nicht mehr, wie einst beabsichtigt, auf den Tisch legen kann. Die vielen Gespräche insbesondere über preußische Geschichte, die ich in einer unverwechselbaren Atmosphäre warmherziger Gastlichkeit in seinem Mainzer Heim mit ihm haben durfte, sind mir unvergeßlich. Der dankbare Rückblick auf unwiederbringliche Tage am Rhein verbindet sich mit dem Gefühl der Schuld, in der ich mich bei meiner Freundin Ingrid Rohn weiß, ohne deren nie versagende Hilfe mir Zeit und Ruhe gefehlt hätten, das vorliegende Werk zu verfassen.

München 1988 *Peter Mast*

# TEIL I

# Von den Anfängen bis zur Reformation 1061–1499

»Der Ursprung und die älteste Geschichte des preußischen Königshauses sind wie bei den meisten großen Dynastien, die in sehr hohes Alter zurückreichen, in tiefes Dunkel gehüllt, das nur von spärlichen Lichtblicken durchbrochen wird; sie sind infolgedessen vielfach Gegenstand haltloser genealogischer Phantasien gewesen, die ja so gern ihre Arabesken um die Stammbäume fürstlicher Häuser ranken, aber auch ein Gegenstand für wissenschaftliche Vermutungen und Streitfragen, die noch bis in die Gegenwart hineinreichen.« So schrieb Otto Hintze 1915 in seiner heute fast klassisch gewordenen Gesamtdarstellung der preußischen Geschichte, die durch die fünfhundertjährige Wiederkehr des Tages, an dem der deutsche König die Mark Brandenburg dem Hause übertragen hatte, veranlaßt worden war.

In alter Zeit dachte man an eine Verwandtschaft mit den Grafen von Colonna, bezeichnete einen Frankenkönig Guntram als Ahnherrn nicht nur der Hohenzollern, sondern auch der Habsburger und der Zähringer oder erfand einen Grafen Thassilo von Zollern, der, angeblich mit den Welfen verwandt und am Hofe Karls des Großen beheimatet, der Stammvater der Hohenzollern wie der Habsburger gewesen sein sollte. Im Gegensatz zu diesen haltlosen Spekulationen wurde der Versuch, die Hohenzollerndynastie auf das alte schwäbische Herzogsgeschlecht der Burkardinger zurückzuführen, von wissenschaftlich sicherem Boden aus unternommen. Indessen konnte der Beweis für eine solche Abstammung trotz allen gelehrten Aufwandes, den man auf die Klärung dieser Frage verwendete, niemals erbracht werden.

Die früheste verbürgte Kunde von den Hohenzollern stammt aus dem Jahre 1061. Unter diesem Datum finden wir in den Annalen des Reichenauer Mönchs Berthold »Burchardus et Wezil de Zolorin« erwähnt. Über beider Verwandtschaftsverhältnisse oder gar ihre Persönlichkeit wissen wir nichts. Ein Sohn, vielleicht auch Enkel Burkhards, war Friedrich I., genannt Maute, Graf von Zollern, der zwischen 1085 und 1115 Erwähnung findet. Er hatte die Schirmvogtei über das schwäbische Kloster Alpirsbach an der Kinzig inne, das von Adalbert von Zollern aus der bald wieder ausgestorbenen Linie Haigerloch im Verein mit anderen Herren gestiftet worden war. Friedrich I. hatte mit seiner Gemahlin Udilhild von Urach aus dem Hause Fürstenberg zehn Kinder; der älteste Sohn war Friedrich II., ein jüngerer Burkhard, der die Linie Zollern-Hohenberg begründete, die bereits 1486 wieder erlosch. Friedrich II. hatte einen Sohn gleichen Namens, der, etwa seit Mitte des 12. Jahrhunderts als Friedrich III. an der Regierung, Sophie,

Erbtochter Konrads II. von Raabs (Österreich), Burggrafen von Nürnberg, heiratete. Von diesem, der als letzter seines Stammes im Jahre 1191 starb, erbte er die im Dienste des deutschen Königs stehende Burggrafschaft Nürnberg. Mit ihr wurde der offensichtlich in der Gunst der Staufer stehende Friedrich im Jahre 1192 belehnt, wodurch die Familie von Schwaben nach Franken gelangte. Dabei behielt Friedrich I., wie er nun genannt wurde, den schwäbischen Besitz noch in eigener Hand. Um 1200 starb der erste Nürnberger Burggraf aus dem Hause Hohenzollern; er ist im St.-Ägidien-Kloster zu Nürnberg begraben. Sein ältester Sohn war Burggraf Konrad I., der wahrscheinlich mit der Erbtochter des letzten Grafen von Abenberg vermählt war, woraus früher gelegentlich eine fränkische Abkunft der Hohenzollern konstruiert worden ist; der zweite Sohn, Friedrich IV., erbte die schwäbischen Besitzungen samt der bei Hechingen gelegenen Stammburg. Er wurde zum Stammvater des heutigen Hauses Hohenzollern-Sigmaringen.

Die Bedeutung des Burggrafenamtes war freilich zu der Zeit, als es die Hohenzollern innehatten, schon erheblich geschwunden. Waren die Burggrafen von Nürnberg ursprünglich die Hüter der kaiserlichen Burg und Vertreter der königlichen Obrigkeit in der Stadt sowie in den sie umgebenden Gebieten gewesen, so konnten sie nun nur noch über ein recht bescheidenes, im Laufe der Zeit noch weiter zusammenschmelzendes Bündel von Gerechtsamen verfügen. Die Ursache dafür lag im Verfall der königlichen Macht, vollends nach dem Zusammenbruch des staufischen Kaisertums, und dem damit im Zusammenhang stehenden Aufstieg der Reichsstadt Nürnberg; auch die Burg befand sich in ihrer Verwahrung. Der eigentliche Wert des Burggrafenamtes für die Hohenzollern lag indessen in der Tatsache, daß ihre Träger Inhaber eines unmittelbar vom König übertragenen Fahnenlehens waren und als solche nach den Festlegungen von 1180 (»jüngerer Reichsfürstenstand«) als Reichsfürsten galten. Die territoriale Unterlage für den damit verbundenen Anspruch mußten sie sich erst noch schaffen.

Ausgangspunkt für die Schaffung einer Landeshoheit war das von den Burggrafen ausgeübte kaiserliche Landgericht; zum Grundstein wurde die vermutlich aus der Heirat Konrads I. stammende abenbergische Erbschaft. Zu dieser gehörten nach unserer Kenntnis neben Abenberg noch Spalt, Fürth, Neustadt a. d. Aisch und die Cadolzburg. Hiermit bildete sich bereits der Kern des späteren Fürstentums Ansbach ab, wenn auch Ansbach selbst noch fehlte. Im folgenden brachten die Hohenzollern dank verschiedener kaiserlicher Verleihungen, durch Lehensnahme, Verpfändungen, die nicht wieder eingelöst wurden, auf dem Erbwege und durch Kauf weitere Bausteine ihrer Macht zusammen.

Burggraf Konrad I., der wie sein Vater ein Parteigänger des staufischen Hauses war, den gebannten Kaiser Friedrich II. in seinem großen Konflikt mit der Kirche freilich verließ, starb um 1260. Er liegt in der Kirche des von den Abenbergern gestifteten Klosters Heilsbronn begraben. Sie ist seitdem die Grablege der fränkischen Hohenzollern.

Haben wir in der abenbergischen Erbschaft die Urform des Fürstentums Ansbach zu sehen, so konnten noch unter Burggraf Konrad durch die Heirat seines Sohnes und Nachfolgers Friedrich die Ausgangspositionen für die Kulmbach-Bayreuther Territorialbildung gewonnen werden. Sie stammten aus der umfangreichen Hinterlassenschaft des Hauses Andechs-Meranien, das 1248 mit Otto II. ausgestorben war, dessen Erbtochter Friedrich geheiratet hatte. Es handelte sich um das Gebiet um Bayreuth und um Hof (welch letzteres die Hohenzollern erst 1373 unmittelbar in Besitz nahmen).

Auch unter Friedrich III. nahmen die hohenzollernschen Burggrafen eine reichstreue Haltung ein. Friedrich hatte wesentlichen Anteil daran, daß 1273 Rudolf von Habsburg zum deutschen König gewählt wurde; er selbst war es, der ihm die Nachricht davon überbrachte. 1278 sehen wir ihn auf dem Marchfeld im Kampf gegen den Böhmenkönig Ottokar II. mit der Sturmfahne des Reiches. Schließlich verhalf er Rudolf auch zur rechtlichen Grundlage dafür, daß er die mit dem Untergang König Ottokars heimgefallenen Lehen Österreich, Steiermark und Krain seinen Söhnen zuwenden konnte. Denn Burggraf Friedrich ist es gewesen, der den Kurfürsten die zur Belehnung notwendigen Willebriefe (den Konsens zu den königlichen Belehnungsurkunden) abgerungen hat. Nach einer zeitgenössischen Reimchronik hat den König niemand mehr betrauert als er, der Rudolf noch auf dessen letzter, von Todesahnungen erfüllten Reise nach Speyer begleitet hatte.

Die Hohenzollern waren in ihrem Dienst für das Reich durchaus auf ihre Kosten gekommen. Zu nennen ist in diesem Zusammenhang vor allem der große Lehensbrief des Jahres 1273, der die politische Stellung der Nürnberger Burggrafen erstmalig rechtsverbindlich fixiert haben mag und ihnen darüber hinaus die weibliche Erbfolge zusicherte.

Friedrich III. starb 1297. Auf seinen Sohn und Nachfolger Johann I., der nach nur dreijähriger Regierung starb, folgte dessen Bruder Friedrich IV. Dieser hielt gemäß der politischen Linie seines Hauses zu den Königen Albrecht I., Heinrich VII. und Ludwig dem Bayern; er entschied durch einen Angriff aus dem Hinterhalt die Schlacht bei Mühldorf 1322 und konnte den Gegenkönig der Frankfurter Doppelwahl von 1314, Friedrich von Österreich, gefangennehmen.

Der Sohn Friedrichs IV., Johann, der dem Vater im Jahre 1332 als Johann II. folgte, hat an der Parteinahme für Kaiser Ludwig festgehalten, wodurch die Hohenzollern zum ersten Male mit der Mark Brandenburg in Berührung gekommen sind: Johann wurde 1345 für kurze Zeit unter Kurfürst Ludwig, einem Sohn des Kaisers, Pfleger und Hauptmann in der Mark. Im übrigen erhielt er den Beinamen Conquaestor, der Erwerber, da er den burggräflichen Territorialbesitz nicht unbeträchtlich abrunden konnte. Schon der Vater hatte 1331 dem Grafen von Oettingen Ansbach mit der

Burg Dornberg abkaufen können. Johann gelang vor allem der Erwerb von Kulmbach sowie der Herrschaft Plassenburg und Bernecks, Teilen der Hinterlassenschaft des Hauses Andechs-Meranien, die in den Besitz der Grafen von Orlamünde gelangt und mit deren Aussterben freigeworden waren. Zum orlamündeschen Erbe gehörte, wie sich später zeigte, auch die Sage von der »weißen Frau«, der letzten Gräfin von Orlamünde, die angeblich in den Schlössern der Hohenzollern immer dann erschien, wenn der Tod eines Familienangehörigen oder ein anderes Unglück bevorstand. »Ursprünglich an der Orlamündischen Plassenburg haftend, die in den Besitz der Hohenzollern überging, ist sie mit diesen in die Mark Brandenburg und in das Schloß zu Cölln an der Spree übergesiedelt, wo der Spuk – trotz mancher inzwischen entlarvter Mystifikationen – seine Gläubigen gefunden hat bis in die hellen Zeiten des 19. Jahrhunderts hinein« (O. Hintze).

Auf Burggraf Johann, der im Jahre 1357 starb, folgte sein Sohn Friedrich V., der zunächst noch (bis 1361) – wie schon sein Vater – eine Nebenregierung von dessen jüngerem Bruder Albrecht zu tolerieren hatte. Friedrich war ein Fürst von einiger Bedeutung. Man sagte ihm Friedensliebe nach, hielt ihn aber in der Verfolgung seiner landesherrlichen Interessen für zähe und unbeirrbar. So hat auch er den Territorialbesitz seines Hauses mehren können. Es ist die Frucht unermüdlicher Kleinarbeit gewesen, daß dieser ausgangs seiner Regierung bereits die Konturen zeigte, die ihn bis zum Ende der hohenzollernschen Fürstentümer in Franken charakterisierten. Zu unterscheiden war seither das Land zu Franken oder *unter dem Gebirge* im Südwesten mit der Stadt Ansbach (Onolzbach), das seit 1385 Residenzort war und 1397 ein Schloß erhielt, und der gleichfalls als Residenz dienenden Cadolzburg (bei Fürth) sowie das Land *auf dem Gebirge* im Nordosten mit Bayreuth, Kulmbach, der Plassenburg und Hof mit dem Vogtland nebst Gebieten des Frankenwaldes und des Fichtelgebirges mit ihren Zinn-, Blei-, Silber- und Goldbergwerken. Dabei war insbesondere das Ansbachische ein kaum arrondiertes, durch geistliche und weltliche (fürstliche und städtische) Einschlüsse gekennzeichnetes Gebiet.

Friedrich V., dessen äußere Erscheinung uns auf einem Votivbild an seinem Begräbnisort zu Heilsbronn überliefert ist, wird eine ungewöhnliche Geschäftskenntnis nachgerühmt, die ihn in den Stand gesetzt habe, Urkunden selbst zu entwerfen. So ist es nicht verwunderlich, daß auch er über die engen Grenzen seiner Territorien auf das Feld der Reichspolitik hinausgriff. Dabei erneuerte er die Reichstreue seines Hauses, die ihn auf die Seite Kaiser Karls IV. führte und etwa als Reichshauptmann an der Spitze eines Landfriedensbundes in Franken, dann als Reichslandvogt im Elsaß und später in Oberschwaben fungieren ließ. Auch eine enge familiäre Bindung schien zwischen den hohenzollernschen Burggrafen und dem Luxemburger Haus zu entstehen: zwei der Töchter Friedrichs wurden mit den Söhnen Karls, Wenzel und Sigmund, verlobt. Freilich hatte diese Anknüpfung in dem klug angelegten System der Hausmachtpolitik Kaiser Karls einen ganz bestimmten Sinn: die Besitzungen des Hohenzollern, der längere Zeit ohne männliche Leibeserben war, lagen in den Regionen, in denen der Kaiser, im Anschluß an sein böhmisches Königreich, Territorialbesitz zu erwerben suchte. Als dem Burggrafen dann doch noch Söhne geboren wurden, sind diese Verlöbnisse wieder aufgelöst worden. Der älteste Sohn Friedrichs, Johann, hat allerdings Karls Tochter Margarethe geheiratet.

Gewinn aus seiner Reichspolitik zog Burggraf Friedrich vor allem mit dem Privilegium von 1363, in dem ihm in der Form einer Goldbulle bestätigt wurde, daß sein Haus ein edles Glied des Reiches (nobile membrum sacri imperii) sei und von alters her dem Reichsfürstenstand angehöre sowie die Privilegien der Kurfürsten genieße. Zu diesen zählte auch die unbeschränkte Gerichtsgewalt (Privilegium de non evocando), die ein Eingreifen des Kaisers nur im Falle der landesherrlichen Rechtsverweigerung zuließ.

Waren nach der Goldenen Bulle von 1356, die die Vorrechte der Kurfürsten festgelegt hatte, die Kurlande unteilbar, so blieben die Territorialfürstentümer im Reich hinter diesem Prinzip noch weit zurück. Auch Friedrich V., der 1397 abdankte und in dem darauffolgenden Jahr starb, hat seine Lande geteilt. Nach einer Verfügung aus dem Jahre 1385 erhielt sein ältester Sohn Johann III. das Land auf dem Gebirge zugesprochen, das der wertvollere Teil des Hausbesitzes war, während der jüngere Sohn Friedrich VI. mit den weniger umfang- wie ertragreichen ansbachischen Landen vorliebnehmen mußte. Beiden Brüdern gemeinsam verblieben das kaiserliche Landgericht, die Nürnberger Burg (nicht zu verwechseln mit der kaiserlichen Burg, die, wie bereits berührt, längst in der Hand der Stadt war) sowie die Bergwerke.

Diese Aufteilung der noch bescheidenen Territorialmasse der Hohenzollern mußte das ohnehin begrenzte Machtgewicht der Burggrafen von Nürnberg vermindern. Unter solchen Umständen war es Johann und Friedrich unmöglich, die ihnen vom Vater überkommenen Schulden abzutragen. So kamen die Kleinodien des Hauses zeitweilig in die Hände jüdischer Kreditgeber. Noch immer halb Territorialfürsten und halb Reichsbeamte, waren die Nürnberger wie eh und je genötigt, ihre Hausinteressen im Anschluß an den Kaiser zu verfolgen.

War in der Reichstreue der Hohenzollern somit weniger ein gleichsam patriotisches Bekenntnis zu sehen als ein Gebot machtpolitischen Überlebens, so sollte sie sich als eine entscheidende Stufe beim Aufstieg des Hauses erweisen. Doch war der Weg, der durchschritten werden mußte, bevor sich ein solcher abzeichnete, verschlungen genug und infolge mancher Wirrnisse beschwerlich. Noch zu Lebzeiten des Vaters (1396) nahmen Johann und Friedrich an einem Türkenfeldzug teil, der vor Nikopolis auf dem rechten Donauufer im heutigen Bulgarien scheiterte. Beide entkamen mit knapper Not; Johann konnte dabei auch Ungarnkönig Sigmund vor der Gefangenschaft bewahren. Im Jahre 1400 war Friedrich mit den vier rheinischen Kurfürsten, als sie vor den Mauern von Oberlahnstein (in der Nähe der sogenannten Wenzelskapelle) die Absetzung König Wenzels aussprachen, weil dieser »unnützlich, träg und für das Reich ungeschickt« sei. Doch das Zusammenwirken mit dem neuen König Ruprecht, seinem pfälzischen Schwager, an dessen Seite er den unglücklichen Italienzug der Jahre 1401/02 bestand, war für Friedrich VI. enttäuschend; in seiner kostspieligen Auseinandersetzung mit Rothenburg o. T., das in diesen Jahren unter der Führung Heinrich Topplers eine ehrgeizige Territorialpolitik betrieb, brachte ihm der vom König vermittelte Frieden von Mergentheim (1408) keine Genugtuung und keinen materiellen Gewinn. Seine finanzielle Lage schien aussichtslos; auch beträchtliche Leistungen seiner Untertanen vermochten das Blatt nicht zu wenden. Friedrich soll sogar daran gedacht haben, seine Hofhaltung aufzugeben und sich an den Hof seines Bruders in Kulmbach zu begeben.

Da erreichte den ratlosen Burggrafen ein Ruf König Sigmunds von Ungarn, der sich an die Kameradschaft der beiden hohenzollernschen Brüder vor Nikopolis erinnern mochte und Friedrich jetzt in seine Dienste zu ziehen trachtete. Dieser folgte 1409 diesem Angebot gegen die Zusicherung eines Jahresgehaltes und stellte seine Familie sowie Land und Leute dem Schutze König Ruprechts anheim. Nach dessen Tod im Jahre 1410 fiel Friedrich die politisch höchst anspruchsvolle Aufgabe zu, Sigmund, der wie schon früher nach dem deutschen Königtum strebte, die Krone zu erkämpfen. Dieses Ziel, das infolge der politischen Verwicklungen der Zeit in Verbindung mit dem päpstlichen Schisma des Jahres 1378 in weiter Ferne liegend erscheinen mußte, konnte mit Sigmunds zweiter Königswahl vom Juli 1411 als erreicht gelten. Burggraf Friedrich VI. hatte sich damit als ein Politiker von hohen Graden erwiesen. Der neue König würdigte Verdienst und Fähigkeit des Hohenzollern, als er ihn 1411 zum obersten Hauptmann und Verweser der Mark Brandenburg ernannte, die von den Söhnen Ludwigs des Bayern auf die Luxemburger übergegangen war. Friedrich wurde mit allen Regierungsrechten eines Markgrafen ausgestattet; lediglich die Kurwürde behielt Sigmund seinem Hause vor. In einer Urkunde vom 30. April 1415 endlich legte dieser Friedrich VI. auch die markgräfliche und die kurfürstliche Würde bei. Am 21. Oktober 1415 huldigten ihm die brandenburgischen Stände auf einem Landtag zu Berlin. Die förmliche Belehnung mit der Kurmark und die Verleihung der Würde des Erzkämmerers vollzog der König am 18. April 1417 am Orte des zu dieser Zeit tagenden Konzils in Konstanz.

Die Mark Brandenburg aus der Hand zu geben war dem Luxemburger nicht leichtgefallen. Einige – freilich nie zu Bedeutung gelangte – Vorbehalte, unter denen die Belehnung erfolgt war, beweisen das. Doch konnte man bereits 1415 erkennen, daß Burggraf Friedrich das Zeug dazu hatte, Brandenburg Ordnung und Frieden zurückzugeben, die dem Lande seit dem

Aussterben des askanischen Hauses im Jahre 1319 in fortschreitendem Maße verlorengegangen waren. In der Mark war in der wittelsbachischen und in der luxemburgischen Zeit die landesherrliche Gewalt in einen unaufhaltsamen Verfall geraten, um sich schließlich nahezu aufzulösen. In das auf diese Weise entstandene Vakuum waren der Adel und die Städte hineingedrängt – nicht um der Führungslosigkeit des Territoriums ein Ende zu machen – das vermochten sie nicht –, sondern um möglichst große Stücke der landesherrlichen Rechte an sich zu bringen. Dieses partikulare Streben endete in einem Kampf aller gegen alle, der jeglicher Ordnung des menschlichen Zusammenlebens und jeder Gesittung ein Ende setzte. Es war schließlich ein Zustand eingetreten, der dem deutschen König ernstliche Sorge bereiten mußte.

Als Burggraf Friedrich im Juni 1412 mit reichem fränkischem Gefolge in die Mark kam, konnte er bei halbwegs guter Aufnahme durch die Städte Berlin, Cölln, Spandau und Brandenburg immerhin die Huldigung der Stände der Mittelmark erlangen, was aber ein feindseliges Beiseitestehen einzelner Adelsfamilien wie der Quitzows nicht ausschloß; die Altmärker und Prignitzer Stände dagegen schenkten dem Verweser keinerlei Beachtung. Es ging dabei vor allem um die nun drohende Einlösung verpfändeter und um die Zurückforderung entfremdeter landesherrlicher Besitzungen und Rechte, die Friedrich aber noch gar nicht auf die Tagesordnung zu setzen wagte. Einer der Quitzows soll zu dieser Zeit geäußert haben: »Und wenn es ein Jahr lang Nürnberger regnete, so wollen wir unsere Schlösser doch wohl behalten.«

Wollte Friedrich mit Aussicht auf Erfolg gegen die Frondeure vorgehen, so mußte er zunächst dafür sorgen, daß sie keine Unterstützung von auswärtigen Mächten erhielten. In erster Linie war da an die Herzöge von Pommern-Stettin zu denken, die mit ihrem Pfandbesitz der Uckermark und ihrer quasi obrigkeitlichen Rolle in den benachbarten Teilen der Mittelmark natürliche Gegner aller Bestrebungen waren, die landesherrliche Gewalt wiederherzustellen. Da half es dem Nürnberger, daß die Pommern der ihnen drohenden Gefahr mit einem eilig improvisierten Angriffsschlag zu begegnen suchten: In einem Gefecht am Kremmer Damm (nordwestlich von Berlin) konnte er ihnen am 24. Oktober 1412 eine Niederlage beibringen, die ihnen für die nächsten Jahre den Geschmack an ähnlichen Vorstößen nahm. Außerdem trug der Ausgang dieses Treffens dem neuen Landeshauptmann ein nicht geringes Maß an Achtung ein, das sogar Parteigänger der Quitzows dazu veranlaßte, in das Lager des Hohenzollern überzuwechseln. Während Sachsen von vornherein auf seiner Seite stand, konnte er mit Hilfe seiner diplomatischen Kunst auch den Erzbischof von Magdeburg sowie die Herzöge von Anhalt, Mecklenburg, Pommern-Wolgast und Glogau auf seine Seite ziehen; der Herzog von Braunschweig-Lüneburg wurde durch ein Jahrgeld König Sigmunds gewonnen.

Nachdem Friedrich VI. auf diese Weise auswärtiger Einflußnahme vorgebaut hatte, trat er dem widerspenstigen Adel entschiedener als bisher entgegen, was sogleich Früchte trug. Ein Großteil der Rebellen – unter ihnen auch Caspar Gans zu Putlitz und Hans von Quitzow – bequemte sich bereits Anfang 1413 zu einem Kompromiß, indem er Friedrich als Landeshauptmann anerkannte und die Einlösung einiger Pfandschaften konzedierte, die Mehrzahl der der landesherrlichen Gewalt entfremdeten Städte und Schlösser aber noch zurückhielt. Friedrich VI. hätten zur Einlösung sämtlicher Pfandschaften zu dieser Zeit ohnehin die Mittel gefehlt. Indessen hielt das Übereinkommen nicht lange: Seine tiefeingewurzelte Fehdelust brachte den Adel bald wieder in einen scharfen Gegensatz zu dem burggräflichen Verweser, der die Aufrührer im Bunde mit Magdeburg und Sachsen im Winter 1414 energisch bekämpfte. Dabei ließ er die Adelssitze mit damals neuartigen Geschützen beschießen, aus denen Pulverladungen Steinkugeln ins Ziel beförderten; das gewaltigste Stück seiner Belagerungsartillerie war die von seinem Deutschordens-Vetter Friedrich von Zollern ausgeliehene »Faule Grete«, die ihren Namen von jenen märkischen Bauern hatte, die die schwere Kriegsmaschine von einem Einsatzort zum anderen zu bringen hatten. Sogar das für unüberwindlich gehaltene Quitzowschloß Plaue an der Havel mit seinen 14 Fuß, d. h. mindestens dreieinhalb Meter dicken Mauern fiel. Die Zeit des frondierenden Feudaladels neigte sich infolge neuer Kriegstechniken dem Ende zu. Schon im März 1414 konnte Friedrich auf einem Landtag in Tangermünde über den unbotmäßigen Adel zu Gericht sitzen. Anschließend ließ er eine Landfriedensordnung ergehen, die sogar das bewaffnete Gefolge des Adels unter die Kontrolle des Landhauptmanns stellte. Hof- und Landesgerichte traten in verschiedenen Teilen der Mark wieder zusammen.

Man versteht es, daß König Sigmund nach solchen Erfolgen kaum noch anders konnte, als Friedrich VI. die Markgrafen- und Kurfürstenwürde nach ihrem vollen Inhalt beizulegen. Damit aber war der Grund zu neuen außenpolitischen Verwicklungen gelegt. Denn der König hatte dem Burggrafen, der sich als Kurfürst Friedrich I. nannte, und seinem Haus die Kurmark mit allen ihren Rechten übertragen. Zu diesen zählte er vor allem auch die Lehenshoheit über Pommern und ferner die über Mecklenburg. Die Maße einer neuen Machtbildung im deutschen Nordosten zeichneten sich ab. Würde nicht zumindest das Brandenburg der askanischen Zeit wiedererstehen? Die Nachbarmächte waren herausgefordert. 1419 schlossen der Erzbischof von Magdeburg, die Herzöge von Pommern und Mecklenburg, Polen und der König der skandinavischen Union, Erich von Pommern, ein gegen Brandenburg gerichtetes Bündnis. Friedrich handelte rasch: Er packte die im März 1420 im Anmarsch befindlichen Mecklenburger und warf sie zurück; am Ende des Monats dann schlug er die Pommern und die Polen in einer dreitägigen Schlacht bei Angermünde, durch die Brandenburg die

Uckermark zurückgewann. Noch im Sommer kam es zu einem dreijährigen Waffenstillstand.

Zugleich konnte Friedrich I. sein politisches Gewicht in Franken erheblich verstärken. Denn im Jahre des Schlachtensieges von Angermünde beerbte er seinen ohne männliche Leibeserben verstorbenen Bruder Johann und vereinigte somit den gesamten fränkischen Territorialbesitz seines Hauses in seiner Hand. Er konzentrierte sich aber weiter auf Brandenburg und überließ die Verwaltung der fränkischen Fürstentümer seiner Gattin Elisabeth, der »schönen Else«, einer Wittelsbacherin aus der Linie Landshut, die nicht nur eine schöne, sondern auch eine kluge und entschlossene Frau und vorzügliche Gattin war. Freilich stellte ein das Wittelsbacher Haus damals erschütternder Familienstreit, in den auch Friedrich I. hineingezogen wurde, den Wert der fränkischen Position wieder in Frage. Ludwig der Bärtige von Bayern-Ingolstadt, der Friedrich die einst seinem Hause durch luxemburgische Ränke entzogene Mark neidete, überzog die fränkischen Lande mit Krieg; die Nürnberger Burg der Hohenzollern, die unmittelbar östlich an die Kaiserburg anschloß, wurde dabei ein Raub der Flammen. Ihre Bedeutung war nach dem starken Schwund der burggräflichen Rechte allerdings nur noch gering gewesen.

Viel mehr als die Möglichkeiten, die sich mit dem fränkischen Gewinn verbanden, fesselte Kurfürst Friedrich eine andere Perspektive, die sich nach seinem Sieg von 1420 ergab. Es gelang ihm, die bisherige Gegnerschaft Brandenburgs zu Polen in eine politische Verbindung zu verwandeln, die sich Ostern 1421 in Krakau in einem Bündnis niederschlug. Damit winkte die früher verlorengegangene Neumark, die Friedrich dem Deutschen Orden, dem natürlichen Gegner Polens, vergeblich abzukaufen versucht hatte. Mit dem Bündnis verknüpft wurde eine Verlobung seines zweitältesten Sohnes, Friedrich, mit der Tochter des Polenkönigs Wladislaw, Hedwig. Aus dieser dynastischen Verbindung nun ergaben sich jene Aussichten, die den Hohenzollern faszinierten.

Denn der König hatte bereits sein sechstes Lebensjahrzehnt durchschritten und war ohne männlichen Nachkommen geblieben. Starb er, ohne daß ihm noch ein Sohn geboren würde, dann sollte ihm der wie seine Braut noch in einem kindlichen Alter stehende Hohenzollernprinz auf dem Throne folgen. Ungeahnte Aussichten auf eine das bisherige Maß sprengende, vom Reiche unabhängige Machtstellung taten sich auf.

Das aber berührte den Kern der Beziehung Friedrichs zu König Sigmund. Was diesem die Beziehung des Kurfürsten zu Polen als unannehmbar erscheinen ließ, war nicht die Tatsache, daß Friedrich nun gegen den Deutschen Ordensstaat stand, während er selbst im Zusammenhang mit dem Hussitenaufstand und im Verein mit der Mehrzahl der Reichsstände auf die Seite des geistlichen Gemeinwesens an der Ostsee trat. Der springende Punkt war der Drang des Kurfürsten, seinen Machtehrgeiz außerhalb des

Reichsverbandes und ohne dessen Fesseln zu befriedigen. Es waren ja nicht nur Anerkennung und Dank gewesen, die den König dazu geführt hatten, Friedrich die Mark zu übertragen; er hatte durch die Einführung des Hohenzollern in das Kurkolleg seine königliche Stellung verstärken wollen. Wie unentbehrlich war er wieder gewesen, als er ihm 1414 den plötzlich unsicher gewordenen Weg zur Aachener Krönung geebnet und mit dazu beigetragen hatte, daß Papst Johannes XXIII. nach seiner Flucht aus Konstanz auf das Konzil zurückkehrte! Der König fürchtete, diesen talentvollen Gefolgsmann zu verlieren. Daher auch seine deutliche Verstimmung darüber, daß Friedrich die Schlacht von Angermünde schlug, statt ihm gegen die Hussiten beizustehen. Ganz mit seinen polnischen Ehe- und Bündnisplänen beschäftigt, bekam Friedrich von Sigmund die Frage vorgelegt, »ob das deinen eren und eiden, die du uns oft getan hast, zimlich und bequemlich were, und ob wir unser woltat an dich wol angelegt hetten«. Ein Zwiespalt, der an nichts Geringeres als den historischen Bruch zwischen Kaiser Friedrich Barbarossa und Heinrich den Löwen denken läßt, tat sich auf.

Die Enttäuschung König Sigmunds, der Kurfürst Friedrich nach eigenem Bekunden wie einen leiblichen Sohn geliebt hatte, ist für die brandenburgische Geschichte nicht ohne Folgen geblieben. Als nämlich der letzte Kurfürst von Sachsen aus dem askanischen Hause im Herbst 1422 gestorben war und Friedrich I. für seinen ältesten Sohn Johann, den man mit einer Nichte des Verstorbenen verheiratet hatte, Anspruch auf die so günstig an Brandenburg angrenzenden Wittenberger Kurlande erheben konnte, ließ der König das brandenburgische Anrecht unberücksichtigt; statt des Hohenzollernprinzen belehnte er Markgraf Friedrich den Streitbaren von Meißen. Damit war der Grund für jene Rivalität zwischen Brandenburg und Sachsen gelegt, die bis in das 18. Jahrhundert hinein währen sollte. Und am Ende gingen die Hoffnungen, die den Grund für das Zerwürfnis zwischen König Sigmund und seinem getreuen Brandenburger abgegeben hatten, gar nicht in Erfüllung! Im Jahre 1424 nämlich wurde dem bejahrten Polenkönig von einer vierten Gemahlin ein Sohn geboren. Der König brachte währenddessen eine Koalition gegen Friedrich I. zusammen, und im Frühjahr 1425 schlugen Pommern, Mecklenburg, der Deutsche Orden und sogar Polen gegen Brandenburg los. Dem von ihnen ausgehenden militärischen Druck war der Kurfürst, der im Reich keinerlei Unterstützung fand, nicht gewachsen. Er mußte die Uckermark aufgeben und hat schließlich resigniert; auf einem Landtag zu Rathenow vom Januar 1426 beauftragte er seinen ältesten Sohn Johann mit der Regentschaft in der Mark. Er erlangte in Wien die Aussöhnung mit dem König und hat sich fortan den fränkischen Fürstentümern gewidmet sowie daneben Anteil an der Reichspolitik genommen.

Bedeutung gewann Friedrich in den nächsten Jahren im Zusammenhang mit der Hussitenfrage. Obwohl selbst ein Gegner des in Verbindung mit ihr angewendeten Kreuzzugsgedankens, hat er an fast allen Feldzügen gegen die

Hussiten, teilweise sogar als Oberbefehlshaber des Reichsheeres, teilgenommen. Gerade deshalb aber erkannte er mit seinem wachen politischen und militärischen Sinn die Aussichtslosigkeit dieser Kriegspolitik. Denn mit seiner verfallenen, nicht mehr fortgebildeten politischen und militärischen Verfassung war das Reich den mit ihr verbundenen Anstrengungen nicht gewachsen. Und als Friedrich sah, daß die Steuer- und die Heeresreform, die dringendsten Stücke der im ganzen 15. Jahrhundert diskutierten Reichsreform, keine Aussicht auf Verwirklichung hatten, ist er kompromißlos für einen Friedensschluß mit den Hussiten eingetreten. So hat er bedeutenden Anteil daran, daß es nach einem langen mühe- und opferreichen Weg 1433 mit den Prager Kompaktaten zum Frieden kam. Das Ansehen des Kurfürsten Friedrich war dadurch erheblich gewachsen, so daß er, als der mit ihm nur äußerlich versöhnte König 1437 gestorben war, als ein aussichtsreicher Thronfolgekandidat hat gelten können. Seine eigenen Hoffnungen sind in die gleiche Richtung gegangen – wie man weiß, vergeblich. Am 21. September 1440 ist er auf der Cadolzburg, seiner Residenz, gestorben; entsprechend seinem Wunsche liegt er in der Klosterkirche zu Heilsbronn begraben. Sein Bild und das seiner Gemahlin Elisabeth überliefert uns der von ihm gestiftete Cadolzburger Altar, der 1873 als Geschenk für das Hohenzollernhaus nach Berlin kam und dort im Jagdschloß Grunewald zu sehen ist.

Das Schwergewicht der Wirksamkeit Friedrichs I. lag in der Reichspolitik. Sein tüchtiger Kampf um die Beherrschung der Mark Brandenburg hat frühe Betrachter vor dem Hintergrund der späteren Bedeutung des Hohenzollernstaates zum Ausmalen eines Bildes verführt, das den Gedanken nahelegt, als sei es unter ihm schon zu den Anfängen einer territorialstaatlichen Entwicklung gekommen. Dazu aber war es in der ersten Hälfte des 15. Jahrhunderts noch viel zu früh. Zudem hat ja Friedrich die Kurmark bereits im Jahre 1426 seinem Sohn Johann überlassen. Gleichwohl machte er, der uns mit seinem bezeugten Interesse für die deutsche Literatur und in seiner Beherrschung der lateinischen, der französischen und der italienischen Sprache sowie in seiner Kenntnis beider Rechte auch eine geistige Seite zeigt, mit der Hohenzollernmacht in der Mark einen Anfang. Das dankte er nicht allein der Gnade König Sigmunds, sondern auch seiner politischen Begabung sowie seinem beständigen und umsichtigen Tatmenschentum. Freilich wußte Friedrich, wieviel er und sein Haus dem König, der 1437 noch zum Kaiser gekrönt worden war, verdankten. Nach dessen Tod schrieb er an seinen Sohn Albrecht: »Ich habe dich und deine Brüder erhöht, daß ihr alle fürstengenossen sein könnt . . ., darum bist du auch verpflichtet, Gott zu bitten für des Kaisers Seele, von dem wir das haben.«

Wie wenig gefestigt der Neuanfang in der Kurmark und wie wenig entschieden noch ihre Zukunft war, zeigte sich bereits zur Zeit der Regentschaft Johanns nach 1426. Obwohl die äußeren Grenzen halbwegs befestigt worden waren, lebte das adlige Fehdewesen wieder auf und drohte das

Land in seinen früheren Zustand der Unsicherheit zurückzustoßen. Die märkischen Städte fanden zu ihren alten Selbstständigkeitsbestrebungen zurück. Freilich wurde diese Wiedererwachung der zentrifugalen Kräfte auch durch die nur geringen politisch-militärischen Interessen des Regenten begünstigt, der nicht von ungefähr den Beinamen »der Alchymist« führte. In einer väterlichen Disposition von 1437, der sein Rückzug aus den politischen Geschäften unter Beibehaltung der vollen Verfügungsgewalt über alle Landesteile und Rechte folgte, hat Friedrich I. ihm das bereits fester in der Hand der Hohenzollern befindliche oberfränkische Land auf dem Gebirge übertragen und die Mark seinem zweitältesten Sohn Friedrich anvertraut, der 1424 von seinen Hoffnungen auf den polnischen Thron hatte Abschied nehmen müssen und 1431, nach dem Tode seiner Braut Hedwig, nunmehr 18jährig, vom polnischen Hof in die Heimat zurückgekehrt war. Die mittelfränkischen Lande um Ansbach kamen an den dritten Sohn des Kurfürsten, Albrecht, der später den söhnelosen und 1464 verstorbenen Johann beerbt hat und damit den gesamten fränkischen Besitz des Hauses in seiner Hand vereinigte. Wie wenig wir uns die frühe brandenburgische Stellung nach Form und Inhalt territorialstaatlich denken dürfen, zeigt auch die Tatsache, daß es 1437, ungeachtet der Vorschrift der Goldenen Bulle, zu einer Teilung der Kurmark kam; Friedrich (II.), dem die Kur und das Erzamt ausschließlich vorbehalten blieben, hat die Lande gemeinsam mit seinem gleichnamigen jüngsten Bruder (»Friedrich der Fette« genannt) regieren sowie sieben Jahre nach des Vaters Tod die Altmark und die Prignitz einschließlich des Bistums Havelberg an ihn abtreten müssen. Dieser Zustand hat bis 1463 angedauert, als der jüngere Friedrich ohne männliche Erben starb.

Das Regiment der Brüder Friedrich und Albrecht, die zusammenhielten und zusammenwirkten, ist dem Hohenzollernhause nicht zum Nachteil ausgeschlagen. Friedrich II. »war eine schlichte, gediegene Natur von starkem Innenleben, aber nicht eben glänzend und eindrucksvoll in seinem äußeren Auftreten; er wußte und hat es oft gesagt, daß er kein Kriegsmann und Feldherr sei; aber er war ein Staatsmann mit vorzüglichen Regenteneigenschaften«. Er, der bereits in der Mark geboren worden war, erschien als »ein märkischer Landesfürst und wollte nichts anderes sein«. Von Haus aus ist Friedrich ein Mann von weichem Inneren gewesen, was er durch die Art verriet, in der er die Erinnerung an seine mit 18 Jahren in seinen Armen gestorbene polnische Braut Hedwig bewahrte. »Er widmete ihr über das Grab hinaus eine schwärmerische Neigung, und wie Dantes Beatrice hat die Gestalt der Frühvollendeten noch in viel späteren Jahren als ein verklärter Schutzgeist ihm vor Augen gestanden« (O. Hintze). Mit dieser Innerlichkeit verband sich eine ernsthafte Religiosität, die ihn 1453 auf eine Pilgerfahrt zum Heiligen Grabe in Jerusalem führte. Freilich war Friedrich den Freuden des Lebens nicht abgeneigt; wiederholt hören wir davon, daß er »uf Brandenburgisch wol gelebt« habe, wobei man nicht nur an schwelgerische

Tafelgenüsse zu denken hat, sondern auch an Vergnügungen mit schönen Frauen. So wurde er eines Tages daran erinnert, daß »sich Euer genad zu Nuremberg mit der appoteckerin, der nestberin und ettlichen frauen von Frankfurt und anderen gehalten hat«.

Die sittliche Reife Friedrichs, die durch solche Nachrichten nicht in Zweifel gezogen werden kann, zumal wir uns das 15. Jahrhundert als ein äußerst sinnenfrohes vorzustellen haben, drückte sich in einem stark ausgeprägten landesherrlichen Pflichtgefühl aus, das eine betont deutsch-kolonisatorische Ausrichtung hatte. Er war wohl ein Fürst des Friedens und der Gerechtigkeit, aber auch ein Politiker von Stetigkeit und Festigkeit. Spätere Zeiten haben ihn daher mit dem Beinamen des »Eisernen« oder des »Eisenzahns« belegt.

Als ein wesentliches Problem stellte sich für Friedrich II. die wiedereingerissene Adelswillkür dar. Und es kennzeichnet die gemüthaften Züge seines Wesens, daß er diesem Übel nicht nur durch ein politisch-rechtliches Verfahren entgegentreten wollte, sondern es auch durch die Einbringung geistig-ideeller Momente zu bekämpfen suchte. Gemeint ist die von ihm betriebene Stiftung des Schwanenordens im Jahre 1440. Vor dem Hintergrund des Niedergangs der hergebrachten Lehenkriegsverfassung und des damit verbundenen moralischen Verfalls des Adels sollte er diesen zu neuen ethischen Grundlagen im Sinne christlicher Gesittung verhelfen und ihn dem Gedanken des monarchischen Dienstes näherführen.

Auch die Städte vermochten sich nicht in die im Wiederaufbau befindliche politische Ordnung des Landes einzupassen. Friedrich I. hatte die Erledigung dieses Problems infolge der Begrenztheit seiner Machtmittel zurückstellen müssen, wobei Johann im besten Falle stehengeblieben war. Friedrich II. nun ließ von Anfang an keinen Zweifel darüber aufkommen, daß er darin eine Wende herbeiführen wolle. Schon bei der Huldigung des Jahres 1440 weigerte er sich, alle städtischen Privilegien im einzelnen zu bestätigen. Im folgenden verdichtete sich die Auseinandersetzung mit den städtischen Gemeinwesen in einem Konflikt mit der Doppelstadt Berlin-Cölln. Friedrich II. nutzte dabei einen – für die deutschen Städte des Spätmittelalters typischen – Kampf der Gewerke gegen das Patriziat um größere Mitwirkungsrechte am Stadtregiment und entwand der Stadt mit dem Diktat einer den Empörern entgegenkommenden »Reformation« der Stadtverfassung wesentliche Gerechtsame, die ihre Selbständigkeit verbürgt hatten: Er behielt sich die Bestätigung der Ratsmitglieder vor, nahm ihr das Niederlagsrecht, das die durchreisenden Kaufleute zu einem kostspieligen Einlagern ihrer Waren genötigt hatte, und die einst gegen schweres Geld erworbene Stadtgerichtsbarkeit. Im übrigen veranlaßte der Landesherr die Aufhebung des 1432 erfolgten Zusammenschlusses Berlins und Cöllns zu einer Stadtgemeinde und verbot ihre Bündnisse mit märkischen und – damit war die Hanse gemeint – auswärtigen Städten. Endlich mußte Friedrich II. auf

Cöllner Gebiet ein für die Errichtung eines kurfürstlichen Schlosses bestimmter Bauplatz abgetreten werden. Dieses in den folgenden Jahren entstehende Bauwerk, die Urform des späteren Königlichen Schlosses zu Berlin, ist von der gedemütigten Stadt als eine Zwingburg empfunden worden. Seine Aufrichtung mag an der Auslösung des »Berliner Unwillens« von 1448, eines verzweifelten Aufbegehrens der Stadt gegen das von der harten Hand des Kurfürsten Verfügte, Anteil haben. Indessen nutzte es der Doppelstadt nichts. Ein ständisches Gericht in Spandau entschied, daß sie an die »Reformation« und die sie begleitenden Regelungen gebunden sei, worin sie sich schließlich auch schickte. Angesichts dieses vollständigen Sieges der landesherrlichen Gewalt hatte diese mit den übrigen märkischen Städten leichtes Spiel; es war entschieden, daß das Städtewesen den Weg zum Territorialstaat nicht verlegen konnte.

Fortschritte auf diesem Wege bescherte dem Kurfürsten auch der welthistorische Streit zwischen päpstlichem und konziliarem Prinzip. Dieser wirkte sich dahingehend aus, daß der Papst die wesentlichen Befugnisse der Kirchenhoheit im Lande dem Landesherrn übertrug. Es handelte sich dabei um die Ernennung der Bischöfe und eine weitgehende Verfügung über die Einkünfte kirchlicher Stiftungen, während sich die Kirche aus der weltlichen Gerichtsbarkeit weitgehend zurückzog und sich auch in der geistlichen beschränkt sah. Der Kurfürst hatte bisher zwar schon die oberste Gerichtsbarkeit in der Mark innegehabt, doch war diese infolge Verfalls der alten Gerichtsverfassung, der Unabhängigkeit der Stadt- und Patrimonialgerichte, Aufkommens von Femgerichten und eben infolge der kirchlichen Gerichtsbarkeit wenig zur Auswirkung gekommen. Diesem Wiederaufleben der landesherrlichen Gerichtsgewalt entspricht es, daß für die Zeit Friedrichs II. von einem kurfürstlichen Kammergericht die Rede ist. Der Rechtsspruch wurde in letzter Instanz in der Kammer des Landesherrn von diesem persönlich oder von seinem Stellvertreter unter Hinzuziehung von fürstlichen Räten gefällt. Wie das Kammergericht sollte sich auch die kurfürstliche Kanzlei als ein Wegweiser in Richtung auf den Territorialstaat erweisen.

Diesem näherte man sich auch dadurch, daß Friedrich II. eine nicht unbedeutende Abrundung des brandenburgischen Territorialbesitzes gelang. In diesem Zusammenhang ist vor allem die Neumark zu nennen, die der Hochmeister des Deutschen Ordens in der Bedrängnis der polnisch-litauischen Umklammerung 1455 an den Kurfürsten verkaufte. Dessen Versuch, Pommern zu erwerben, führte hingegen nur teilweise zum Ziele; ein Feldzug, zu dem er sich im Sommer 1468 um dieses Zieles willen entschlossen hatte, blieb liegen, noch ehe seine Streitmacht die untere Oder und die Küste zu erreichen vermochte. Der Schritt, der Brandenburg den Weg zur See und zur Beherrschung des Oderhandels eröffnet hätte, gelang nicht.

Vielleicht war es dieser Mißerfolg, der der Gesundheit Friedrichs, der schon längere Zeit gekränkelt zu haben scheint, so nachhaltig zusetzte, daß er sich zur Abdankung entschloß. Es war wohl auch eine Melancholie im Spiele – Chronisten sprechen sogar von einer Geisteskrankheit –, die seiner Innerlichkeit nahegelegen und durch das Hinsterben seines einzigen Sohnes 1467 zum Ausbruch gekommen sein mag. Im Jahre 1470 trat er seinem Bruder Albrecht die Regierung der Mark ab und erhielt dafür ein Jahresgehalt sowie als Alterssitz die Plassenburg eingeräumt. Albrecht ermunterte den von Depressionen heimgesuchten Bruder dazu, sich in Franken »zu dem guten wein, dem frischen luft« sich »heraus zu furdern«, um Gesundheit und Freude wiederzugewinnen, »damit euch die sweren gedanken empfallen und langwirig werd«. Alsdann »wollen wir ein hupschs diernlein bestellen, das euch den magen wermet, als man David dem konig gethan hat, der alten burggrafischen gewohnheit nach. Wir haben vil hirs [Hirsche], darumb versaumbt der brunst nit und seyt damit got befohlen.«

Die von der Bruderliebe Albrechts verordnete Altersidylle war nicht von Dauer. Friedrich II. starb, noch nicht sechzigjährig, am 10. Februar 1471 in Neustadt a. d. Aisch. Hatte er sich sein Grab einst in der Cöllner Schloßkapelle bestimmt, so wurde er nun gemäß seiner letztwilligen Verfügung in der Klosterkirche zu Heilsbronn bestattet. Am Ende war er doch in das Land seiner Väter zurückgekehrt. Aber er hatte in der fernen Mark ein bemerkenswertes Werk hinterlassen. Die Fürstenmacht hatte hier feste Fundamente gewonnen.

Vor dem Hintergrund dieses Aufbruchs zu einem Aufbau planvoller Staatlichkeit muß die Regierung des Bruders und Nachfolgers Friedrichs II., Albrecht, als Rückschritt erscheinen. Seine politischen Bestrebungen hatten einen rein dynastischen Charakter und wurden zudem weitgehend durch die fränkischen Interessen seines Hauses gefesselt; die Regierung der Mark Brandenburg hatte er seinem ältesten Sohn Johann übertragen, dem infolge seiner Jugend zunächst noch ein Regentschaftsrat beigegeben war. Allerdings wünschte Albrecht über sämtliche brandenburgischen Angelegenheiten unterrichtet zu sein und die notwendigen Entscheidungen selbst zu treffen.

Ungeachtet seiner Rückgewandtheit war Albrecht, der 1414 in Tangermünde das Licht der Welt erblickt hatte, eine der glänzendsten und begabtesten Fürstengestalten seiner Zeit – »eine Kraftnatur, strotzend von Lebenslust und Tatendrang, überall der erste bei Turnier und Tanz wie im Rat und im Felde; eine hohe, schöne, männliche Erscheinung, ein Liebling der Frauen . . .; immer voran in Sturm und Streit, am ganzen Körper mit Narben bedeckt; zugleich ein glänzender, schlagfertiger Redner und schlauer Diplomat . . .; dabei aber impulsiv und gewaltsam, von derber Ursprünglichkeit und durch beißenden Spott oft unbedacht verletzend, herrisch und ungestüm, ein abgesagter Feind vor allem des städtischen Bürgertums, durchdrungen von dem Hochgefühl fürstlicher Herrlichkeit« (O. Hintze). Das einzige halbwegs authentische Porträt findet sich auf der Predella des

Schwanenordenaltars von 1484 in St. Gumpert zu Ansbach. Entsprechend seinem fürstlichen Selbstgefühl war Albrecht nicht ohne Prunksucht, dabei aber doch sparsam und haushälterisch. Von den Beinamen, mit denen ihn die Zeitgenossen bedachten, Ulysses, vulpes Germaniae, ist ihm Achilles, den er von seinem Freunde und Gönner Papst Pius II. hatte, zum eigentlichen geworden. »Der Krieg und die großen Welthändel«, so schreibt Otto Hintze, »waren sein Element, in dem er sich, dem Zuge seiner Natur folgend, beständig umhertummelte, überall eine glänzende Erscheinung, wohl die glänzendste unter den zeitgenössischen deutschen Fürsten, aber nirgend eigentlich der Meister der Lage und der beherrschende Mittelpunkt der Ereignisse.«

Das vornehmste politische Ziel Albrecht Achilles' bestand darin, seinen von den Besitzungen der Bistümer Würzburg, Bamberg und Eichstätt sowie der Reichsstadt Nürnberg beengten und durchzogenen fränkischen Territorialbestand samt den an ihm haftenden Rechten so zu vermehren und zu arrondieren, daß er schließlich mit dem bayerischen Besitz der Wittelsbacher vergleichbar sein mochte. In diesem Zusammenhang kann auch die Erhebung Ansbachs zur Hauptresidenz im Jahre 1456 gesehen werden. Es ist der Lieblingsgedanke Albrechts gewesen, einst unangefochten den Titel eines Herzogs von Franken führen zu können. Aber diese Pläne und Träume fanden keine Verwirklichung: Die Auseinandersetzungen, die er darum mit Würzburg und Nürnberg führte, sowie der Kampf um die Durchsetzung der in Verbindung mit dem kaiserlichen Landgericht von ihm erhobenen weitreichenden Ansprüche blieben fruchtlos. Ein – durch ein Historiengemälde des 19. Jahrhunderts auch auf unsere Zeit gekommenes – Sinnbild für das Mißlingen der Bemühungen Albrechts ist das Gefecht am Pillenreuther Weiher (im heutigen Landkreis Schwabach) vom 11. März 1450, bei dem der Markgraf einer Nürnberger Streitmacht unterlag. Das entscheidende Hindernis für die Bestrebungen des tatendurstigen Hohenzollern stellten die bayerischen Wittelsbacher dar, die in jenen Jahren, obwohl noch in Erbteilung lebend, zu einer einmütigen Hauspolitik gefunden hatten und zudem über hilfreiche Verbündete (wie zeitweilig den Böhmenkönig Georg Podiebrad) verfügten. Mit dem Prager Frieden von 1463 mußte Albrecht Achilles seine gegenüber Bayern im Zusammenhang mit dem kaiserlichen Landgericht erhobenen Ansprüche fallenlassen. Damit war seine fränkische Territorialpolitik so gut wie gescheitert, wenn er sich das auch »in seiner unverwüstlichen Hoffnungsfreudigkeit und Unverzagtheit« (O. Hintze) nicht hat eingestehen wollen.

Mit der Mark Brandenburg kam auf Kurfürst Albrecht die Erbschaft des Krieges mit Pommern, der sich mit dem sogenannten Glogauer Erbschaftsstreit verband. Dieser hatte seine Ursache darin, daß Albrechts Tochter Barbara 1473 mit dem Piastenherzog Heinrich von Glogau und Krossen verheiratet worden war und Albrecht nach dessen Tode beide Fürstentümer als Erbe seiner Tochter gegen die Ansprüche eines Vetters des Verstorbenen in Besitz nahm. In dieser Angelegenheit machte er sich auch den mächtigen Ungarnkönig Matthias Corvinus zum Gegner, der seinerseits die Pommern unterstützte. Trotz seiner militärischen Tüchtigkeit, insbesondere auch der Kenntnis lokaler militärischer Notwendigkeiten, konnte Albrecht in Pommern im wesentlichen lediglich den Status quo ante sichern und zugleich seine Tochter Barbara für Glogau und Krossen nur in den Anspruch einer finanziellen Abfindung bringen (1479). Statt einer Zahlung kam es 1432 (Vertrag von Kamenz) zu einer Verpfändung von Stadt und Schloß Krossen, Stadt und Schloß Züllichau, des Ländchens Bobersberg (im späteren Landkreis Krossen) sowie der Stadt und des Schlosses Sommerfeld an Brandenburg. Diese Regelung war das Ergebnis von Verhandlungen des Königs Matthias mit Markgraf Johann. Der dabei übergangene Kurfürst Albrecht war über diese Übereinkunft wenig erfreut; wie er seinem Sohne sagen ließ, sei er zum Verhandeln noch zu jung und zu unerfahren und hätte besser getan, statt dessen auf die Schweinejagd zu gehen. Das Ergebnis sollte sich jedoch als ein nicht geringer Gewinn für Brandenburg erweisen; denn die Pfandschaften wurden niemals eingelöst, und die genannten Städte gingen als Lehen der Krone Böhmen (bis 1742) in den dauernden Besitz der Hohenzollern über.

Eine für Albrecht ärgerliche Hemmung seines kriegerischen Entfaltungsdranges blieb seine ständige Finanznot, die umso größer war, als der Kurfürst von seinem Vater beträchtliche Schulden hatte übernehmen müssen. Die Stände der Mark Brandenburg aber waren an der territorialen Ausdehnungspolitik Albrechts gänzlich uninteressiert. Erst nach einem vorläufigen Ende der Kämpfe um Pommern (Prenzlauer Frieden von 1472) ließen sie sich zu einer Geldbewilligung herbei, die sie vor allem an die Bedingung knüpften, daß das Bewilligte ausschließlich zur Schuldentilgung zu verwenden sei. Zudem schmälerte das derzeit wieder auflebende Raubrittertum durch nachhaltige Störung des durch Mecklenburg und die Prignitz führenden Fernhandels die kurfürstlichen Zolleinkünfte. Albrecht, der schon infolge einer Widersätzlichkeit der Städte den Adel nachsichtig behandelte, hat im übrigen innerhalb seiner Territorien, so streitbar er auch war, auf die Anwendung von Gewalt verzichtet. »Land und leut angesehen ist frid besser und überwindung des gemuts«, so schrieb er einmal seinem Kanzler Friedrich Sesselmann.

Um für seine dynastischen Bestrebungen Rückhalt zu finden, hat Albrecht, der hohenzollernschen Tradition entsprechend, politische Nähe zum Kaiser gesucht, ist aber in Verfolgung der Interessen seines Hauses wiederholt auch in einen Gegensatz zum Reichsoberhaupt geraten. Häufig stand er in Diensten des Reiches. Noch anläßlich der Wahl Erzherzog Maximilians zum deutschen König hat er es sich nicht nehmen lassen, sich persönlich an den Wahlort Frankfurt a. M. zu begeben – obwohl er damals bereits stark gichtleidend war und sich nur noch im Wagen fahren lassen konnte oder getragen werden mußte. Bald darauf, am 11. März 1486, ist er, kurz bevor er zur Heimreise aufbrechen wollte, im Frankfurter Dominikanerkloster, das er zur Andacht zu besuchen pflegte, gestorben. Maximilian erwies ihm an der Spitze der anwesenden Fürsten die letzte Ehre. Seine Leiche wurde in Heilsbronn beigesetzt. Er hinterließ gut geordnete Finanzen einschließlich einer ansehnlichen Reserve, teils in Form von Geld, teils anderen Werten wie etwa Getreidevorräten. Der Grund dafür, daß Albrecht ein solchermaßen gut bestelltes Haus hinterlassen konnte, lag in einer Verringerung der Verwaltungskosten, die genauere Aufsicht und Rechnungsführung zuwege gebracht hatten. Namentlich in Franken – in der Mark hatte er sich in den 16 Jahren seiner Regierung nur 35 Monate lang aufgehalten – war überhaupt eine tüchtige Verwaltung entstanden, die durch treffliche Beamte geführt wurde, von denen Ludwig von Eyb der Ältere der bedeutendste und einflußreichste war.

Auch was die Nachfolge in seinen Landen und das Verhältnis der Mitglieder seines Hauses untereinander betraf, hinterließ Albrecht Achilles ein wohlbestelltes Haus. Diesen Teil seiner Hinterlassenschaft hatte er durch die »Dispositio Achillea« vom 24. Februar 1473 geordnet. Darin verfügte der Kurfürst, daß die beiden fränkischen Fürstentümer an seine Söhne Friedrich und Sigismund zu fallen hätten, die Mark Brandenburg aber, obwohl vier Söhne zu versorgen waren, allein dem ältesten Sohn, Johann, vorbehalten sein sollte. Die Belehnung erfolgte zur gesamten Hand mit allen Besitztümern; ein Veräußern von Teilen des ererbten Besitzes war nicht zulässig. Starb einer der Söhne ohne männlichen Erben, so sollte der nächstjüngere an seine Stelle treten, ohne daß die Zahl der regierenden Herren drei überstieg. Titel und Wappen sollten den drei Erben gemeinsam bleiben – außer der Kurfürsten- und Erzkämmererwürde sowie dem Kurzepter, die allein Johann und seinen Nachfolgern zukamen. Somit entstanden drei territoriale Gebilde, in denen eine gesonderte Erbfolge gelten sollte.

Die Grundsätze des Erstgeburtsrechtes und der Unteilbarkeit der Kurmark, wie sie den Festlegungen der Goldenen Bulle entsprachen, enthielt die Dispositio indessen nicht; sie stellte lediglich eine von hausgesetzlichen Bestimmungen begleitete Verfügung einer dynastischen Erbteilung dar. Auch fehlte die ausdrückliche Bestimmung, daß die getroffenen Anordnungen für alle Zeiten gelten und verbindlich sein sollten. Tatsächlich aber hat die Dispositio in diesem Sinne gewirkt und so als Hausgesetz der Hohenzollern gelten können. Die Wege der Mark Brandenburg und der fränkischen Fürstentümer haben sich demgemäß endgültig voneinander getrennt. Was rein dynastisch gedacht war und von der Sorge Albrechts um ein standesgemäßes Auskommen seiner Söhne diktiert gewesen sein mag (er teilte die Mark nicht mehr wie noch sein Vater und wollte leer ausgehende Nachkommen abgefunden oder mit einem Bistum ausgestattet sehen), bildete die formale Grundlage für die Ausbildung einer territorialstaatlichen Ordnung in Kurbrandenburg sowie in den Fürstentümern Brandenburg-Ansbach und Brandenburg-Kulmbach.

Der Weg in die Richtung einer Territorialbildung ist es gewesen, den der neue Kurfürst Johann in der Mark Brandenburg weitergegangen ist. In den letzten Jahren der 16jährigen Regentschaft nicht selten Ziel scharfer Kritik des fernen Vaters (der dann hinzuzufügen pflegte: »zurreis disen zettel und laß in kein mensch lesen«), hat sich Johann sicher nicht bewußt für die Richtung einer territorialen Fortbildung entschieden; sie wird vielmehr Folge der Lage seines Landes gewesen sein. Denn diese ließ politische Aktivitäten außerhalb der Landesgrenzen nicht zu, zumal dem Kurfürsten die fränkischen Gelder, mit denen der Vater Kriege geführt hatte, nicht mehr zur Verfügung standen. So vermochte Johann gerade noch die formale Lehensoberhoheit über Pommern zu behaupten; auf Investitur und Leistung des Lehenseides verzichtete Brandenburg indessen (Vertrag von Pyritz 1493). Andererseits war eine Reihe von inneren Fragen drängend genug, um die ganze Aufmerksamkeit des landesherrlichen Regiments zu beanspruchen. Hierzu gehörte vor allem die Eindämmung des in jüngerer Zeit wieder ausgeuferten Raubritterwesens, dem man 1495 auch von seiten des Reiches durch die Proklamation eines Ewigen Landfriedens zu Leibe ging und dessen Überwindung durch den Übergang des Adels zur Gutswirtschaft sich bereits abzeichnete.

Johann, dem im 16. Jahrhundert aufgrund einer gelehrten Legende lateinische Beredsamkeit nachgesagt und daher der Name »Cicero« beigelegt wurde, zeigte sich auch aus gesundheitlichen Gründen außenpolitischen Unternehmungen abgeneigt. Er war von ungewöhnlich kräftiger Statur (weshalb er von den Zeitgenossen auch »magnus« genannt wurde) und bald sehr beleibt. Er starb am 9. Januar 1499 im Alter von 43 Jahren an der Brustwassersucht, die möglicherweise durch eine Entfettungskur herbeigeführt worden war. Als erster regierender Hohenzoller fand er in der Mark seine letzte Ruhe – zuerst in der Klosterkirche zu Lehnin im Havelland, dann in der Domkirche zu Cölln (heute Berlin), wo ihm sein Enkel Joachim II. durch die Nürnberger Erzgießer Peter und Hans Vischer ein noch heute erhaltenes, mit seinem Abbild geschmücktes Grabmal errichten ließ. Johann hatte nach der kriegerisch bewegten Regierungszeit seines Vaters Albrecht Brandenburg in die ruhigeren Bahnen territorialer Politik zurückgelenkt und hier zugleich eine hundertjährige Periode des Friedens eröffnet, die das Land ein zweites Mal nicht erleben sollte.

# Von der Reformation bis zum Regierungsantritt des Großen Kurfürsten 1499–1640

Der deutsche Territorialismus bildete sich in der Form der landständischen Verfassung aus. In den bedeutenderen Territorien des Reichs – und so auch in Brandenburg – gelangte sie im 16. Jahrhundert zu voller Gestalt. Sie bestand in einem Dualismus der Gewalten. Das Land regierten der Landesherr, der sich eines allmählich an Umfang gewinnenden und sich fortlaufend differenzierenden Regierungsapparates bediente, und die Landstände. Unter diesen hat man sich ursprünglich diejenigen Kreise des Landes vorzustellen, die der Landesherr zu Rat und Hilfe bei seiner Regierung wie zur Wahrung der allgemeinen Ordnung und Sicherheit benötigte, woraus später die gemeine Landschaft aus Prälaten (in Brandenburg nur bis zur Reformation), der Ritterschaft und den Städten wurde, die Korporationen, die den Anspruch erhoben, das ganze Land zu vertreten. Das vornehmste Recht der Landstände bestand in der Steuerbewilligung. Steuern galten zunächst nur als außerordentliche Beihilfen der Stände zu den Ausgaben des Landesherrn, die dieser aufgrund seiner ordentlichen Einkünfte aus seinen Domänen und seinen Regalien (Hoheitsrechten) zu leisten hatte.

Der Einfluß der Stände auf die Geschicke des Landes wuchs an, als seit der Wende vom 15. zum 16. Jahrhundert ganz allgemein die landesherrlichen Mittel immer weniger zur Finanzierung der Landesregierung und der Hofhaltung ausreichten. Der Grund dafür lag nicht nur in der Zunahme der Staatstätigkeit und in den steigenden Ansprüchen des Hofes sowie in den außerordentlichen Notwendigkeiten wie etwa den Türkenhilfen, sondern auch im Verfall des Geldwertes, der sich aus der zunehmenden Ergiebigkeit der erzgebirgischen Silbergruben und dann – in der zweiten Hälfte des 16. Jahrhunderts – aus der spanischen Edelmetalleinfuhr mexikanischen und peruanischen Ursprungs erklärte. Zudem war in Brandenburg bis zum Anfang des 16. Jahrhunderts der Umfang des Dominialbesitzes stark zurückgegangen und somit der Ertrag aus ihm auf ein Geringfügiges zusammengeschmolzen. Das Ende dieser Entwicklung bestand in den märkischen Landen in einer Verständigung Kurfürst Joachims II. mit den Ständen in dem Sinne, daß diese die landesherrlichen Schulden übernahmen und die zu deren Verzinsung und Tilgung notwendigen Steuern bewilligten, dafür aber auch die gesamte Steuer- und Schuldenverwaltung, das spätere kurmärkische Kreditwerk, in ihre Regie übernahmen. Hatte der Kurfürst mit dieser auf einem Landtag im Jahre 1540 getroffenen Übereinkunft auch Terrain an die ständische Gewalt abgetreten, so mußte sie ihm doch zunächst spürbare Erleichterung verschaffen. Deshalb hatte er das Zustandekommen der Regelung unter anderem dadurch gefördert, daß er den kurmärkischen Ständen in ihrem Wunsche, die Reformation eingeführt zu sehen, entgegengekommen war.

Die Reformation ist auch für Brandenburg und die Hohenzollern zu einer bestimmenden Macht geworden. Abgesehen von den geistigen Umwälzungen, die sie hervorrief, hat sie dafür gesorgt, daß der sich entwickelnde Fürstenstaat lange im Zustand seiner ständischen Beschränkung festgehalten worden ist, der Weg zum souveränen Machtstaat zunächst nicht beschritten wurde. »Während ringsumher in der Welt, namentlich in der italienischen, französischen, burgundisch-habsburgischen und spanischen Politik die neue von Machiavelli verkündete Staatsräson dominiert[e], die frei von Gefühlswallungen und Gewissensbedenken nur den politischen Nutzen verfolgt[e] und den Kontinent in immer neue blutige Macht- und Rivalitätskämpfe verwickelt[e]«, so schreibt Otto Hintze, »befestig[t]en sich die lutherischen Fürstenstaaten Deutschlands mehr und mehr in einer kleinmütigen, unpolitischen, ohnmächtig-friedseligen Haltung, die allen Anteil an den großen Gegensätzen und Verwicklungen der Welt ängstlich ... [vermied] und über der Sorge für das geistliche und weltliche Wohl des Fürsten und der Landstände die Anbahnung von Einrichtungen zur Entwicklung von militärisch-politischer Macht gänzlich verabsäumt[e].«

Zunächst einmal machte die Reformation vor den brandenburgischen Grenzen noch halt, obwohl Wittenberg vor den südlichen Eingängen der Mark lag. Lediglich der Humanismus fand in Brandenburg einen »schwachen Widerschein« (O. Hintze). Ein Beispiel dafür ist vor allem die bereits unter Kurfürst Johann in Aussicht genommene Gründung der Universität Frankfurt a. d. O., der Alma mater Viadrina, im Jahre 1506, die freilich auf Dauer mehr der Ausbildung von Pastoren und Juristen gewidmet gewesen ist, als daß sie als ein Mittelpunkt humanistischer Studien hätte gelten können. Abträglich waren ihr die anfängliche Gegnerschaft zu Luther, die Konkurrenz der ebenfalls neugegründeten Universität Wittenberg und auch die mehrfache Verlegung des Lehrbetriebes nach Cottbus infolge Auftretens der Pest. Die brandenburgische Landesuniversität wirkte nicht unwesentlich an der Vermittlung deutscher Kultur in Osteuropa mit; von den rund 2600 ausländischen Studenten, die hier in den etwa 300 Jahren ihres Bestehens immatrikuliert waren, stammten etwa 90 Prozent aus dem Osten. Begleitet wurde die Universitätsgründung an der Oder von einer »Reformation« der Frankfurter Stadtverfassung, die dem künftigen akademischen Anteil an der Einwohnerschaft auch durch die Bestimmung gerecht zu werden suchte, daß jederzeit Rhein- und Frankenweine zum Ausschank kommen sollten sowie zwei Garküchen für die Studenten und den gemeinen Mann einzurichten seien.

Kurfürst Joachim I. war dem Humanismus sehr zugetan, hielt aber bei aller Einsicht in die Gebrechen der Kirche am alten Glauben fest und sah nur eine auf kanonischem Wege vonstatten gehende Reform für vertretbar an, während er eine durch das Volk und die niedere Geistlichkeit getragene Umwälzung verabscheute. Seine gute Bildung – er sprach Latein, Italienisch sowie Französisch und verfügte über gründliche historische und mathematische Kenntnisse – ließ ihn den Umgang mit Gelehrten suchen und in das römische Recht eindringen. Bekannt war seine Redegabe, die ihn aber unter der Wirkung seines hitzigen Temperaments gelegentlich zu unbedachten Äußerungen hinriß. In Neustadt a. d. Aisch, am glänzenden Hofe der Witwe Albrecht Achilles' herangewachsen, hatte er 1499 im Alter von 16 Jahren die Nachfolge seines Vaters Johann in der Regierung angetreten. Er repräsentierte den Typus des Renaissancefürsten im guten Sinne und erwies sich als ein Herrscher von Willenskraft, Autorität und der Fähigkeit kühler politischer Erwägung. Seine erste Bewährungsprobe bestand der noch jugendliche Fürst im Kampfe gegen die Fehdelust und das Raubwesen unter dem Adel seines Landes; noch unter seiner Regierung ist der Landfrieden in der Kurmark auf Dauer befestigt worden. Den ständischen Einfluß hat er in vergleichsweise engen Grenzen zu halten vermocht, die Städte nicht zuletzt wegen nicht zu leugnender innerer Mißstände vollständig unter die landesherrliche Autorität gebeugt. Im übrigen verkündete der Kurfürst, er fühle sich »als der gemein landsfürst dem armen als dem reichen, dem reichen als dem armen fridhanthabung, schutz und schirm zu recht und billigkeit gleich aus schuldig zu sein«. Das hielt ihn aber nicht davon ab, die grundherrlichen Ansprüche auf Dienstleistungen der Dorfbewohner auszudehnen, um dem Adel den Ausbau seiner Existenzgrundlage zu ermöglichen. Auch verfügte Joachim I. Ende 1510 auf Druck der Stände die Ausweisung aller in der Mark lebenden Juden – und das, obwohl er noch ein Jahr zuvor etwa 30 jüdischen Familien Aufnahme in seinen Landen gewährt und ihre Niederlassung in Brandenburg/Havel, Cottbus und Nauen sowie in der Altmark und der Prignitz genehmigt hatte. In dem zwischen den beiden Daten liegenden Jahr war es zu einem Hostienschändungsprozeß gekommen, aus dem die mit der Judenfreundlichkeit des Kurfürsten unzufriedenen Stände Kapital zu schlagen wußten. Die Frage, ob der bei aller Bildung kirchengläubige Landesherr die Unsinnigkeit der im Zusammenhang mit dem Prozeß auf der Folter erpreßten Geständnisse für bare Münze nahm oder nur vor der durch das Verfahren erzeugten Erregung zurückwich, läßt sich nicht beantworten.

Kurfürst Joachim I. hat entsprechend seinem politischen Ehrgeiz und trotz auffälligen Fehlens einer jeglichen kriegerischen Neigung auch in der Reichspolitik eine nicht unbedeutende Rolle gespielt und unter den deutschen Fürsten eine angesehene Stellung eingenommen. Dieser Tatsache verdankte er, dem Weisheit seiner im Kurfürstenkolleg gegebenen Ratschläge nachgerühmt wurde, den Beinamen »Nestor«. Überhaupt gewannen zu Beginn des 16. Jahrhunderts die Hohenzollern im Reich ein vielversprechendes Gewicht. 1511 wählte man Markgraf Albrecht, den dritten Sohn des

Markgrafen Friedrich von Ansbach, zum Hochmeister des Deutschen Ordens; 1513 wurde der einzige Bruder Joachims I., Albrecht, seit Anfang des Jahres mit der Priesterweihe versehen, noch vor Erreichung des kanonischen Alters zum Erzbischof von Magdeburg und Administrator von Halberstadt gekürt und von Papst Leo X. bestätigt. Mit dem Griff nach Magdeburg wurde ein Ziel erreicht, das sich bereits seit der askanischen Zeit mit der Entwicklung der politisch-territorialen Stellung Brandenburgs verbunden hatte. Im nächsten Jahr gelang dem Magdeburger Albrecht der Sprung auf den Mainzer Erzstuhl, der ihm aber in Mainz und vor allem in Rom hohe Kosten verursachte, für die vorerst das Haus Fugger in Augsburg einstand. Zur Schuldentilgung durfte der nunmehrige Kurfürst Albrecht die Hälfte der Einkünfte aus einem Ablaß verwenden, den der Papst für die Kirchenprovinzen Mainz und Magdeburg zur Finanzierung des Baus der Peterskirche in Rom ausschrieb. Die Praktizierung dieses Ablasses ist es gewesen, die zum Anlaß für die Reformation Luthers wurde und die wiederum die Eintracht der hohenzollernschen Fürsten zerstören sollte.

Erzbischof Albrecht, seit 1518 Kardinal, war als ein den Künsten und der Wissenschaft zugetaner Humanist von der Art des Erasmus von Rotterdam gegenüber der neuen Lehre nicht ohne Verständnis; Hochmeister Albrecht, der 1517 gegenüber dem Brandenburger auf alle Ansprüche des Deutschen Ordens auf die Neumark samt Schivelbein und Driesen verzichtet hatte, wurde evangelisch und wandelte auf einen Rat Luthers hin (Albrecht solle die »alberne und sinnlose« Ordensregel abwerfen) den Ordensstaat in ein weltliches Herzogtum um. Joachim I. hingegen, der Albrechts Herzogswürde ebenso wie Kaiser und Reich nicht anerkannte, trat mit unerbittlicher Härte für die Ächtung des Wittenbergers ein; am Erlaß des Wormser Edikts vom 25. Mai 1521 kommt ihm ein wesentlicher Anteil zu. Die Kurie band ihn an sich, indem sie ihm das Recht verlieh, die in seinem Lande gelegenen Bistümer zu besetzen (Nominationsrecht) – ein Privilegium, das bereits Friedrich II. erworben (1447), Joachim selbst aber verloren hatte.

Zu diesem Zeitpunkt hatten die Wege der drei Hohenzollern bereits auch politisch auseinandergeführt. Ihr reichspolitisches Gewicht, nicht zuletzt durch die Verfügung über zwei Kurstimmen bestimmt, konnte nicht zum Tragen kommen. Im Zusammenhang mit der Kaiserwahl von 1519 schlug sich Joachim I. nach anfänglicher Offenheit für beide Parteien auf die Seite von Franz I. von Frankreich und verfolgte zeitweilig auch eine eigene Kandidatur; Kardinal Albrecht dagegen, der mit habsburgischer Unterstützung päpstlicher Legat für Deutschland zu werden hoffte, hatte sich für den spanischen König Karl entschieden, den Enkel Kaiser Maximilians. Karl, der schließlich auch mit der Stimme Joachims I. gewählt wurde, hat dem Brandenburger seine Gegnerschaft nicht vergessen. Im Mai 1521 belehnte er den Herzog von Pommern in aller Form mit seinem Herzogtum, obwohl die deutschen Kaiser und Könige die brandenburgische Lehenshoheit über die

Lande des Greifenhauses stets anerkannt hatten. Der Kurfürst hat sich damit abfinden und am Ende froh darüber sein müssen, als er 1529 in einem im Jagdschloß Grimnitz in der Schorfheide geschlossenen Vertrag das erbliche Nachfolgerecht seines Hauses für den Fall des Aussterbens der pommerschen Herzöge im Mannesstamm zugesichert bekam. Besiegelt wurde die Beilegung des alten Lehnstreites durch die Vermählung Herzog Georgs von Pommern mit Joachims Tochter Margarete im Jahre 1530.

Eine nicht unbedeutende Erwerbung, die Joachim 1528 gemacht hatte, mochte ihn die Einbuße verschmerzen lassen. In diesem Jahr nämlich war, etwa 20jährig, der letzte Sproß der Grafen von Lindow aus dem Hause Arnstein als Inhaber der Herrschaft Ruppin an den Pocken gestorben. Der Kurfürst nahm dessen Lande, die zu Unrecht in Gänze als markgräfliche Lehen galten, umgehend in Besitz und schlug sie zu seinen Territorien. Diese vermehrten sich damit um etwa 1770 Quadratkilometer, drei Städte (Neuruppin, Gransee und Wusterhausen), fünf Städtchen und zahlreiche Dörfer.

Angesichts des weiteren Aufstieges des habsburgischen Hauses in den Jahren 1525 und 1526 (Schlacht von Pavia sowie der Erwerb Böhmens und Ungarns) hat sich der Kurfürst vor dem Zwang gesehen, sich mit Deutlichkeit zum Kaiserhaus zu bekennen. Seine Reden und Drohungen gegen die Anhänger der Augsburgischen Konfession auf dem Reichstag von 1530 sind selbst Karl V. als überzogen erschienen. Die von Karl betriebene Wahl seines Bruders Ferdinand zum Römischen König im Jahre 1531 ist weitgehend Joachim I. zu danken. Das entscheidende Motiv für diese Haltung hat freilich, so stark die Zwänge der Tagespolitik auch wirken mochten, in der unverändert entschiedenen kurfürstlichen Ablehnung des Protestantismus gelegen, der sich in den dreißiger Jahren mit der reichsständischen Opposition gegen Habsburg im Schmalkaldischen Bund zusammenfand. Joachims antilutherischer Affekt erfuhr durch häusliche Umstände noch eine Verschärfung. Kurfürstin Elisabeth, seine Gemahlin, hatte sich der neuen Lehre zugewendet und 1527 das Abendmahl in beiderlei Gestalt genommen. Infolgedessen zumindest von Gefangensetzung bedroht und zudem durch ein ehebrecherisches Verhältnis des Kurfürsten zu der Berliner Patrizierfrau Katharina Hornung gekränkt, verließ sie in einer Märznacht des Jahres 1528 heimlich durch die Hinterpforte das Berliner Schloß, überwand den Festungsgraben in einem Kahn, floh in einem Bauernwagen über Jüterbog an die sächsische Grenze und fand am Hofe ihres Vetters Johann des Beständigen in Torgau und Wittenberg Zuflucht. Bald war sie für Luther seine »liebe Gevatterin« und wurde von ihm zur Patin eines seiner Kinder ausersehen. Dessenungeachtet gab sich Joachim I. der Hoffnung hin, seine flüchtige Gemahlin, eine Schwester Christians II. von Dänemark, könne ihm noch die dänische Krone einbringen. Freilich ist sein in diese Richtung gehender Plan, der durch den Tod Friedrichs I. von Dänemark 1533 hervorgerufen worden war, ohne Grundlage in den dänischen politischen Verhältnissen geblieben und so nicht mehr gewesen als ein Traum. Am 11. Juli 1535 ist Kurfürst Joachim I. gestorben. Seine letzte Ruhe fand er im Berliner Dom, nachdem er zunächst im Kloster Lehnin beigesetzt worden war.

Auf dem Weg des Kurfürstentums Brandenburg zum Territorialstaat hat Joachim I. ein letztes, nach einem Menschenleben freilich wieder verschwundenes Hindernis aufgebaut: In der Ausführung seines Testaments von 1534 wurde vom Erbe seines ältesten Sohnes und Nachfolgers Joachim im Widerspruch zur Dispositio Achillea die Neumark mit Dramburg und Schivelbein, dem Land Sternberg, dem Herzogtum Crossen mit Züllichau und Sommerfeld sowie der Herrschaft Cottbus mit Peitz abgetrennt und seinem jüngeren Sohn Johann übertragen. Dieser (der in Urkunden als Johann erscheint, im vertraulichen Briefwechsel aber mit Hans unterschrieb) verfügte damit über ein Gebiet von rund 12.500 Quadratkilometern Größe, etwa der Hälfte des nunmehrigen Umfangs der Kurmark. Im übrigen legte die letztwillige Verfügung des Vaters beiden Söhnen die Verpflichtung auf, für sich und die Lande an der alten Lehre der katholischen Religion festzuhalten. Doch in diesem Punkt haben sich beide nicht auf den Willen Joachims I. festlegen lassen.

Joachim II. war von seiner Mutter, die 1545 von ihrem in der Elbniederung gelegenen sächsischen Sitz Prettin (im heutigen Kreis Bad Liebenwerda) nach Brandenburg zurückkehrte und hier 1555 starb, früh im lutherischen Sinne beeinflußt worden. Auch hatte er als Dreizehnjähriger bei einem Besuch Wittenbergs eine kurze Unterweisung durch Luther erfahren. Im übrigen wirkte das religiöse Verständnis des Kardinals von Brandenburg, seines Onkels, auf ihn ein, das ihn im Laufe seiner Regierung mehr als andere Fürsten nach einer Vermittlung zwischen den Religionsparteien streben und selbst am Dekor des katholischen Gottesdienstes festhalten ließ.

Neben den angedeuteten Einflüssen drückte sich hierin auch die Persönlichkeit Joachims II. aus. In ihr lagen Konservativ-Beharrendes sowie etwas Versöhnliches, beides zu dem Beinamen »Hektor«, den sich der Kurprinz durch die Beteiligung an einem Türkenfeldzug erworben hatte, ganz und gar nicht passend; die Härte des Vaters fehlte ihm. Er »war ein stattlicher und ritterlicher Herr von fürstlicher Haltung und einem starken Gefühl für die Würde seines Standes und das Interesse seines Hauses, aber weich und schmiegsam in politischen Verhandlungen, friedfertig bis zum Äußersten, nicht ohne einen gesunden Verstand in den Geschäften, aber bequem und lässig, ein Freund der Jagd und prunkvoller Hoffeste, von großem Wohlwollen für seine Untertanen, von großer Freigiebigkeit gegen seine Diener, aber kein Hauswirt, der das Seine zusammenzuhalten verstand, stets von Schulden bedrängt, dabei von einer gemächlichen Jovialität, die auch den Widerwärtigkeiten des Lebens standhielt« (O. Hintze).

Joachim II. war als Grandseigneur im Sinne seiner Zeit auf Glanz und Prachtentfaltung aus sowie allen Lebensgenüssen zugetan – ganz so wie ihn

Lucas Cranach d. J. als Sechzigjährigen, im Pelz und mit reichem Schmuck, gemalt hat. Besonders teuer wurden die durch kostbare Repräsentation angefüllten Aufenthalte auf den Reichstagen. Wie ein Zeitgenosse berichtete, habe den Brandenburger, was Gastereien und Bankette anbelangt hätten, niemand übertroffen. Erheblich schlug auch die Spielleidenschaft des Kurfürsten zu Buche. Und dann die Bauten! Joachim II. hat neben dem Renaissanceneubau des Berliner Schlosses auch das Jagdschloß Grunewald, wo übrigens heute das erwähnte Cranachsche Bild gezeigt wird, errichten lassen. Seine häufigen Jagdaufenthalte haben ihm den Vorwurf seiner Landstände eingetragen, daß er stets »im Holze liege«. Auch mit seinem eheähnlichen Verhältnis zu der schönen Geschützgießerswitwe Anna Sydow, die er noch zu Lebzeiten ihres Gatten kennengelernt hatte, erregte er Anstoß. Sie begleitete den Kurfürsten in Männerkleidern auf die Jagd. Bei ihrem Anblick sollen einmal in der Nähe von Beelitz Bauern gefragt haben: »Ist die unsers gnädigen herrn unechte frau? Wie das ers tut und wir's nicht dürfen!« Daraufhin habe Joachim zu seiner Gießerin gesagt: »Kanstu nicht beiseite gehen?«

Außer Einflüssen und der Wesensart Joachims II. waren für dessen vermittelnde Haltung in Konfessionsdingen auch verwandtschaftliche Verhältnisse mitbestimmend. Er hatte Rücksichten auf seine streng altgläubigen Schwiegerväter Herzog Georg (den Bärtigen) von Sachsen und Sigmund von Polen sowie dessen sehr fromme Tochter, seine zweite Gattin Hedwig, zu nehmen, mochten auch die Gewinne, die ein Landesfürst aus einer Säkularisierung des Kirchenbesitzes zu ziehen vermochte, noch so verlockend sein und dem ständig in Geldverlegenheiten steckenden Kurfürsten höchst hilfreich erscheinen. Das außenpolitische Interesse des Hauses (Magdeburg und Halberstadt) gebot es zudem, eine Herausforderung des Kaisers und des Papstes zu vermeiden. So verwundert es nicht, wenn er für seine Person erst 1563 den formellen Übertritt zum Protestantismus vollzogen hat. Als in der Mitte der dreißiger Jahre der Schmalkaldische Bund als politischer Zusammenschluß des reichsständischen Protestantismus mehr und mehr an Profil gewann, hat sich Joachim II. wie zuletzt noch der altgläubige Vater von ihm zurückgehalten. Statt dessen regte er in einer Zusammenkunft mit König Ferdinand an, daß sich die Konfessionsparteien bereits vor dem Zusammentritt des von Kaiser Karl V. erstrebten Konzils auf der Linie der Gewährung des Laienkelches und des Zugeständnisses der Priesterehe treffen sollten. Da der König darauf einging und die Kurie keine Einwände erhob, wurden 1539 die im Reiche bestehenden Konfessionsverhältnisse mit dem »Anstand« von Frankfurt a. M. bis auf weiteres festgeschrieben. Aber der Kaiser versagte schließlich die Sanktionierung des Abkommens, da er seine Hoffnung allein auf das Konzil setzte.

Innerhalb der eigenen Grenzen hemmte der Kurfürst nach dem Scheitern seiner konfessionspolitischen Bemühungen seine Schritte nicht mehr, zumal hier die Einführung der Reformation noch 1539 auf Druck der Städte und der Ritterschaft im Einvernehmen mit dem Bischof von Brandenburg ihm keine Veranlassung dazu gab. Die brandenburgische Kirchenordnung von 1540 fand die Zustimmung Luthers, obwohl in dieser, der Vorliebe Joachims entsprechend, noch manches an alten Gebräuchen zu finden war. Habe der Kurfürst an einer Chorkappe und einem Chorrock nicht genug, so meinte er, so solle man getrost deren zwei anziehen und auch so viel Prozessionen begehen, wie er haben wolle – solche Stücke »geben oder nehmen dem evangelio gar nichts«. Dagegen hielt das die Kurfürstin-Mutter vorerst von einer Rückkehr nach Brandenburg ab. Aber auch der Kaiser hat die Kirchenordnung Joachims, der in diesen Jahren unter dem Einfluß des mit seinem Lehrer Luther zerfallenen Berliner Hofpredigers Johann Agricola stand, gebilligt – und zwar vorbehaltlich einer späteren generellen Regelung der Religionsverhältnisse, was ein (im folgenden nicht beachtetes) Verbot der Einziehung von Klöstern und Stiften einschloß.

Das Wohlwollen des Kaisers hatte allerdings seinen Preis. Der Kurfürst ging die Verpflichtung ein, weder mit Frankreich oder anderen fremden Mächten noch mit Reichsständen Bündnisse zu schließen. Im Zusammenhang damit hat Brandenburg in dem Anfang der vierziger Jahre um Geldern entbrennenden Krieg wie auch in der 1546 ausbrechenden Auseinandersetzung mit dem Schmalkaldischen Bund (hier nach anfänglicher Neutralität) auf der Seite Habsburgs gestanden. Gleichzeitig führte Joachim II. nach dem Scheitern des von ihm geleiteten Türkenfeldzuges von 1542 – weniger angesehen als vordem – seine konfessionellen Vermittlungsversuche fort, ohne daß sie freilich greifbare Ergebnisse gehabt hätten. Dabei wäre das Verhalten König Ferdinands, der die Erbverbrüderung Brandenburgs mit dem Herzog von Liegnitz, Brieg und Wohlau und damit eventuelle Ansprüche auf dessen Territorialbesitz für nichtig erklärt hatte, durchaus dazu geeignet gewesen, Kurfürst Joachim auf die Seite der glaubensverwandten Schmalkaldener zu treiben. An der norddeutschen Version des 1548 vom Kaiser verordneten konfessionellen Interims, dem Leipziger Interim, wirkte Brandenburg sogar mit. Glaubte der Kurfürst doch, damit sein Land weiterhin vor der Geißel des Krieges zu bewahren und dabei die lutherische Lehre von der Rechtfertigung allein durch den Glauben sowie die vom Abendmahl nicht verraten zu haben.

Diese Politik, bei der Joachim II. durch den aus Meißen stammenden Rat Eustachius von Schlieben beraten wurde, war auch im Sinne der jeder äußeren Verwicklung abholden regionalen Selbstgenügsamkeit der Stände, obwohl es unter ihnen viel Unzufriedenheit mit dem Interim gab. Die Ständepolitik des Kurfürsten zeichnete sich allerdings keineswegs durch Milde aus. Die bischöfliche Gewalt hatte er weitgehend ausgeschaltet und den geistlichen Grundbesitz in der Mark an sich gebracht. Dadurch ist es zu einer wesentlichen Zunahme des zuletzt arg zusammengeschmolzenen

Domänenbesitzes gekommen. An der landesherrlichen Schuldenmisere hat das allerdings nichts ändern können, da das Kloster- und Stiftsgut sogleich wieder an adelige Herren verpfändet wurde. Joachim II. trieb also eine in ihrer Art durchaus erfolgreiche, auf Frieden für Brandenburg und landesherrlichen Erwerb gerichtete Politik.

In manchem ähnlich und doch wieder ganz anders nimmt sich das Lebenswerk des kurfürstlichen Bruders Johann aus. Beide Fürsten waren in ihrem Wesen sehr verschieden. Hans von Küstrin war härter und strenger und zeigte sich, »eine tiefe und aufrichtige Frömmigkeit mit klugem politischem Egoismus und rücksichtslosem Geschäftsgeist« verbindend, dem Bruder »an Tatkraft und ökonomisch-politischem Verstand weit überlegen, wenn er auch andererseits mancher sympathischer Eigenschaften Joachims entbehrte. Er war ebenso einfach und haushälterisch, wie sein Bruder verschwenderisch und prunkliebend war« (O. Hintze). Dementsprechend hat Markgraf Johann sein Territorium wirtschaftlich ausgebaut und militärisch gesichert. Als fürstlicher Finanzspekulant, der er war, hinterließ er ein Vermögen in Höhe von mehr als einer halben Million Gulden; dagegen bestand der Nachlaß Joachims aus einer Schuldenlast in der fünffachen Höhe dieses Betrages. Der sorglose Kurfürst hatte das zu Schuldverschreibungen notwendige Ringsiegel Personen überlassen, die sich damit »einen ganzen haufen blankett« anfertigten. In ihrer Habgier hatten manche sogar vor der Fälschung des kurfürstlichen »handtzeichens« (also des Unterschriftenstempels) nicht zurückgeschreckt, wie man nach dem Tode Joachims aufdeckte.

Auch in politisch-konfessioneller Hinsicht unterschied sich Joachim in bemerkenswerter Weise von seinem Bruder Johann. Dieser war bald nach seinem Regierungsantritt in der Neumark (1536 oder 1537) offen und ohne Vorbehalt zum Luthertum übergewechselt und 1538 dem Schmalkaldischen Bund beigetreten. Freilich trieb ihn ein familienpolitisch bedingter Konflikt mit den Verbündeten im Schmalkaldischen Krieg auf die Seite des Kaisers (der ihm für die Neumark das Recht freier Religionsausübung zusicherte). Er machte sich eine Weile lang Hoffnung auf den Erwerb des Territorialbesitzes der Herzöge von Pommern, die im Gegensatz zum Hause Habsburg standen. Auf dem Augsburger »geharnischten« Reichstag des Jahres 1548, auf dem der siegreiche Kaiser Karl das konfessionelle Interim diktierte, bewies Johann von Küstrin unter Berufung auf sein Gewissen wie wenige charaktervolle Standfestigkeit. Dabei hatte es in Augsburg an einer eindrucksvollen Druckkulisse nicht gefehlt. Spanisches Kriegsvolk bildete von der Wohnung des Markgrafen bis zum Quartier des Kaisers eine Gasse, als Johann diesen aufsuchte. Die kompromißlose Ablehnung des Interims und seine Weigerung, an der Fronleichnamsprozession teilzunehmen, trugen ihm kaiserliche Ungnade ein. Daß er nicht gefangengesetzt wurde, mochte er der Fürsprache König Ferdinands und der Rücksichtnahme auf den dem Kaiser so sehr entgegenkommenden kurfürstlichen Bruder zu danken haben. Nach der Rückkehr in die Neumark setzte er diese in Anlehnung an die von ihm geschaffenen festen Plätze Küstrin und Peitz (dieses im heutigen Kreis Cottbus) in Verteidigungszustand und plante eine antihabsburgische Defensivallianz, die freilich nicht zustande kam; das Interim machte er seinen Untertanen nicht einmal bekannt. Auch Herzog Albrecht von Preußen, der den Ordensstaat in scharfem Gegensatz zu Karl V. säkularisiert hatte, meinte mit einem kaiserlichen Angriff rechnen zu müssen.

Entsprechend dem Normalmaß der deutschen Fürsten des 16. Jahrhunderts haben Joachim II. und Johann von Küstrin, kaiser- und reichstreu, wie sie waren, niemals daran gedacht, in der Verteidigung der ihnen fraglos kostbaren fürstlichen Libertät von der Defensive in die Offensive überzugehen. Noch in seinem Testament von 1562 mahnte Joachim II. seine Söhne, Bündnisse nur im Falle eines Angriffs auf die Stände der Augsburgischen Konfession, d. h. die evangelischen Reichsstände, einzugehen; dann sei »eine freundliche, christliche vorstendnus« wohl geboten – »doch anders nicht dan defensive«.

Wenn Kurfürst Moritz von Sachsen im Gegensatz dazu in Anlehnung an Frankreich eine deutsche Fürstenopposition gegen das mit der Niederlage des Schmalkaldischen Bundes übermächtig gewordene Haus Habsburg organisierte, so nimmt er sich damit in der deutschen Welt des konfessionellen Zeitalters als eine moderne Ausnahmeerscheinung aus. Bei den Verhandlungen, die Moritz auf seinem Jagdschloß Lochau (dem heutigen Annaburg im Kreis Torgau) im Herbst 1551 unter Teilnahme eines französischen Abgesandten führte, war zwar auch Hans von Küstrin anwesend; als es hier aber vor allem auf französisches Drängen hin um den Abschluß eines Offensivbündnisses ging, geriet Markgraf Johann bei einer Abendtafel mit dem kursächsischen Gastgeber in einen heftigen Wortwechsel und ritt in der Frühe des folgenden Morgens mit seinem Gefolge davon, womit das sächsische Unternehmen endgültig aus dem Kreis seiner Überlegungen ausgeschieden war. In einem Brief an Herzog Albrecht von Preußen, der den Markgrafen hatte umstimmen wollen, meinte er im Hinblick auf die Franzosen und Moritz von Sachsen, es sei besser, »den brat gerochen« zu haben als mit solchen Händeln die deutsche Wohlfahrt zu zerstören, »damit wir tausend mal lieber den tod auf uns laden möchten«. Joachim II. beteiligte sich erst recht nicht an der Fürstenopposition gegen Kaiser Karl V. Freilich sind auch die beiden brandenburgischen Brüder in den Genuß des Sieges der fürstlichen Libertät im Jahre 1552, d. h. der Rücknahme des Interims und der Tatsache gekommen, daß der Weg zu einem Religionsfrieden geebnet war.

Als Moritz zwei Jahre früher die durch den Augsburger Reichstag von 1550 über Magdeburg verhängte Reichsexekution zu vollstrecken gehabt hatte, war ihm Joachim hingegen beigesprungen. Dafür lag aber die Niederschlagung der Magdeburger Empörung gegen das Interim im brandenburgischen Interesse. Am Beginn der vierziger Jahre war auch im Magdeburger

Erzbistum die Reformation durchgedrungen. Kardinal Albrecht hatte es nicht hindern können, nun aber der neuen Lehre weniger Verständnis entgegengebracht als vordem. Seine Lieblingsresidenz Halle a. S. wurde ihm auf diese Weise ganz verleidet, so daß er schließlich nur noch in Mainz lebte, wo er 1545 seine Tage beschloß.

Sein Nachfolger war sein fränkischer Vetter Johann Albrecht, dem Joachims II. jüngerer Sohn Friedrich als Koadjutor mit dem Recht der Nachfolge an die Seite gestellt wurde, nachdem der Vater Moritz von Sachsen unter Ausnutzung von dessen Notlage im Schmalkaldischen Krieg die Zustimmung dazu abgepreßt hatte. Friedrich bestieg den Erzstuhl 1550, eben zu der Zeit, als es um die Niederschlagung des erwähnten Magdeburger Aufstandes ging, und starb bereits 1552.

Als Nachfolger konnte Joachim II. gegen kursächsische Ansprüche seinen jüngsten Sohn Sigmund durchsetzen, unter dem, obwohl er als Sohn der katholischen Hedwig seinem Glauben treu geblieben zu sein scheint, der Protestantismus im Erzbistum vollständig den Sieg davontragen konnte.

Der Nachfolger Sigmunds wurde nach dessen frühem Tod 1566 wiederum gegen sächsischen Widerstand der älteste Enkel Joachims II., Joachim Friedrich, der, da nach dem geistlichen Vorbehalt von 1555 ein geistlicher Fürst im Falle eines Glaubenswechsels Amt und Einkünfte verlieren sollte, als weltlicher Administrator bestellt wurde (das Bistum Halberstadt fiel an einen braunschweigischen Prinzen). Zudem versagte Kaiser Maximilian II. Joachim Friedrich den Lehensindult, d. h. die einstweilige Übertragung der Regalien (die der dem Protestantismus zuneigende Kaiser anderen Administratoren durchaus nicht verweigerte). Daraus aber ergaben sich unter den Reichsständen Meinungsverschiedenheiten über die Gültigkeit der magdeburgischen Stimme im Fürstenrat. Diese haben sich zu dem Magdeburger Sessionsstreit ausgewachsen, der, bis an den Vorabend des Dreißigjährigen Krieges andauernd, am Ende sogar mit zu einer Lähmung der Reichsverfassung beigetragen hat. Begleitet wurde die Magdeburger Angelegenheit zuletzt noch von der Straßburger Stiftsfehde, die 1592 nach dem Tode des Bischofs zur Wahl eines katholischen und eines evangelischen Nachfolgers führte. Dem Bischof Karl von Metz aus dem Hause Guise stand der brandenburgische Markgraf Johann Georg gegenüber, ein Sohn des Magdeburger Administrators. Am nachhaltigsten vertreten wurden dabei die Interessen des Hohenzollernhauses von Georg Friedrich von Ansbach, dem »besten Mann und einzigen Staatsmann in der Familie« (R. Koser).

Es war einst Friedrich IV. oder der Ältere gewesen, der die fränkische Linie des Hohenzollernhauses begründet hatte. Er war seinem Vater Albrecht Achilles 1486 zunächst nur im untergebirgischen Ansbach gefolgt, während sein Bruder Sigismund das Oberland geerbt hatte. Seit dem Tode des Kulmbacher Markgrafen im Alter von nur 28 Jahren, 1495, befanden sich beide Herzogtümer in der Hand Friedrichs.

Friedrich der Ältere erinnerte in Haltung und Erscheinung an die eindrucksvolle Rittergestalt seines Vaters, entbehrte aber der staatsmännischen Begabung und des wirtschaftlichen Sinnes, die diesen ausgezeichnet hatten. Häufige Kriegszüge (darunter wie zu Zeiten seines Vaters gegen Nürnberg) und eine aufwendige Hofhaltung (vor allem auf seinem Lieblingssitz Plassenburg über Kulmbach, den er hatte prachtvoll ausbauen lassen) brachten seine Lande an den Rand des Ruins; seine Untertanen drückten hohe Steuern und andere Belastungen. Es wurde ihm zum Verhängnis, daß sich das Renaissancehafte seines Hofes in seinem Sohn Kasimir in eine pathologisch zu nennende politische Machtgier wendete. Er sowie seine Brüder Georg und Johann nahmen eine gesundheitliche Krise und nervliche Erschütterungen des Vaters zum Vorwand, ihn seiner Herrschaft zu berauben. In der Nacht zum Aschermittwoch des Jahres 1515 überfiel Kasimir gemeinsam mit Johann die soeben noch von Maskentreiben erfüllte Plassenburg, riß den weintrunkenen Markgrafen aus dem Schlaf, zwang ihn zur Unterzeichnung einer vorbereiteten Abdankungserklärung und ließ ihn in einem Turmgemach der inneren Burg festsetzen.

All das geschah nach offizieller Begründung »Plodigkeit halben«. Obwohl es für eine tatsächliche Geistesgestörtheit des Markgrafen nicht den geringsten Anhaltspunkt gibt, erklärten sich die Landstände auf ihrem Landtag in Baiersdorf (bei Erlangen) mit dem Verfahren einverstanden; ja sogar der Kaiser bestätigte es und belehnte Kasimir und Georg mit den fränkischen Fürstentümern. Währenddessen schmachtete Markgraf Friedrich im Turmverlies der Plassenburg, durfte nur Umgang mit seinen Wächtern haben (sogar Kurfürst Joachim I. bemühte sich vergeblich darum, ihn besuchen zu dürfen), war ohne Geld und wurde schließlich noch der letzten ihm lieben Gegenstände beraubt. Der Schloßhauptmann der Plassenburg, der dem Gefangenen gelegentlich einen Gulden schenkte, damit dieser mit seinen Wächtern um Pfennige spielen konnte, bat voller Mitgefühl um eine mildere Behandlung seines einstigen Herrn. Erst die Verwendung verwandter Höfe schien eine Besserung der Lage Friedrichs zu bringen. Dieser hätte dafür aber förmlich auf die Regierung verzichten und sich dazu verpflichten müssen, für seine Gefangennahme keine Vergeltung zu üben, ohne damit doch die Freiheit in vollem Maße wiederzuerlangen. Er lehnte eine solche Lösung auch voller Zorn ab, und so blieb seine Situation bis zum Tod Kasimirs im Dezember 1527 unverändert. Seitdem konnte er sich wieder uneingeschränkter Freiheit erfreuen und lebte mit einem kleinen Hofstaat noch neun Jahre lang in Ansbach.

Markgraf Kasimir hat nach der Absetzung seines Vaters die markgräflichen Lande meist allein regiert. Er war ungeachtet seiner befremdlichen Härte ein einsichtsvoller wie tatkräftiger Landesherr und ein draufgängerischer Soldat. Zeugnisse seiner regelnden Hand sind die Einführung der Bamberger Halsgerichtsordnung (1516), einer Bergwerksordnung (1520), eines einheitlichen Getreidemaßes (1515) und einer alle Teile der Bevölkerung heranziehenden Wehrordnung (1520). Trotz strengster Sparsamkeit gelang es Kasimir aber nicht im entferntesten, der seit den Zeiten des Vaters die Lande drückenden Schulden Herr zu werden. Der Grund dafür lag unter anderem in den kriegerischen Aktivitäten des Markgrafen, in denen er immer wieder seine unmenschliche Härte und seine Unbarmherzigkeit unter Beweis stellte. Vornehmstes Beispiel hierfür ist die Niederschlagung des Bauernkrieges des Jahres 1525 in Franken. Seine Rache traf auch die Bürger von Kitzingen, die sich mit den Bauern verbunden hatten. Viele von ihnen ließ er auf dem Marktplatz blenden oder ihnen den Schwurfinger abschlagen. Auf kriegerische Wege führte Kasimir wiederholt seine Ehe mit der bayerischen Herzogstochter Susanne, die eine Nichte Kaiser Maximilians I. war. Als oberster Feldhauptmann von dessen Enkel Ferdinand hat ihn auch der Tod ereilt: In der soeben dem ungarischen Gegenkönig Johann Zapolya abgerungenen Stadt Ofen erlag er im September 1527 – erst 46jährig – der Ruhr. Im Kloster Heilsbronn liegt er begraben.

Noch unter der Regierung Kasimirs hatte sich in den fränkischen Territorien der Hohenzollern die reformatorische Bewegung ausgebreitet. Friedrich der Ältere soll sich in seinen letzten Lebensjahren zur neuen Lehre bekannt haben, während Kasimir selbst, der religiös indifferent war, zu ihr stets Distanz hielt. Dafür bekannte sich sein Bruder Georg, dem 1527 die Herrschaft über beide Fürstentümer vorerst allein zufiel, da Kasimirs Sohn Albrecht (später Alkibiades genannt) noch unmündig war, um so entschiedener zur Reformation. Schon um 1525 hatte Georg, der zunächst zum Geistlichen bestimmt war, die Lehre Luthers im Herzogtum Jägerndorf eingeführt. Das böhmische Schlesien diente ihm als politisches Betätigungsfeld, seit er hier ein Äquivalent für seine aus erster Ehe stammenden Besitzungen in Ungarn, Kroatien und Slawonien suchte. Mit dem Erlös dieses umfangreichen, aber durch die Türken gefährdeten Grundbesitzes erwarb Georg neben dem erblichen Besitz des Herzogtums Jägerndorf den Pfandbesitz der Herrschaften Oderberg und Beuthen sowie der Herzogtümer Oppeln und Ratibor, welch letztere allerdings 1552 von König Ferdinand I. wieder ausgelöst wurden. In seinen fränkischen Erblanden führte Markgraf Georg zwischen 1528 und 1533 die Reformation ein. Mit der Reichsstadt Nürnberg verabredete er 1528 in Schwabach ungeachtet des traditionellen politischen Gegensatzes eine große Kirchenvisitation und die Vorbereitung einer Kirchenordnung, die 1533 erschien und für andere evangelische Reichsstände vorbildlich wurde. Auch im Reich war Georg, der mit Luther in persönlicher Verbindung stand und bald den Beinamen »der Fromme« zugelegt bekam, ein unbeugsamer Verfechter der reformatorischen Lehre. Freilich hielt ihn seine Ergebenheit gegenüber dem Kaiser beim Schwäbischen Bunde fest und hinderte ihn am Beitritt zum Schmalkaldischen Bund. Vom Schmalkaldischen Krieg blieben seine Lande auf diese Weise verschont. Aber das lutherische Bekenntnis hatte in beiden Fürstentümern so tiefe Wurzeln geschlagen, daß die Einführung des Interims am Widerstand der Geistlichkeit scheiterte. Wie so oft in der deutschen Fürstenwelt dieser Tage, verband sich auch bei Georg mit tiefverwurzelter Reichstreue unerschütterlicher Gewissensernst. So verwundert auch die bekannte Szene mit Kaiser Karl V. auf dem Augsburger Reichstag von 1530 nicht, in der der Markgraf sein Bekenntnis mit den Worten verteidigte, ehe er Gott und sein Wort verleugne, wolle er lieber niederknien und sich seinen Kopf abschlagen lassen – worauf der Kaiser geantwortet haben soll: »Nit Kopp ab, löwer Fürst, nit Kopp ab!«

Die innere Verwaltung der Fürstentümer, die sich seit 1541 aufgrund einer von Albrecht betriebenen Landesteilung dieser und sein Oheim Georg teilten, wurde durch einen ständig wachsenden Schuldenberg überschattet. Georgs Hofhaltung im Stile der Renaissance hatte einen nicht geringen Anteil an den Finanzproblemen. Der Ansbacher Markgraf erließ eine Kammer- und Hausordnung sowie eine Kanzlei- und Hofordnung (1531), vernachlässigte aber auch seine schlesischen Besitzungen nicht. 1528 kam es in Ansbach zur Gründung eines Gymnasiums, das wie so manches andere der Zeit Hochschulcharakter besaß. Am 27. Dezember 1543 starb Georg der Fromme. Er ist wie sein Vater Friedrich der Ältere in der Klosterkirche von Heilsbronn begraben. Ein zeitgenössisches Epitaph, auf dem beide kniend unter einem Kruzifix dargestellt sind, erinnert dort an sie.

Der Neffe Georgs, Markgraf Albrecht, ist es gewesen, der in das mit dem Augsburger Religionsfrieden von 1555 endende Reformationszeitalter die letzte große Beunruhigung gebracht hat. Ihm, dem humanistische Zeitgenossen den Beinamen Alcibiades (mit Beziehung auf den bedeutenden athenischen Staatsmann und Feldherrn gleichen Namens) verliehen hatten, gab sein Kulmbach-Bayreuther Territorium zuwenig Raum, um seinen Tatendrang stillen zu können. Während des Schmalkaldischen Krieges auf der Seite Karls V., dann an der Fürstenverschwörung gegen diesen beteiligt und danach wieder in Diensten des Kaisers, den er im Winter 1552/53 bei der Belagerung von Metz mit 18.000 Mann gegen die mit Kurfürst Moritz verbündeten Franzosen unterstützte, stellte er schließlich auf das ernsteste den Allgemeinen Landfrieden des Jahres 1495 in Frage. Er überzog nach dem Abschluß des Passauer Vertrages vom 15. August 1552, den er als einziger der an der Fürstenopposition Beteiligten nicht als Friedensinstrument anerkannte, die Bistümer Würzburg und Bamberg sowie die Reichsstadt Nürnberg, ferner auch kurmainzisches Gebiet sowie Worms und Speyer mit Krieg, um sich unter dem Vorwand einer »notdürftigen Reformierung« der geistlichen Reichsstände ein Herzogtum Franken zu erobern. Aber mit seinen Unternehmungen, die von einer Fülle kleinlicher Räubereien, von Erpressung, Brandschatzungen und Kontributionsforderungen begleitet waren, konnte sich Albrecht noch weniger Aussicht auf Erfolg machen als einst sein Urgroßvater Albrecht Achilles. Das Interesse an der Wahrung des Landfriedens war bald ganz allgemein; Kurfürst Moritz von Sachsen wendete sich gegen ihn, stellte ihn am 7. Juli 1553 mit einer Streitmacht bei dem braunschweigischen Sievershausen (heute Kreis Burgdorf) und trug einen vollständigen Sieg über ihn davon, verlor aber freilich selbst sein Leben. Diese Niederlage hat Albrecht niemals zu überwinden vermocht; landflüchtig und vom Reichskammergericht mit der Reichsacht belegt, ist er 1557 in seinem Asyl bei seinem Schwager, dem Markgrafen Karl von Baden, in Pforzheim gestorben. Er war, wie Otto Hintze geurteilt hat, »zweifellos der kühnste und tatkräftigste unter den damaligen Hohenzollern, aber seinem Wagemut fehlte die nötige Besonnenheit und politische Zucht«.

Was geschah mit den Landen des Geächteten? Joachim II. erreichte es im Einvernehmen mit Hans von Küstrin, der anfänglich selbst begehrliche Blicke auf das Kulmbacher Fürstentum gerichtet hatte, daß die Gegner Albrechts dessen Territorialbesitz unter Hinzufügung einer Entschädigung für die Zerstörung der Plassenburg im Kampfe gegen den Geächteten wieder herausgaben. Er wurde, da Albrecht keinen Erben hatte, dem Ansbacher Markgrafen Georg Friedrich übertragen, dem einzigen Sohn Georgs des Frommen, der diesem 1556 nach einem vormundschaftlichen Regiment in der Regierung nachgefolgt war.

Markgraf Georg Friedrich war wie der Vater ein grundsatztreuer Lutheraner. Hatte die brandenburgisch-nürnbergische Kirchenordnung von 1533 im wesentlichen nur der Feststellung der Lehre gegolten, so bildete Georg Friedrich die äußere Verfassung und das Regiment der neuen Lehre aus. Sein Werk waren die Verstaatlichung der geistlichen Güter und ihre Nutzbarmachung zugunsten des Kirchen-, Schul- und Wohlfahrtswesens sowie die Kirchenorganisation. Das landesherrliche Kirchenregiment ging von einem Konsistorium in Ansbach aus, das in der Gestalt von 1594 größtenteils noch der heutigen evangelischen Kirche in Bayern als Leitungsorgan dient.

Sehr bedeutsam für die hohenzollernschen Territorien in Franken war die Tatsache, daß unter Georg Friedrich die bei seinen Vorgängern aufgelaufenen Schulden abgetragen werden konnten. Ein Instrument hierfür war eine hohe Steuerlastquote, die nur aufgrund einer in den Fürstentümern bereits eingetretenen wesentlichen Schwächung der Landstände denkbar war. Im übrigen kam es zu wirksamen Reformen auf den Gebieten des Forst-, Münz- und Bergwerkswesens sowie zu grundlegenden Bestimmungen etwa für Handel und Gewerbe, Hygiene oder Gesundheitswesen. Obwohl Frieden herrschte, wurde streng auf die Einhaltung der Wehrordnung von 1520 gesehen und so die militärische Kraft der markgräflichen Lande erhalten. Mit einer Behördenorganisation entstand der Rahmen eines neuzeitlichen Fürstenstaates: Ein Hofrat war für Justiz und Verwaltung, ein Kammerrat für Wirtschaft und Finanzen und das Konsistorium für Kirche,

Schule, Ehegericht und Zensur zuständig. Für die Außenpolitik stand dem Markgrafen, der ein persönliches Regiment führte, ein Geheimer Rat zur Verfügung.

Dieses für den frühneuzeitlichen Fürstenstaat typische Regierungsorgan erlangte insbesondere bei Abwesenheit des Markgrafen Bedeutung. Zu einer solchen kam es vor allem infolge der Pflichten Georg Friedrichs als Herzog von Preußen, die ihn 1578 sowie zwischen 1580 und 1586 ständig in Preußen und seiner Residenz Königsberg festhielten. Er hatte hier – wie von einer eigens gebildeten preußischen Kanzlei in Ansbach aus – die Regierung für seinen geisteskranken Vetter Albrecht Friedrich zu führen. Dabei erfüllte er mehr als eine bloße Regentschaftspflicht; er reorganisierte die Verwaltung und die Wirtschaft des früheren Ordensstaates nach fränkischem Muster und leistete manchen Beitrag zur Kultur des ostdeutschen Landes. Die 1544 gegründete Universität Königsberg erfreute sich aufmerksamer Pflege und eines weiteren Ausbaus, es entstanden neue Gymnasien, und erstmals seit dem Versiegen der Siedlerströme im Zuge der deutschen Ostwanderung um 1350 kam es wieder zu kolonisatorischen Taten mit Hilfe holländischer Siedler.

Markgraf Georg Friedrich, der sich auch in Franken sehr um die Künste und die Wissenschaften verdient machte – erwähnt sei die Umwandlung der Ansbacher Wasserburg in ein Renaissanceschloß im Jahre 1587 –, starb am 25. April 1603 ohne einen männlichen Leibeserben und andere fränkische Agnaten, die die Erbschaft hätten antreten können. Auch er wurde in Heilsbronn bestattet. Mit ihm war die ältere Linie der fränkischen Hohenzollern ausgestorben. Gemäß des Geraer Hausvertrages von 1598, der die Unteilbarkeit der Mark Brandenburg festgesetzt hatte, folgten auf Georg Friedrich zwei jüngere Stiefbrüder des brandenburgischen Kurfürsten Joachim Friedrich, Christian und Joachim Ernst. Der ältere, Christian, erlangte durch das Los das Kulmbachische Oberland, während Joachim Ernst das Fürstentum unterhalb des Gebirges mit der Residenz Ansbach zufiel. Das schlesische Herzogtum Jägerndorf gelangte in die Hände Johann Georgs, des zweiten Sohnes des Kurfürsten Joachim Friedrich und vormaligen Administrators von Straßburg.

Die Straßburger Position hatte infolge der unglücklichen Reichspolitik der protestantischen Stände im Zeitalter der Gegenreformation aufgegeben werden müssen. Und mit dem Tode des Markgrafen Georg Friedrich war jeder größere Gesichtspunkt von der hohenzollernschen Hauspolitik gewichen. Kurfürst Johann Georg hatte sich nur aus hausväterlicher Sorge durch politische Unternehmungen und Spekulationen von der Art der Straßburger Angelegenheit oder des Hinarbeitens auf eine Jülicher Sukzession aus seiner geruhsamen Lebensweise aufstören lassen. Immerhin war ihm selbst, noch als sein Enkel zum Straßburger Bischof gewählt wurde, in der Gestalt seines 21. Kindes ein sechster Sohn geboren worden, und dem Kurprinzen wuchsen sieben Söhne heran.

Kurfürst Johann Georg war der Sohn und Nachfolger Joachims II. Dieser hatte am 3. Januar 1571 in seinem Jagdschloß zu Köpenick an der Spree seine Tage beschlossen. Er war am selben Tage noch auf der Wolfsjagd in den Müggelseeforsten gewesen. An der Abendtafel sprach man viel von Christi Tod und Auferstehung; dabei zeichnete der Kurfürst ein Kruzifix auf den Tisch und verschied wenige Stunden später mit den Worten: »Das ist gewißlich wahr.«

Mit Johann Georgs Regierungsantritt wurde die Neumark wieder mit der Kurmark vereinigt, da Johann von Küstrin seinen Bruder nur um zehn Tage überlebte und keinen erbberechtigten Nachkommen hinterließ. Der bei Regierungsbeginn bereits 45jährige Kurfürst erwies sich in den nächsten Jahren als guter Hauswirt, was ihm den Beinamen »Oeconomus« einbrachte – also als das Gegenteil seines Vaters. Dessen verschwenderische Hofhaltung hatte er vom kurprinzlichen Sitz Zechlin aus, einer inmitten ausgedehnter Wälder gelegenen Wasserburg der Bischöfe von Havelberg (im späteren Kreis Ostprignitz), mit Erbitterung beobachtet. Der Sinn des Kurfürsten, der lange Jahre mit der Verwaltung eingezogenen geistlichen Besitzes beschäftigt gewesen war, richtete sich ganz auf die ihm anvertraute Kurmark, deren Schuldenbelastung er mit Hilfe des vom Vater übernommenen Kanzlers Distelmeyer drastisch reduzierte. Dennoch waren auch Mittel für die weitere Ausgestaltung des Berliner Schlosses durch Graf Rochus zu Lynar da, den Vollender des Spandauer Festungsbaus. Begleitet war der Wechsel in der Finanzgebarung von der Verhängung unbarmherziger und auch ungerechter Strafen gegen diejenigen, die an der vergangenen Schuldenwirtschaft Anteil gehabt haben sollten. Den jüdischen Münzmeister Lippold, der Joachim II. den letzten Nachttrunk gereicht hatte und deshalb auch des Mordes an seinem Herrn bezichtigt wurde, beförderte man durch Vierteilung zum Tode. Damit einher gingen Plünderungen von Judenhäusern sowie eine abermalige Ausweisung aller Juden. Wie sein Großvater begünstigte der Kurfürst die Ausdehnung der adligen Gutswirtschaft und ihrer Rechte gegenüber den erbuntertänigen Bauern. Damit stand aber allzuoft deren Existenz in Frage. Daher machte Johann Georg im Juli 1572 dem Küstriner Kanzler deutlich, es sei nicht seine Absicht gewesen, »die armen leute über die 2 tage mit noch mehr diensten gar ausmatten zu lassen«; er habe sich nicht versehen, daß »ehrbare und vernünftige vom adel mit ihren leuten so unchristlich umgehen und sie über die gewöhnlichen zwei tage, welche ihnen doch schwer genug werden, mit mehr diensten belegen sollen«.

Die Scheu des Kurfürsten, sich in die großen politischen Auseinandersetzungen seiner Zeit einbeziehen zu lassen, war auch ein Ausfluß seines orthodoxen Luthertums und des mit diesem verbundenen Quietismus', zumal es ihn von den calvinistischen Reichsständen entfernte, die den Gedanken einer kämpferischen Behauptung gegenüber der altgläubigen Partei hochhielten.

Mit Kursachsen vereinbarte er 1577 unter Mitwirkung seines geistlichen Beraters Andreas Musculus (Meusel) eine strikte Konkordienformel, die sich gegen die Anhänger Melanchthons und die Calvinisten richtete. Mit den Wettinern war sich Johann Georg auch darin einig, daß die von Papst Gregor XIII. veranlaßte Kalenderreform von 1582 unberücksichtigt bleiben sollte, so daß sie in Brandenburg erst 1612 Eingang fand. In seiner politischen Friedfertigkeit räumte der Kurfürst den pommerschen Herzögen für den damals nicht unwahrscheinlichen Fall des Aussterbens des Hohenzollernhauses (die Dynastie stand nur noch auf vier Augen) eine Anwartschaft auf die Neumark ein, im Ausgleich zu den Ansprüchen, die die Hohenzollern zu den präsumtiven Erben des pommerschen Greifenhauses machten; den Handelsstreit zwischen Stettin und Frankfurt a. O., bei dem der Stettiner Herzog Johann Friedrich, ein Schwiegersohn des Kurfürsten, seine Hände im Spiel hatte, konnte dieser indessen nicht beilegen.

Kurfürst Johann Georg starb am 8. Januar 1598. Er stand im 72. Jahre und erreichte damit von allen Kurfürsten seines Hauses das höchste Lebensalter, worin man auch ein Ergebnis seiner für die Zeit geradezu untypischen Mäßigkeit im Genuß gesehen hat. Chronisten vermerkten, daß man zu seiner Zeit bei Hofe trunkene Leute nur dann gesehen habe, wenn fremder Besuch im Schloß gewesen sei. Ein Kind seiner Zeit war Johann Georg in seiner Hinneigung zur Alchemie. Er zog den vielgewandten Baseler Goldschmied und Schriftgießer Leonhard Thurneysser in seine Dienste und wies ihm als Wohnung und Arbeitsstätte das Gebäude des aufgehobenen Franziskanerklosters zu Berlin zu, in dem übrigens auch das spätere »Gymnasium zum Grauen Kloster« begründet wurde (an der heutigen Klosterstraße).

Die politische Zurückhaltung Johann Georgs, seine schroff-intolerante religiöse Überzeugungstreue und seine sparsame Haushaltsführung (die allerdings unter dem Einfluß seiner dritten, 38 Jahre jüngeren Gattin Elisabeth von Anhalt wieder einer größeren Ausgabenfreudigkeit wich) waren ganz im Interesse der Stände gewesen. Unter seinem Sohn und Nachfolger Joachim Friedrich, dem bisherigen Administrator von Magdeburg, haben sich die Grundverhältnisse der brandenburgischen Politik nicht geändert. Dabei war er im Laufe der langen Jahre, in denen er das magdeburgische Erzstift verwaltet hatte, mit dem Ziel einer Stärkung der protestantischen Sache im Reich für ein Zusammenwirken von Lutheranern und Calvinisten eingetreten. Nun aber, beim Regierungsantritt 52jährig und vor der Zeit gealtert, hatte er nicht mehr die Kraft, nach seinen Überzeugungen zu handeln. Allzuoft befolgte er den Grundsatz, alles »dem lieben Gott anheimb« zu stellen, der »seiner gerechtigkeit nach unserer gerechten sache wohl beizustehen und alles zu seines namens lob und ehre hinaus zu führen wissen wird«. Am energischsten kümmerte er sich noch um die Verwirklichung seines Planes einer Schiffahrtsverbindung zwischen der Oder und der Havel, ein in seiner Zeit gewaltiges »Wassergebäude«, das heute, im 18. Jahrhundert erneuert, unter der Bezeichnung Finowkanal eine knapp 32 Kilometer lange Wasserstraße bildet.

Was die Außenpolitik betraf, in der sich um die Jahrhundertwende herum die Gegensätze im Reich mit den großen Auseinandersetzungen in Westeuropa verbanden, wobei auch brandenburgische Interessen im Spiele waren, setzten dem Kurfürsten zudem die Stände enge Grenzen. Wenn es auf dem Landtag von 1602/03 noch nicht einmal gelang, das Problem der landesherrlichen Schulden einigermaßen befriedigend zu lösen, so fehlte es erst recht an Möglichkeiten, die Ständevertreter an der Straßburger Stellung oder den durch den Kurfürsten miteröffneten Jülicher Erbaussichten der Hohenzollern zu interessieren und zu entsprechenden Bewilligungen zu bewegen. Als es im Mai 1608 zur Bildung einer evangelischen Union kam, stand Brandenburg beiseite. Joachim Friedrich starb am 28. Juli 1608, von der Jagd kommend, in einem Reisewagen in der Nähe des Dörfchens Grünau (heute Berlin-Grünau) an einem Schlaganfall.

Auf Joachim Friedrich, der sich mit der Stiftung eines Gymnasiums in dem von ihm für Glasbläser gegründeten und nach ihm benannten Städtchen Joachimsthal am Rande der Schorfheide ein Denkmal gesetzt hat (1650 nach Berlin verlegt, seit 1912 in Templin/Uckermark und dort 1945 aufgelöst), folgte sein Sohn Johann Sigismund in der Regierung. Dieser war als Kurprinz leidenschaftlich um die Einfügung Brandenburgs in die evangelische Kampffront im Reich bemüht gewesen. Beim Antritt seiner Regierung war er, obwohl erst 37 Jahre alt, nicht mehr gesund. Man hat sich ihn nach der Charakterisierung von Otto Hintze als »eine weiche, leicht erregbare, aber wenig energische Natur« vorzustellen. Die Kräfte des Gemüts überwogen bei ihm den politischen Sinn und die Fähigkeit zu verantwortungsbewußtem Handeln. »Er war von tiefer Frömmigkeit, aber zugleich von einer derben Genußfreudigkeit, wie sie damals an den Fürstenhäusern überhaupt sehr stark im Schwange ging. Er liebte die Freuden der Tafel und einen starken Trunk; zunehmender Leibesumfang verband sich früh bei ihm mit geistiger Schwerfälligkeit und Unlust zu den Geschäften.« In der jülichkleveschen Erbsache vertraute er schließlich, ganz wie der Vater und der Großvater, nur noch auf Gottes Fügung; »ich kann nicht anders als fleißig beten«, schrieb er einmal an seine Frau Anna. Um so mehr Energie bewies diese, die älteste Tochter des Herzogs von Preußen. Sie hatte ihren eigenen Kopf und war über die Schwächen ihres Gatten, den sie zärtlich liebte, tief bekümmert. Während er schon seit längerem dem Calvinismus zuneigte, hielt sie auch über seinen Glaubenswechsel hinaus am Luthertum fest. Sie sträubte sich gegen Zugeständnisse des Kurfürsten hinsichtlich ihrer Ansprüche auf das Erbe ihres Onkels, des Herzogs von Jülich, an die Mitbewerber Pfalz-Neuburg und Sachsen, ja sie suchte sogar, seine Politik zu hintertreiben. »Herr Schwager, E[uer] L[iebden] und ich, wir wollten uns schon vergleichen«, so schrieb der sächsische Kurfürst Johann Georg eines

Tages an Johann Sigismund, »wenn E. L. gemahlin nicht wäre. Ich habe auch eine, wenn sie mich aber so tribulirte [quälte], als sie E. L. zu zeiten tut, es würden gewiß maulschellen fallen.« In der Tat kam es bei aller Friedfertigkeit und Schwäche des Kurfürsten immer wieder zu heftigen Auseinandersetzungen zwischen den beiden Eheleuten, in deren Verlauf oft genug Teller und Gläser zu Bruch gingen. In späteren Jahren, insbesondere nachdem Johann Sigismund 1616, erst 44jährig, einen Schlaganfall erlitten und dabei die Sprache verloren hatte, bestimmte die Kurfürstin die brandenburgische Politik fast vollständig allein.

Daß dieser Politik nachhaltige Erfolge versagt blieben, lag nicht nur an der Schwäche und der Zerfahrenheit der kurfürstlichen Regierung. Um etwa die Chance wahrnehmen zu können, die mit dem Tode des letzten Herzogs von Jülich im Jahre 1609 gegeben war, bedurfte es weitaus größerer Mittel als der verfügbaren. Die Stände der Kurmark waren an dem Erwerb eines kurfürstlichen Außenpostens am fernen Niederrhein nicht interessiert; und der Übertritt des Kurfürsten zum Calvinismus zur Weihnacht des Jahres 1613, der, wiewohl von Gewissensgründen veranlaßt, die Niederlande an das Interesse des Kurhauses fesseln sollte, machte die lutherisch gesinnten Stände nicht geneigter, Gelder zu bewilligen. So mußte sich Brandenburg schließlich mit der weniger wertvollen Hälfte der jülich-kleveschen Erbschaft begnügen. Als nach dem Tode Herzog Albrecht Friedrichs im Jahre 1618 das Herzogtum Preußen an den brandenburgischen Kurfürsten fiel, war dessen Stellung in dem ehemaligen Ordensland doch außerordentlich schwach. Denn die Oberhoheit der Krone Polens, die den um ihre Unabhängigkeit besorgten preußischen Ständen Rückhalt bot, dauerte weiter fort. Und wer weiß, ob der Brandenburger überhaupt in den Genuß seiner Rechte gekommen wäre, wenn nicht in Livland Truppen des schwedischen Königs, des großen Gegners Polens, gestanden hätten!

Dennoch hat Kurfürst Georg Wilhelm – sein Vater Johann Sigismund war am 2. Januar 1620 in der Ruhe des Hauses seines Kammerdieners Freytag in Berlin erst 47jährig gestorben – ein Bündnis mit Schweden zu vermeiden gesucht. Er beharrte darauf, obwohl seine ihn an Verstand und Tatkraft überragende Mutter, von der Werbung des jungen Königs Gustav Adolf von Schweden in Berlin beeindruckt, ihre Tochter Maria Eleonore weitgehend hinter dem Rücken des Sohnes nach Stockholm verheiratet hatte, der Schwedenkönig auf ein Bündnis mit seinem kurfürstlichen Schwager drängte und die Zeiten des Dreißigjährigen Krieges es dem militärisch schwachen Brandenburg geboten erscheinen lassen mußten, sich politisch zu binden. Der Kurfürst fürchtete die schwedische Dominanz und die kaiserliche Rache, konnte sich aber trotz der Bemühungen seines katholischen Günstlings Graf Schwartzenberg, der großen Einfluß auf seinen unselbständigen Herrn hatte, auch nicht zu einem Bündnis mit dem Hause Habsburg verstehen. Die Neutralität erlaubte es Brandenburg zwar, seine nominelle

Selbständigkeit zu behaupten, bewahrte es aber nicht davor, zum Spielball des europäischen Kriegstheaters zu werden. Bei einem Aufenthalt von etwa 16 Regimentern Wallensteinscher Truppen vom 3. bis zum 5. August 1626 in und um Cottbus sollen diese 500 Ochsen, 600 Schafe, 4000 Tonnen Bier, 1000 Brote und 52 Wispel (zu je 13,19 hl) Hafer verbraucht haben. Zumal bereits die Dänen und ihre Verbündeten die Mark heimgesucht hatten, riefen die Anforderungen der Kaiserlichen an Verpflegung und Bargeld allgemeines Entsetzen hervor. Zudem verloren die Hohenzollern Magdeburg (das mit dem Regierungsantritt Joachim Friedrichs 1598 an dessen Sohn Christian Wilhelm übergegangen war) und (das von Christian Wilhelm wiedergewonnene) Halberstadt (1626) sowie das Herzogtum Jägerndorf (1620).

Erst nachdem der Kaiser 1634 mit dem Sieg bei Nördlingen im Reiche das Übergewicht über Schweden gewonnen und dadurch Sachsen zum Abschluß des Prager Friedens von 1635 genötigt hatte, gab Kurfürst Georg Wilhelm seine Neutralitätspolitik auf. Bereits vor dem Hintergrund der kaiserlichen Erfolge in den späten zwanziger Jahren war es zu einer Annäherung an Wien gekommen. Hatte Brandenburg später im Verein mit Sachsen einen evangelischen Bund deutscher Fürsten als eine dritte Partei begründen wollen, so trat es nun bedingungslos dem Prager Frieden bei. Und damit war es nicht getan. Der Kurfürst sah sich bald zu offener Parteinahme und schließlich gar zu Kampfhandlungen gegen Schweden gezwungen. Nachdem die Nachricht vom Tode des Pommernherzogs Bogislaw XIV. am 20. März 1637 eingetroffen war, mochte man, da die Schweden den Hohenzollern das Pommernerbe vorenthielten, nicht ungern zum Kampfe rüsten. Dessenungeachtet aber bedeutete diese Kriegspolitik für das militärisch unterentwickelte sowie im Laufe der Kriegsjahre ausgenutzte, ausgeraubte und durch Gewalttaten strapazierte Brandenburg eine Katastrophe. Im Oktober 1638 wurden allein in der früheren Grafschaft Ruppin von den kaiserlich-brandenburgischen Truppen 28 Ortschaften niedergebrannt; zur gleichen Zeit mußte die Stadt Perleberg (Prignitz) eine so furchtbare Plünderung über sich ergehen lassen, daß in ihr nur noch etwa 50 Personen zurückblieben. Zudem wütete die Pest, die besonders die in die Städte geflüchtete Landbevölkerung dezimierte. Bald beherrschten die Schweden die gesamte Mark; nur die Festungen Spandau, Küstrin und Peitz verblieben in brandenburgischer Hand.

Kurfürst Georg Wilhelm, der sich seit einem 1620 erlittenen Beinschaden nur noch in einer Sänfte fortbewegen konnte, hatte sich – wie bereits zwischen 1627 und 1630 – nach Ostpreußen zurückgezogen. Dabei war er schon 1627 von den Städten in der Prignitz verzweifelt darum gebeten worden, sie nicht zu verlassen, »sondern als ein landesvater bei uns [zu] verbleiben«. Er ließ den Grafen Schwartzenberg als Statthalter zurück, der sich trotz der Errichtung einer Militärdiktatur als vollkommen hilflos erwies. In den Kirchen wurde gegen den Prager Frieden, den »Bund mit den Papisten«

und gegen den Krieg gepredigt; das Volk stand auf der Seite der Schweden. In hoffnungsloser Lage starb Kurfürst Georg Wilhelm am 1. Dezember 1640, erst 46jährig, in Königsberg an der Wassersucht.

Wenn das Kurfürstentum Brandenburg den großen Kämpfen der Zeit so wenig gewachsen war, so entsprach dem der Zustand seiner Verfassung und Behördenorganisation. Der Kurstaat wurde noch nach einer patrimonialen Auffassung des Fürstentums regiert: Der Kurfürst war in erster Linie der größte Grundbesitzer des Landes. Das Hofleben mit der Familie, den Räten und den Dienern bestimmte er ganz in der Art eines Hausvaters, wie wir aus der Hofordnung des Jahres 1537 wissen. Räte, Edelleute und die Einrosser (ritterliche Diener minderen Ranges) speisten, gruppenweise an besonderen Tischen, mit dem Kurfürsten im Rittersaal des Schlosses zu Cölln an der Spree, des späteren Berliner Schlosses also, das im 16. Jahrhundert zur festen Residenz der brandenburgischen Hohenzollern geworden war. Eine Viertelstunde nachdem ein Bläsersignal zu Tische gerufen hatte, wurde das Tor geschlossen und niemand mehr herein- noch hinausgelassen, um das »Abschleppen« von Speisen und Getränken zu verhindern. Der Keller, in dem Bier und Wein lagerten, wurde nach den Mahlzeiten geschlossen. Der Marschalk, der oberste Hofbeamte, und der Hofmeister, der den Wirtschaftsbetrieb des Hofes überwachte, hatten auf die Einhaltung von Ruhe und Zucht zu sehen, etwa darauf, daß während der Mahlzeit niemand mit Brot- und Fleischstücken, Knochen oder Gräten nach anderen warf. Am Hofe des Markgrafen Hans von Küstrin galt die Bestimmung, daß der Marschalk »keine unordentliche und überflüssige Sauferei gestatten« durfte, »es wäre dann Sache, daß Fremde vorhanden, daß man denselben zu Ehren solches thun müßte«. Im Frauenzimmer, in dem sich die Junker nach der Mahlzeit aufhalten durften, mußte die Hofmeisterin dafür sorgen, daß die Jungfrauen auf einer langen Bank in einer Reihe saßen und »Winkelsitzen« oder heimliche Gespräche unterblieben. Um 20 Uhr wurde das Frauenzimmer geschlossen; das Tagesleben am Hofe, das im Sommer um vier und im Winter um fünf Uhr begann, war zu Ende. Man ging nun zur Ruhe; Feuer und Licht im Schlosse wurden gelöscht, und die Tore waren spätestens um 9 Uhr abends geschlossen.

Seit Mitte des 16. Jahrhunderts wurde zwar die patriarchalische Geschlossenheit des kurfürstlichen Hofes mehr und mehr durchbrochen – und zwar insbesondere insofern, als die Räte, nunmehr mit Kost- und Kleidergeld versehen, aus dem Familienhaushalt des Landesherrn ausschieden –; dennoch blieb aber das gesamte kurfürstliche Amtswesen, das sich in der Kammer, der Kanzlei und in der »Ratstube« vollzog, im Schlosse beheimatet und damit in Gemeinschaft mit dem Hofleben. Die Kammer, die die Finanzen des Fürsten verwaltete, bildete auch den Rahmen für eine noch unausgebildete Form der Kabinettsregierung; die Kanzlei, die früher das eigentliche Regierungsorgan gewesen war, trat nun in ihrer Bedeutung stark zurück und rückte in eine lediglich dienende Funktion ein. Die Domänenverwaltung, die ursprünglich ebenfalls in die Kompetenz der Kammer gehört hatte, wurde seit etwa 1577 von einem eigens dafür eingerichteten Organ, der Amtskammer, wahrgenommen. Die oberste landesherrliche Gerichtsbarkeit war der Ratstube anvertraut, die mit dem kurfürstlichen Kammergericht identisch war, dessen Wirken die Kammergerichtsordnung von 1540 zugrunde lag. Es setzte sich aus gelehrten Räten zusammen und war der ständischen Mitwirkung entzogen; allerdings hatte der märkische Adel aufgrund des Indigenatsrechts (Heimatrechts) einen Anspruch darauf, bei der Besetzung der Ratsstellen seine Angehörigen, soweit sie über die notwendige Befähigung verfügten, vor anderen berücksichtigt zu sehen. Zur Ausübung des landesherrlichen Kirchenregiments und zur Rechtsprechung in geistlichen Sachen schließlich gab es seit 1543 ein kurfürstliches Konsistorium.

Über Unterbehörden verfügte die landesherrliche Gewalt so gut wie gar nicht. Die alte Vogteiverfassung war der Entwicklung örtlicher Obrigkeiten in den Städten und auf dem Lande zum Opfer gefallen; die Amts- und Hauptleute, die an die Stelle der Vögte getreten waren, hatten nur noch gegenüber den Domänenbauern obrigkeitliche Befugnisse und standen im übrigen, wie die Gutsherren dem Adel angehörend, mit diesen in enger Verbindung. Der einzige unmittelbare landesherrliche Beamte in den einzelnen Landesteilen war der Landreiter, dem vor allem die gerichtliche Exekutive und polizeiliche Aufgaben oblagen. Ansonsten wurde das Land von den Ständen regiert.

Mit Erlaß vom 23. Dezember 1604 erfolgte dann eine bemerkenswerte Modernisierung der landesherrlichen Behördenorganisation. Nach dem »exempel anderer wolbestellten politien und regimenten« verordnete der Kurfürst einen Geheimen Rat, dem vor allem die Bearbeitung der auswärtigen Angelegenheiten sowie aber auch die Leitung der inneren Verwaltung übertragen wurden. Das Kollegium vereinte unter dem Vorsitz des Oberkämmerers neun Geheime Räte (fünf adlige und vier bürgerliche), die nach einem geregelten Geschäftsgang die ihnen zugewiesenen Staatsgeschäfte beraten sollten; die Entscheidung traf nach wie vor der Kurfürst in seiner Kammer allein. Ständischer Einfluß kam kaum zum Tragen, da keiner der Räte Märker war.

Die Veranlassung zur Schaffung des Geheimen Rates, in der wir eine Neuordnung und Erweiterung der Regierung aus der Kammer zu sehen haben, hatte die außenpolitische Lage gegeben, in der sich Kurbrandenburg an der Wende vom 16. zum 17. Jahrhundert befand. Das Akutwerden der jülich-kleveschen Erbfolgefrage und der Erbfall des Herzogtums Preußen waren in absehbarer Zeit zu erwarten, und nach dem Tode des Markgrafen Georg Friedrich von Ansbach im April 1603 stellte sich auch die Aufgabe, eine jüngere Linie des fränkischen Hohenzollernhauses zu stiften. Zudem fiel 1605 das markgräfliche Kuratel über den preußischen Herzog an den Kurfürsten. Die Fülle der damit im Zusammenhang stehenden bedeutungsschweren Fragen und Entscheidungen mußte die bisherigen bescheidenen Mittel der brandenburgischen Politik überfordern. Der Kurfürst, der im übrigen nicht mehr auf der Höhe seiner Kraft stand, benötigte einen größeren Kreis qualitätvoller Berater, deren Arbeit zu koordinieren und zusammenzufassen war. Das leistete nach den Bedingungen der Zeit der Geheime Rat.

In eine engere Verbindung zum Herzogtum Preußen waren die brandenburgischen Hohenzollern zuerst nach dem Tode des ersten Herzogs, Albrecht von Brandenburg-Ansbach, 1568 gekommen. In diesem Jahre nämlich belehnte der König von Polen neben Albrechts Sohn und Nachfolger Albrecht Friedrich auch die fränkische Linie des Hohenzollernhauses, die Kurlinie und Erzbischof-Markgraf Sigmund von Magdeburg mit Preußen. Damit zeigte die gleichzeitige Bedrohung der polnischen Stellung durch das Rußland Iwans des Schrecklichen und durch Schweden, die in Warschau eine Annäherung an Brandenburg als geboten erscheinen ließ, ihre Wirkung. Kurfürst Joachim II. hat darüber hinaus für seinen Lieblingssohn Sigmund, den Magdeburger, eine polnische Sekundogenitur und sogar den polnischen Thron erstrebt, auf dem der letzte Jagellonenkönig, Sigismund II., ein Onkel Sigmunds, saß. Dieser weitergehende Plan konnte allerdings nicht realisiert werden. »Immerhin, für eine vor Wagnissen zurückschreckende, von hohem Einsatz grundsätzlich absehende, nur mit den kleinen Hausmitteln einer an die fremden Türen leise anklopfenden Diplomatie operierende Politik war der Erfolg noch erheblich« (R. Koser).

Die brandenburgischen Erbansprüche auf Jülich, Kleve und Berg ergaben sich aus den Beziehungen zum preußischen Herzoghaus. Die Gemahlin des Herzogs Albrecht Friedrich, Marie Eleonore, war die älteste Schwester des Herzogs Johann Wilhelm von Jülich, Kleve und Berg, der in kinderloser Ehe lebte und seit 1589 an einer Geisteskrankheit litt. Da sein einziger Bruder kinderlos gestorben war, stand das Bergische Haus vor dem Erlöschen. Die Herzogin von Preußen vertraute die Vertretung ihrer Erbansprüche Markgraf Georg Friedrich von Ansbach, dem Vormund ihres schwachsinnigen Gatten, an. Der Markgraf und sein Vetter Joachim Friedrich, der mit dem mangelnden Unternehmungsgeist der kurfürstlichen Politik unzufriedene Administrator von Magdeburg, wußten das zugunsten des Hohenzollernhauses zu nutzen. Sie stifteten zwischen dem ältesten Sohn Joachim Friedrichs, Johann Sigismund, und der Prinzessin Anna, der ältesten Tochter des preußischen Herzogpaares, eine Eheverbindung. Beide versprachen sich zu Weihnachten 1591 in Berlin; die Vermählung fand im Oktober 1594 in Königsberg statt. Da ein kaiserliches Privileg aber nur der männlichen Nachkommenschaft der Herzogin die Nachfolge in Jülich, Kleve und Berg zusprach, die Söhne Marie Eleonores jedoch als Kinder gestorben waren, während ihre Schwester Anna männliche Deszendenz hatte, erhob auch deren Gemahl Philipp Ludwig von Pfalz-Neuburg für seinen Sohn Wolfgang Wilhelm Anspruch auf die Erbfolge. Ferner traten Pfalz-Zweibrücken, Kursachsen und schließlich sogar das Haus Habsburg, ebenfalls aufgrund von verwandtschaftlichen Verbindungen, als Bewerber um die Nachfolge am Niederrhein auf.

Als der Erbfall am 15. März 1609 mit dem Tode Herzog Johann Wilhelms eintrat, konnte sich Brandenburg nur formell, unter anderem durch Anschlag des kurfürstlichen Wappens, der Erbschaft des überwiegend protestantischen Kleve bemächtigen. Denn es waren weder eigene militärische Mittel vorhanden, noch konnte man in Berlin fremde Hilfe erwarten; andererseits aber hatte man sich mit den übrigen Prätendenten nicht verständigen können. Ebenso verfuhr Pfalz-Neuburg in Düsseldorf für das mehrheitlich katholische Herzogtum Berg. Demgegenüber beauftragte der Kaiser die bisherige Regentschaft mit der einstweiligen Fortführung der Regierung, lud sämtliche Prätendenten vor den Reichshofrat nach Wien, dessen Präsident übrigens Graf Johann Georg von Hohenzollern-Hechingen war, und verbot bis zur Entscheidung jede Inbesitznahme der Erbschaft.

Wien und Madrid mußten, da die Prätendenten protestantische Reichsstände waren, darum bemüht sein, daß die nach Lage und Umfang bedeutenden Erblande keinem von ihnen in die Hände fielen, um nicht die Kräftebalance im nordwesteuropäischen Raum zugunsten der antihabsburgischen Partei verändert zu sehen. Deshalb hatte man am Kaiserhof auf spanische Anregung hin noch einen habsburgischen Erbanspruch konstruiert und in die Regentschaft kaiserlich gesinnte Räte hineingeschleust. Nach militärischen Erfolgen der Spanier in den Niederlanden konnte man im Nordwesten des Reiches sogar die Bildung eines habsburgisch-katholischen Schwergewichtes ins Auge fassen. Das aber mußte die deutschen Protestanten zur Vorsorge nötigen und die weltpolitischen Gegner der Habsburger, Frankreich, die Niederlande und England, auf den Plan rufen. Im Juni 1609 kam es in Dortmund auf Vermittlung des Landgrafen Moritz von Hessen-Kassel und gegen den Willen der Kurfürstin Anna zwischen Kurbrandenburg und Pfalz-Neuburg zu einem Vergleich, demzufolge bis zu einer erbrechtlichen Klärung beide Häuser die umstrittenen Erblande gemeinsam besitzen sollten. Die Festung Jülich besetzte der Kaiser. Dank der rastlosen Energie des Baumeisters der evangelischen Union, Christian von Anhalt, wurde Brandenburg auf dem Bundestag von Schwäbisch-Hall im Februar 1610 für die Allianz gewonnen und damit ein Bündnis der Unierten mit Frankreich verknüpft, das sich zu einer bewaffneten Unterstützung der Hohenzollern und der Pfalz-Neuburger am Niederrhein gegen Habsburg bereit fand. England und die Niederlande, die 1609 mit Spanien einen zwölfjährigen Waffenstillstand geschlossen hatten, konnten zur Entsendung von Hilfstruppen verpflichtet werden. An der Frage nach der Position des Protestantismus im nordwestdeutschen Raum schien sich der Entscheidungskampf um die europäische Stellung des Hauses Habsburg zu entzünden. Doch da erlag König Heinrich IV. von Frankreich am 14. Mai 1610 dem Dolchstoß eines religiösen Fanatikers, eben als er zu seinem Heer aufbrechen wollte. Es kam nicht zum Krieg; nur die Festung Jülich wurde von den Verbündeten genommen. Der brandenburgisch-pfalz-neuburgische Besitz der jülich-kleveschen Erblande war damit vorerst gesichert.

Aber das Interim hielt nicht. Nachdem Pfalzgraf Wolfgang Wilhelm im Juli 1613 zum katholischen Bekenntnis übergetreten war und, statt Schwiegersohn des brandenburgischen Kurfürsten zu werden, Magdalene, eine Schwester Herzog Maximilians von Bayern, des Hauptes der katholischen Liga, geheiratet hatte, kam es zum Bruch. Während Pfalz-Neuburg also mit katholischer Unterstützung die ganze Erbschaft zu gewinnen suchte, trachtete Johann Sigismund, dasselbe mit der Unterstützung der Niederlande zu erreichen, was er mit seinem Übertritt zum Calvinismus am ersten Weihnachtstag desselben Jahres zu befördern hoffte. Doch Spanien und die Niederlande verständigten sich unter französischer und englischer Vermittlung sowie der der Union im Frieden von Xanten vom 2. November 1614. Dabei wurde hinsichtlich der umstrittenen Territorien die vorläufige Bestimmung getroffen, daß die Einkünfte der gesamten Erblande zwischen Brandenburg und Pfalz-Neuburg zu teilen waren und der brandenburgische Kurfürst das Herzogtum Kleve, die Grafschaft Mark, Ravensberg und Ravenstein, der Pfalzgraf hingegen die wertvolleren Herzogtümer Jülich und Berg regieren sollte. Die Union hatte also dem brandenburgischen Interesse nicht genuggetan (oder nicht genugtun können). Daher schied der Kurfürst 1617 wieder aus dem Bündnis aus.

Die Stellung der Hohenzollern im Herzogtum Preußen blieb, solange sich die widerwilligen Stände auf die Oberlehensgewalt Polens stützen konnten, unsicher. Auch als nach dem Tode des Herzogs Albrecht Friedrich am 18. August 1618 die ehemaligen Ordenslande tatsächlich an Brandenburg gefallen waren, spiegelte das Jahre zuvor abgelegte Bekenntnis des preußischen Kanzlers Rappe nur die Meinung einer Minderheit wider: »Wann wir bei dem Kurfürsten viel sollten verlieren, viel leiden, viel ausstehen, so gewinnen und erhalten wir gleichwohl die Religion, welche mit keinem Schatze zu vergleichen, wir erhalten unsere deutschen Sitten, Sprach, Gebrauch, welches bei polnischem Regiment alles zu – gehet.«

Rappe traf im Gegensatz zu den Befürchtungen, die die streng lutherischen preußischen Stände mit dem Konfessionswechsel des Kurfürsten verbanden, etwas Richtiges: Die Hohenzollern haben als calvinistische Dynastie in ihren überwiegend lutherischen Landen Raum für die verschiedenen christlichen Bekenntnisse und – in gewissen Grenzen – auch für Juden gegeben. Johann Sigismund hat das allerdings noch nicht freiwillig getan. Zum einen konnte er das Reformationsrecht des Augsburger Religionsfriedens des Jahres 1555 nicht für sich in Anspruch nehmen, da in diesen die Calvinisten nicht eingeschlossen worden waren; zum anderen ist er von den Ständen, von denen er finanziell abhing, zu einer Garantie des Konfessionsstandes von 1613, d. h. des Luthertums, gezwungen worden. Es war bezeichnend für die Stimmung im Lande, wenn es aus Anlaß der Niederlage des calvinistischen Böhmenkönigs Friedrich V. 1620 in Berlin zu Freudenkundgebungen kam. »Hier ist ein solches frohlocken unter dem gemeinen haufen, schnauben und schnarchen dabei, daß es nicht auszusprechen«, schreibt ein Gewährsmann. Wie wenig die Konfessionen in Brandenburg-Preußen vorerst noch uneingeschränkt zur Geltung kamen, ist etwa aus der Tatsache zu ersehen, daß in den kurfürstlichen Dienst noch lange ausschließlich Bewerber des reformierten Bekenntnisses aufgenommen wurden. Dennoch kann aber von einem Prinzip der religiösen Duldung gesprochen werden. Dieses hat dem brandenburg-preußischen Staat in der Zukunft bedeutende Kräfte zugeführt, die seine innere Entwicklung nachhaltig gefördert haben.

Auch die territorialen Zugewinne waren für die Zukunft von erheblicher Bedeutung. Der Erwerb der Außenposten Kleve, Mark und Ravensberg sowie Preußens und auch der Anspruch auf Pommern, der zunächst, da die schwedische Ostseestellung im Wege stand, nicht eingelöst werden konnte, haben dem Kurfürsten- und späteren Königtum seine außenpolitischen Ziele vorgegeben. Zunächst ein bloßes Konglomerat von Territorien, die lediglich den hohenzollernschen Landesherrn gemeinsam hatten, hat Brandenburg-Preußen in dem Bestreben, jene Außenposten zu behaupten, innere Kraft und inneren Zusammenhang entwickelt sowie seinen Territorialbestand ergänzt und arrondiert – bis es, in Grenzen Großmacht und geographisch, ökonomisch wie kulturell mit den Geschicken Deutschlands innig verbunden, im Zeitalter der Nationalstaaten das Deutsche Reich hervorbringen konnte. In Jahren territorialer Beschränkung sowie innerer Unentwickeltheit und äußerer Schwäche waren die Ausgangspositionen für den Weg der Hohenzollern und des durch sie geformten Staatswesens zu seiner deutschen Aufgabe und zu europäischer Bedeutung bezogen worden. Damit das Werk seinen Anfang nahm, mußte der Gedanke der Macht vom Hohenzollernhause Besitz ergreifen. Das geschah, als die politische Substanz des Calvinismus in der Seele und im Geist des jungen Kurfürsten Friedrich Wilhelm, des Sohnes Georg Wilhelms, auf fruchtbaren Boden fiel.

# TEIL II

# Kurfürst Friedrich Wilhelm

# Kurfürst Friedrich Wilhelm von Brandenburg, der »Große Kurfürst«

* 16. 2. 1620 in Cölln/Spree
† 9. 5. 1688 in Potsdam
*Grabstätte:* Dom zu Berlin

1. ⚭ 7. 12. 1646 (Den Haag) mit LUISE HENRIETTE von Nassau-Oranien
* 7. 12. 1627 in Den Haag
† 18. 6. 1667 in Cölln/Spree
*Grabstätte:* Dom zu Berlin

2. ⚭ 14. 6. 1668 (Gröningen im Fürstentum Halberstadt, heute Kreis Oschersleben) mit DOROTHEA, geborene Prinzessin von Holstein-Sonderburg-Glücksburg, verwitwete Herzogin von Braunschweig-Lüneburg
* 29. 9. 1636 in Glücksburg
† 6. 8. 1689 in Karlsbad
*Grabstätte:* Dom zu Berlin

Die beherrschenden Erlebnisse des Kurprinzen Friedrich Wilhelm waren der Große Krieg, in den er am 16. Februar 1620 hineingeboren worden war, und die Hilflosigkeit, mit der ihn Brandenburg erleiden mußte. Licht kam ihm in dieses düstere Bild nur durch die Heldengestalt seines Onkels Gustav Adolf von Schweden, dessen Leiche er 1633 in Wolgast mit zu Schiffe geleitet hatte, und durch das Erlebnis der Niederlande, in denen er zwischen 1634 und 1637 zu einem Bildungsaufenthalt gewesen war. Die merkantile Tüchtigkeit wie das Prinzip der Seegeltung, denen er hier begegnete, haben ihm sein ganzes Leben lang als Vorbild vorangeleuchtet, und der religiös-politische Geist, den das Haus Oranien verkörperte, ist zur Mitte seines eigenen staatsmännischen Lebenswerkes geworden.

Doch wo sollte im Brandenburg des Jahres 1640, in dem er seinem Vater als Kurfürst folgte, der Gedanke aktiver politischer Gestaltung Fuß fassen? Die Anfänge mußten bei aller Tatkraft des jungen Kurfürsten bescheiden sein. Sehr behutsam wurde die Entmachtung des Statthalters Schwartzenberg betrieben, der sich durch die in erster Linie auf den Kaiser vereidigten brandenburgischen Truppen hielt. Beabsichtigte Schwartzenberg auch nicht, die Rolle eines »märkischen Wallenstein« zu spielen, wie Otto Hintze sagt, so konnte ein Bruch mit ihm doch auch einen solchen mit Wien bedeuten, den der waffenlose Kurfürst aber vermeiden mußte. Da brachte der überraschende Tod des Statthalters im März 1641 eine spürbare Erleichterung der Situation, und im Juli kam es zu einem Waffenstillstand mit Schweden, dem eine von den Ständen längst geforderte Verminderung der Truppen folgte. Eine Werbung um die Hand der schwedischen Königin Christine, durch die der Kurfürst mit einem Schlag aus der Enge der heimischen Verhältnisse herauszukommen hoffte, blieb ohne Erfolg. Friedrich Wilhelm hielt sich noch in Königsberg auf und erschien erst im März 1643 in der Mark. Das kurfürstliche Schloß zu Cölln an der Spree fand er weitgehend verfallen vor, und es fiel schwer, für ihn und sein Gefolge eine zumutbare Unterkunft bereitzustellen.

Die rasche Abdankung seiner Truppen hatte der Kurfürst, zumal der Krieg noch andauerte, zu bereuen: Er war nur sehr bedingt Herr seiner Territorien; fremde Soldaten beschwerten sie weiterhin, schwedische, kaiserliche, niederländische, hessische. So ist Friedrich Wilhelm noch 1644 an die Schaffung eines neuen kurfürstlichen Heeres gegangen, das von der Kurmark, Kleve-Mark und Preußen finanziert wurde. Achtunggebietend waren die neuen Streitkräfte freilich noch nicht; aber hier und da konnte mit ihnen gegenüber auswärtigen Mächten, etwa Pfalzgraf Wolfgang Wilhelm in Kleve, die landesherrliche Autorität zur Geltung gebracht werden.

Eine nachhaltige Stärkung erfuhr die kurfürstliche Stellung durch den Abschluß des Westfälischen Friedens im Jahre 1648 – schon insofern, als er den Reichsfürsten das Recht einräumte, eigene Truppen zu halten und Bündnisse mit fremden Mächten zu schließen. Diese Bestimmung war Ausdruck des Machtverfalls des Kaisers. Ihm sowie dem Bestreben Frankreichs, in Mitteleuropa ein Mächtegleichgewicht zu schaffen, das seiner Intervention jederzeit zugänglich war, nicht etwa seinem eigenen außenpolitischen Gewicht dankte Kurbrandenburg die respektablen Gewinne, die es aus dem großen Friedensschluß zog. Immerhin brachte der Kurfürst seinerzeit die begrenzten Möglichkeiten seiner Stellung in geschickten Unterhandlungen vorteilhaft zur Geltung. Die französische Diplomatie hatte Schweden sogar dazu bewegen können, auf einen Teil Pommerns zu verzichten, wenn es auch der weniger wertvollere war. So behielten die Schweden Vorpommern mit Stettin und der Odermündung, während Brandenburg Hinterpommern mit dem Stift Kammin zugesprochen bekam. Als Entschädigung dafür, daß die unstrittigen pommerschen Erbansprüche des Kurfürsten nur teilweise Berücksichtigung fanden, wurden diesem noch die säkularisierten Bistümer Minden und Halberstadt sowie die Anwartschaft auf das Erzbistum Magdeburg zugestanden, die nach dem Tode des Administrators, des sächsischen Prinzen August, im Jahre 1680 eingelöst worden ist. Kurfürst Friedrich Wilhelm haben diese Gewinne nicht befriedigt; denn dadurch, daß seine Ostseestellung auf die der Schiffahrt ungünstige hinterpommersche Ausgleichsküste beschränkt war, sah er seinen Plan, nach holländischem Vorbild eine See- und Handelsmacht aufzubauen, wenigstens vorerst vereitelt. Vergebens hat er den Schweden im Tausch gegen Vorpommern die ihm als Entschädigung dafür zugesprochenen Territorien angeboten und, obwohl diese im Wert die begehrten Ostseelande bei weitem überstiegen, noch eine Summe Geldes dazulegen wollen. Die politischen Geschicke wiesen Kurbrandenburg nach Westen, tief in das Reich hinein; auf dem Weg nach Kleve, der Grafschaft Mark und dem ostwestfälischen Ravensberg verfügte es nun über einige Stützpunkte, darunter auch über einen Weserübergang.

Schweden, neben Frankreich einer der Garanten des Westfälischen Friedens, wurde für Brandenburg und Kurfürst Friedrich Wilhelm zur Schicksalsmacht. Zunächst hielt es Hinterpommern noch Jahre nach dem Friedensschluß besetzt, und nur der Kaiser, dem Friedrich Wilhelm seine Stimme für die Königswahl seines Sohnes versprach, konnte Brandenburg zu seinem Recht verhelfen. Freilich war die Grenzfestlegung des Stettiner Vertrags vom 14. Mai 1653 ungünstig genug: Ein breiter, vom rechten Oderufer ausgehender Landstreifen mit den Städten Damm, Gollnow und Greifenhagen verblieb den Schweden. Zudem mußte an diese die Hälfte des Ertrags aus den hinterpommerschen Seezöllen abgeführt werden.

Viel einschneidender noch berührte Brandenburg der Krieg Schwedens gegen Polen, der im Juli 1655 ausbrach. Karl X. Gustav aus dem Hause Pfalz-Zweibrücken, der nach der Abdankung der Königin Christine im Jahre 1654 den schwedischen Thron bestiegen hatte, griff Polen an, da dessen König Johann Kasimir aus dem Hause Wasa die Nachfolge des pfälzischen Vetters der Königin Christine auf dem schwedischen Wasa-Thron nicht anerkannte und damit Erbansprüche verband. Dahinter stand die Sorge Schwedens um die Erhaltung seiner Ostseemacht, die nur, indem seine Truppen an politisch möglichst sinnvoller Stelle Beschäftigung und Unterhaltung fanden, ihre Grundlage zu bewahren vermochte.

Der schwedische König warf Polen in einem raschen Feldzug nieder; König Johann Kasimir flüchtete nach Oberschlesien. Der Kurfürst war, obwohl als Herzog von Preußen dem polnischen König zur Lehensfolge verpflichtet, neutral geblieben; er mußte aber am 17. Januar 1656 im Königsberger Vertrag König Karl Gustav weit entgegenkommen und Preußen statt von Polen von Schweden zu Lehen nehmen. Doch Polen war noch nicht besiegt; eine erstaunliche Erholung der Adelsrepublik unter katholisch-nationalen Vorzeichen nötigte Karl Gustav zum Rückzug und ließ ihn ein Bündnis mit dem Brandenburger suchen. Der am 25. Juni 1656 zustande gekommene Bündnisvertrag von Marienburg verbesserte die Position des Kurfürsten aber kaum; denn die Lehensabhängigkeit für Preußen blieb bestehen, und die von Schweden in Aussicht gestellten Territorialgewinne auf polnische Kosten waren unsicher und von zweifelhaftem Wert. Erst als die jungen brandenburgischen Truppen in der dreitägigen Schlacht von Warschau (28. bis 30. Juli 1656) auf eindrucksvolle Weise ihre erste Feuerprobe bestanden hatten, konnte Friedrich Wilhelm, der gemeinsam mit dem König im Feuer gestanden hatte, aus dem schwedischen Interesse an seiner Waffenbrüderschaft Gewinn ziehen. Das galt um so mehr, als ungeachtet des Erfolgs von Warschau sich in der zweiten Jahreshälfte die Lage Polens wieder verbesserte, da Rußland, das begehrliche Blicke auf das schwedische Livland richtete, und die Niederlande, die um den freien Ostseehandel besorgt waren, auf seine Seite traten. Zudem machte der Kaiser Anstalten, sich den Gegnern Schwedens hinzuzugesellen. So kam es am 20. November 1656 zum Abschluß des Vertrages von Labiau (nordöstlich von Königsberg), in dem Schweden auf die Lehenshoheit über Preußen verzichtete und den Kurfürsten von Brandenburg als souveränen Herzog anerkannte. Es folgte ein gemeinsamer Feldzug. Als aber währenddessen König Friedrich III. von Dänemark Schweden angriff, um die Verluste früherer unglücklicher Kämpfe wieder auszugleichen, wendete sich Karl Gustav gegen ihn und überließ dem Kurfürsten die ganze Last des polnischen Krieges. Das aber machte Friedrich Wilhelm für die Werbungen des kaiserlichen Diplomaten Franz Paul von Lisola empfänglich, der eine Verständigung mit Polen zustande brachte. Diese wurde mit dem Vertrag von Wehlau (östlich von

Königsberg) vom 9. September 1657 besiegelt, in dem der polnische König schweren Herzens dem brandenburgischen Kurfürsten seinerseits die preußische Souveränität zugestand. Außerdem schloß sich Friedrich Wilhelm, der die Rache Schwedens zu fürchten hatte, eng an Wien an, das die brandenburgische Kurstimme für die Kaiserwahl Leopolds (18. Juli 1658) benötigte.

König Karl Gustav hatte indessen der dänische Krieg bis vor Kopenhagen geführt, das er im August 1658 einschloß, aber nicht zu bezwingen vermochte, wodurch ein Großteil seiner Kräfte gebunden wurde. Diese Verlegenheit des Schweden nutzte Kurfürst Friedrich Wilhelm. Er vertrieb im September mit einer Armee aus brandenburgischen, kaiserlichen und polnischen Truppen die Schweden aus Holstein und Schleswig, nahm die Insel Alsen ein und drang im Frühjahr 1659 nach Jütland vor. Es kam zu einem Zusammenwirken mit der holländischen Flotte, die Kopenhagen unterstützte. Angesichts der großen Bedrängnis, in die der Schwedenkönig auf diese Weise geraten war, schien sich dem Kurfürsten die Chance zu bieten, den 1648 verfehlten Weg zum Meer nun freikämpfen zu können. Er wendete sich daher seit Mitte 1659 ganz Vorpommern zu, und bis zum Jahresende hatte er Schweden die begehrten Lande außer Stralsund und Stettin tatsächlich entrissen.

Aber die Blütenträume des Brandenburgers reiften nicht. Frankreich war entschlossen, eine nachhaltige Schwächung Schwedens nicht hinzunehmen; man war in Paris daran interessiert, sich in ihm einen militärisch leistungsfähigen Partner im Rücken der europäischen Gegner zu erhalten. Schon im Frühjahr 1659 hatten die Franzosen gemeinsam mit England darauf hingewirkt, daß es mit der niederländischen Unterstützung der brandenburgisch-kaiserlich-polnischen Operationen zur See haperte, und eine Vermittlung zwischen Dänemark und Schweden betrieben (Haager Konzert vom Mai 1659). Als Frankreich dann mit dem Abschluß des Pyrenäenfriedens vom 7. November 1659 des 24jährigen aufreibenden Krieges mit Spanien ledig war und damit wieder freie Hand hatte, sprach Mazarin ein Machtwort. Als Garantiemacht des Westfälischen Friedens bestand Frankreich auf dessen Einhaltung. Da der Kaiser an der Ostsee gegenüber Frankreich das habsburgische Hausinteresse verteidigt hatte, was nach der nunmehrigen Resignation Spaniens sinnlos geworden war, er aber um der Erfüllung brandenburgischer Wünsche willen keinen Krieg riskieren wollte, mußte Kurfürst Friedrich Wilhelm aufgeben. Nach der Festlegung eines von Mazarin vermittelten Friedens, der am 3. Mai 1660 im Kloster Oliva bei Danzig abgeschlossen wurde, mußte er Vorpommern wieder herausgeben, erhielt aber die Schweden und Polen abgerungene preußische Souveränität bestätigt, dazu den Besitz der 1657 von Polen abgetretenen hinterpommerschen Gebietsteile Lauenburg, Bütow und Draheim sowie den der Stadt Elbing. Diese hat freilich erst 1700 dem preußischen Staate einverleibt werden können.

Kurfürst Friedrich Wilhelm war dabei, sich in Europa eine achtunggebietende Stellung zu schaffen. »Er hatte in dem fünfjährigen Kriege, von Warschau an, immer mit in der vordersten Reihe gestanden, militärisch und politisch. Er hatte Armeen erfolgreich geführt, und er war erfahrener Meister geworden in allen Künsten der Diplomatie; er kannte ihre geheimsten Mittel und Wege; er hatte auch die unentbehrliche Kunst gelernt, in schwierigen Lagen den Fuchspelz über das Löwenfell zu ziehen. Denn getreue Freunde und Bundesgenossen hatte er wenig gefunden, Mißtrauen und Neid, offene und geheime Gegner um so mehr. Was er erreicht hatte, dankte er allein den eigenen bis zur Erschöpfung angespannten Kräften« (B. Erdmannsdörffer). Aber gerade das Maß der Anstrengung macht verständlich, daß der Kurfürst mit dem Ergebnis von 1660 nicht zufrieden war. Schon die recht respektablen Gewinne von 1648 waren ihm als unzureichend erschienen. Die Ungeduld seiner Willensnatur eilte den Möglichkeiten des noch unausgebildeten, armen Kurstaates voraus. Doch mit der Neigung, nach den Sternen zu greifen, verband sich bei ihm eine feste Beharrlichkeit, so wie den Ausbrüchen seines cholerischen Temperaments und Momenten, in denen er in Worten und Handlung das gebotene Maß sprengte, Zeitspannen folgten, in denen die Überhitzung der gesammelten Überlegung und planvollem Handeln wich.

Andreas Schlüter, der den Kurfürsten nicht persönlich erlebte, hat ihn mit seinem Reiterstandbild (früher auf der Kurfürstenbrücke, nahe dem Berliner Schloß, heute im Ehrenhof des Charlottenburger Schlosses aufgestellt) wohl gut getroffen. »Seine stattliche Erscheinung, die namentlich neben dem kurzen dicken Schwedenkönig Karl Gustav sehr vorteilhaft auffiel, das bedeutende Gesicht mit der Adlernase, dem energischen Kinn, den blitzenden blauen Augen, die ebenso zornig wie gütig blicken konnten, umrahmt von der Lockenfülle der großen Staatsperücke«, so schreibt Otto Hintze, »gaben seinem Auftreten etwas Majestätisches; ein großer Zug in Haltung und Geberde war ihm eigen.«

Der Leitstern Kurfürst Friedrich Wilhelms war eine religiös begründete Staatsräson; der politische Erfolg erschien ihm als eine Bestätigung der göttlichen Gnade. Ebensosehr war ihm sein calvinistischer Glaube Verpflichtung, sowohl gegenüber seinen Untertanen als auch in seinem privaten Leben. So ist er bei all seiner Impulsivität seiner Gattin Luise Henriette, einer Tochter des niederländischen Generalstatthalters Friedrich Heinrich von Oranien, ein vorzüglicher Gemahl gewesen. Der Oranierin wird von ihrer Biographin Toni Saring »auf innerer Klarheit beruhende Sicherheit des Auftretens« sowie »edle schlichte Würde in Haltung, Rede und im Handeln« nachgerühmt. Die auch mit sozialem Sinn begabte Kurfürstin ist die Mutter des Kurprinzen Karl Emil und des Prinzen Friedrich geworden, des nachmaligen ersten preußischen Königs. Die Verwandtschaft der Hohenzollern mit dem Hause Oranien war bereits durch die Mutter Friedrich Wilhelms begründet worden, Elisabeth Charlotte von der Pfalz, eine Enkelin Wilhelms I. von Oranien, des Schweigers. Dem oranischen Blut dürften die Hohenzollern ein Gutteil ihrer militärisch-politischen Begabung verdanken. Da Luise Henriettes Vater der (vierten) Ehe Wilhelms I. mit Louise von Coligny, der Tochter des großen Admirals des Zeitalters der französischen Glaubenskämpfe, entstammte, gehört auch dieser zu den Vorfahren der späteren Hohenzollern. Diese haben ihm an der Lustgartenseite des Berliner Schlosses ein Denkmal gesetzt, das mit den Zerstörungen des Zweiten Weltkrieges verschwunden ist.

Nach Schweden ist Frankreich, der andere Garant der Ordnung des Westfälischen Friedens, zur Schicksalsmacht des Kurfürsten und seiner Lande geworden. War es Richelieu und Mazarin noch um das Aufbrechen der habsburgischen Zange gegangen, unter deren Druck Frankreich seit den Tagen Kaiser Karls V. gelitten hatte, so schickte sich König Ludwig XIV. nach Erledigung dieser Aufgabe in den Friedensschlüssen von 1648 und 1659 dazu an, in Europa die Hegemonie zu erringen. Sein erstes Opfer auf dem Wege zu diesem Ziel war die Republik der Vereinigten Niederlande, einst Verbündete im Kampf gegen Spanien, jetzt die große wirtschaftspolitische Rivalin, Hindernis beim Ausgriff in den europäischen Raum und als Land freier öffentlicher Meinung, Kunst und Wissenschaft für das Musterland des höfischen Absolutismus eine geistige Herausforderung. Kurfürst Friedrich Wilhelm war, als Ludwig 1667/68 die spanischen Niederlande an sich zu reißen versucht und dabei den Widerstand der Republik zu spüren bekommen hatte, neutral geblieben; ja hinsichtlich der spanischen Erbfolge, die, da die Madrider Habsburger vor dem Aussterben standen, bald akut zu werden versprach, befand er sich mit Frankreich bald in einem geheimen Einverständnis. Gegen eine Beteiligung an der Beute und großzügige Subsidienzahlungen, von denen die Erhaltung der brandenburgischen Kriegsmacht abhängig war, schien er auch für ein Bündnis im Kampf gegen den niederländischen Gegner gewonnen werden zu können. Das galt um so mehr, als die seit 1650 erfolgte Zurückdrängung des monarchischen Statthaltertums durch die Generalstaaten, die auch die Widersätzlichkeit der kleveschen Stände gegen den Kurfürsten ermutigten, dessen niederländische Neigungen hatten stark erkalten lassen. Aber Friedrich Wilhelm war Politiker genug, um der darin liegenden Versuchung zu widerstehen. Denn wie sollte man sich in Europa noch der französischen Übermacht erwehren können, wenn die niederländische Bastion gefallen war? Ludwig XIV. würde dann »die deutschen Fürsten in die Bastille werfen wie seine französischen Grandseigneurs«. Und die brandenburgischen Handels- und Seemachtspläne hatten im Falle einer französischen Suprematie erst recht keine Aussicht auf Verwirklichung mehr. Auch verband sich ja mit den französischen Ausdehnungsplänen die Drohung einer katholischen Restauration, was in den Erwägungen Friedrich Wilhelms keine geringe Rolle spielte.

So kam es, daß Brandenburg am 6. Mai 1672 mit den von Frankreich diplomatisch vollkommen isolierten Niederlanden ein Bündnis schloß, demzufolge es im Falle eines Angriffs gegen Werbegeld- und Soldzahlungen militärische Unterstützung zu leisten hatte. Doch die unzureichend gerüstete »Krämerrepublik« trieb mit dem Angriff Ludwigs XIV. in eine Katastrophe hinein, ohne von Kurfürst Friedrich Wilhelm Hilfe zu erhalten. Dieser hatte nicht erwartet, daß die Niederlande im Kampf mit Frankreich allein bleiben und so schnell zusammenbrechen würden, wie das noch im Jahre 1672 geschah. Kurbrandenburg befand sich in einer Lage, der es nicht im geringsten gewachsen war. Zumal es im Kreise der Reichsstände keine Unterstützung fand und die holländischen Subsidien nicht wie vereinbart flossen, blieb der Kurfürst untätig. Wohl erkannte man in Wien die Gefährlichkeit der französischen Operationen, doch konnte man sich hier dennoch nur zum Abschluß einer Defensivallianz mit dem Brandenburger durchringen, die sich lediglich die Aufrechterhaltung des Westfälischen Friedens und die Wahrung der Neutralität des Reiches zum Ziele setzte. Man ging darüber auch nicht hinaus, nachdem der Kaiser im Herbst 1672 ein Bündnis mit den Niederlanden geschlossen hatte. Freilich kam es diesen wenigstens zugute, daß die kaiserlich-kurfürstliche Allianz französische Kräfte band. Als endlich aber nicht einmal mehr die Unverletzlichkeit des Reiches gewährleistet wurde, Kleve von den Franzosen besetzt war sowie Mark und Ravensberg ihrem Zugriff offenlagen, schloß der Kurfürst mit Ludwig XIV. in dessen Hauptquartier in Vossem bei Löwen am 6. Juni 1673 einen Separatfrieden. Bis auf Wesel und Rees erhielt er sämtliche seiner von den Franzosen besetzten Gebiete zurück. Für die ausgefallenen niederländischen Subsidienzahlungen leistete der französische König Ersatz. Zudem gewährte er dem Kurfürsten eine persönliche Geldunterstützung. Ohne solche Zuwendungen hätte dieser sein Heer nicht beisammenhalten können. Seine Pflichten gegenüber dem Reich blieben einer – allerdings keineswegs eindeutigen – Bestimmung zufolge unberührt.

Aber der französische König überspannte den Bogen: Nachdem in den Niederlanden die Oranier wieder ans Ruder gekommen und unter ihrem Einfluß große Teile des Landes mittels Durchstechen der Deiche unter Wasser gesetzt worden waren, wendete sich das dadurch zum Stehen gebrachte französische Heer rücksichtslos gegen die Westgrenze des Reiches. Ludwig XIV. ließ es zu zahllosen Übergriffen auf Reichsgebiet kommen und riß endlich die zehn elsässischen Reichsstädte an sich. Es flammte ein schon totgeglaubter Reichspatriotismus auf, der auch in einer gegen Frankreich gerichteten Flugschriftenliteratur Ausdruck fand. In Wien trat man aus der bisher beobachteten Neutralität heraus und brachte eine Koalition gegen Frankreich zusammen. Als im Frühjahr 1674 französische Truppen in die Pfalz eindrangen und Germersheim besetzten, raffte sich auch das Reich zum Handeln auf. Am 24. Mai wurde auf dem Reichstag in Regensburg der

Reichskrieg gegen Frankreich erklärt. Nicht zuletzt der Kurfürst von Brandenburg, der schon lange das Unrühmliche seiner Haltung empfunden und sich immer wieder verstimmt auf entlegene Jagdsitze zurückgezogen hatte, war empört und schließlich weit davon entfernt, dringenden Werbungen Frankreichs um ein Bündnis zu folgen. Am 1. Juli erneuerte er die Allianz mit dem Kaiser. Er verpflichtete sich dazu, eine 16.000 Mann starke Streitmacht an den Oberrhein zu entsenden, stellte tatsächlich aber 20.000 Mann ins Feld, die je zur Hälfte von Spanien und den Niederlanden finanziert wurden. Den Oberbefehl führte Kurfürst Friedrich Wilhelm selbst, der an der Spitze seiner Truppen die wenig glanzvolle Rolle vergessen zu machen hoffte, die er in den letzten beiden Jahren gespielt hatte.

Aber das sollte ihm vorerst nicht gelingen. Der Kurfürst hing von einem kaiserlich-brandenburgischen Kriegsrat ab und konnte seinen Plan, die Franzosen mittels Offensivstößen aus dem Elsaß hinauszuwerfen, nicht durchsetzen. Der Feldzug ging Anfang 1675 verloren. Friedrich Wilhelm war verzweifelt, vor allem weil einen Monat vorher sein von ihm sehr geliebter ältester Sohn Karl Emil in Straßburg erst 19jährig einer Lagerseuche erlegen war. Als es dann in die Winterquartiere nach Franken ging, erreichte die Brandenburger die Meldung, daß zu Weihnachten die Schweden in die Mark eingefallen seien. Den Franzosen war es gelungen, in ihrem Kampf gegen das Reich eine zweite (und im Mittelmeer sogar noch eine dritte) Front aufzubauen. Nach diplomatischen Fühlungnahmen mit dem Kaiser, den Niederlanden und Dänemark zog Kurfürst Friedrich Wilhelm Ende Mai mit einer Streitmacht von 15.000 Mann in Eilmärschen nach Norden.

Als sich die kurfürstlichen Truppen im Juni den märkischen Landen näherten, standen die Schweden im Havelland. Sie stützten sich auf die Städte Havelberg, wo der Elbeübergang erfolgen sollte, Rathenow und Brandenburg, wo die schwedische Hauptmacht lag. Im Rücken dieser Havelstellung, bei Neuruppin, befand sich das Hauptquartier des Oberbefehlshabers, des angesehenen, aber schon betagten und gichtgeplagten Marschalls Karl Gustav von Wrangel, den der Kurfürst aus der Schlacht von Warschau kannte. Er war damit vom Gros seiner Truppen durch das vom Rhin durchflossene Havelländische Luch getrennt, das bei Fehrbellin überquert werden konnte. Der Kurfürst kam, von den Schweden unbemerkt, über Magdeburg heran. Er zielte auf Rathenow und zertrümmerte, obwohl er der Eile wegen den größten Teil seiner Infanterie hatte zurücklassen müssen, das hier gelegene Zentrum der schwedischen Stellung. Diese war damit nicht mehr zu halten, und die bei Havelberg und Brandenburg stehenden Korps suchten sich gegen Neuruppin zurückzuziehen, um sich in diesem Raume zu vereinigen. Dabei führte der Weg von Brandenburg her durch das Luch. Besondere brandenburgische Kommandos zerstörten die Rhinbrücke bei Fehrbellin und machten die Pässe bei Kremmen und Oranienburg unpassierbar, während der Kurfürst der sich von Brandenburg her zurücktastenden schwedischen Hauptmacht folgte und sie bei Fehrbellin zum Kampfe stellte. In einer zweistündigen Schlacht besiegte er, in kritischen Momenten auf seinem Schimmel selbst in die Bresche springend, den doppelt so starken Gegner (12.000 gegen 6000 Mann), konnte ihn aber, da seine Reiter am Ende ihrer Kräfte waren, nicht wirksam verfolgen und vernichten. Die Schweden konnten sogar die Fehrbelliner Rhinbrücke wieder notdürftig herrichten. Schließlich wichen sie, erheblich dezimiert, aber in vollkommener Ordnung, über die mecklenburgische Grenze zurück.

Seit der Kurfürst die Meldung von dem Schwedeneinfall erhalten hatte, stand ihm wieder das Bild Vorpommerns zum Greifen nahe vor Augen. Er war entschlossen, im Kampf mit Karl XI. Gustav, dem Sohn und Nachfolger Karls X., die ersehnten Ostseehäfen zu gewinnen. Zustatten kam ihm dabei, daß der Reichstag unter dem Eindruck des »Tages von Fehrbellin«, der im Elsaß ein volkstümliches Lied hervorrief, in dem Friedrich Wilhelm erstmals der »Große Kurfürst« genannt wurde, den Reichskrieg gegen Schweden beschloß. Schwer wog, daß Dänemark und die Niederlande hinzutraten. Unter der Beihilfe der dänischen und insbesondere der niederländischen Flotte kam es zu einem ereignisreichen Bewegungskrieg, der von der schwedischen Stellung in Norddeutschland nicht viel mehr übrigließ als Stettin und die Insel Rügen sowie Stralsund und Greifswald, ja sogar nach Skandinavien übergriff. Der Kurfürst bemächtigte sich bis 1676 der Inseln Wollin und Usedom sowie Wolgasts und der Odermündung; im Juli 1677 rüstete er zur Belagerung von Stettin, das bis zum Ende des Jahres bezwungen war. Im September 1678 landete Kurfürst Friedrich Wilhelm unter der Deckung einer holländischen Flotte auf Rügen und eroberte es gemeinsam mit den Dänen. Bald darauf fielen das gut befestigte Stralsund, dessen Besatzung hartnäckig gekämpft und schließlich auf Drängen der Bürgerschaft aufgegeben hatte, sowie Greifswald.

Aber schon war es äußerst zweifelhaft, ob der Große Kurfürst seine Gewinne würde behaupten können. In Nymwegen waren seit 1676 die Diplomaten am Werke, und Frankreich gelang es, mit Spanien und den Niederlanden zum Frieden zu kommen und dabei auch die Wiederherstellung der schwedischen Stellung in Pommern in Aussicht zu nehmen. Ergänzung fand die diplomatische Offensive Frankreichs im November 1678 durch einen Einfall der Schweden in das militärisch entblößte Ostpreußen von Livland her. Aber die Hilfe des franzosenfreundlichen Polenkönigs Johann Sobieski versagte. Und da die pommerschen Operationen des brandenburgischen Heeres zu eben dieser Zeit abgeschlossen waren, konnte der Kurfürst einem kleineren Korps, das nur zur Sicherung Königsbergs ausreichte, eine 9000 Mann starke Streitmacht folgen lassen, die am 20. Januar 1679 die Weichsel bei Marienwerder überschritt. Friedrich Wilhelm folgte ihr, von Gicht und Asthma geplagt, in Begleitung seiner zweiten Gattin

Dorothea, die schon in den vergangenen Feldzügen kaum von seiner Seite gewichen war, und des Kurprinzen Friedrich. Der militärische Nimbus des Kurfürsten war bereits so groß, daß die Schweden auf die Nachricht vom Nahen des brandenburgischen Heeres hin den Rückzug antraten. So wurde aus dem Winterfeldzug von 1679 eine große Verfolgungsjagd durch Schnee und extremen Frost, bei der die Infanterie und die Artillerie auf eilig requirierten Schlitten transportiert wurden. Um den Weg abzukürzen, überquerten die brandenburgischen Truppen auch die Eisdecke des Frischen und des Kurischen Haffs. Die Flucht der Schweden endete, ohne daß sie von den Brandenburgern zum Entscheidungskampf gestellt werden konnten, in Riga, wo ihr Kommandeur, General Horn, mit nur 3000 einer ursprünglich 16.000 Mann starken Armee anlangte.

Kurfürst Friedrich Wilhelm stand auf dem Höhepunkt seines politisch-militärischen Lebens. Wie Carl Hinrichs schreibt, hatte er ihn »durch die Verbindung politischer Besonnenheit mit der Fähigkeit zu großen Entschlüssen und schnellem Handeln« erreicht. »Er hatte gezeigt, was er vermochte, wenn er auf sich selbst gestellt war. Er hatte politisch eine große Koalition geschaffen, mitgerissen und geführt, er hatte militärisch ohne das Bleigewicht eines mitbestimmenden verbündeten Feldherrn eine der glänzendsten militärischen Operationen des Jahrhunderts, einen gänzlich unorthodoxen Winterfeldzug über riesige Dimensionen hin geführt, der bis in die Tage Karls XII. keine Nachfolger hatte.« Aber all das konnte nichts an den sich bereits seit langem abzeichnenden politischen Ergebnissen ändern. Der Kaiser war mit seinen Verbündeten der Kriegführung und mehr noch der Diplomatie Frankreichs erlegen und hatte im übrigen kein Interesse daran, daß an der Ostsee ein neuer Vandalenkönig erstehe, wie man in Wien sagte. Schließlich war es außer dem Großen Kurfürsten nur noch Dänemark, das noch nicht mit Ludwig XIV. Frieden geschlossen hatte. Ein französisches Heer drang bis vor Minden vor. Am 29. Juni 1679 unterzeichnete ein Bevollmächtigter des Kurfürsten in St. Germain einen Friedensvertrag. Er bestimmte die Rückgabe Pommerns an Schweden; ein kaum nennenswerter Gewinn für Brandenburg bestand in einer kleinen Grenzberichtigung und dem Wegfall des schwedischen Anteils an den hinterpommerschen Hafenzöllen. Hinzu kam eine Art finanzieller Entschädigung durch Frankreich. Der Große Kurfürst hätte für den Gewinn Vorpommerns auf Kleve und Preußen verzichtet. Er war zum zweiten Male an Frankreich und dessen Interesse an der Erhaltung der europäischen Stellung Schwedens, das weiterhin als Instrument seiner Politik dienen sollte, gescheitert.

Vielleicht aber war, was nicht gegen den Willen Frankreichs erlangt werden konnte, an der Seite Ludwigs XIV. zu erreichen? So fragte sich mancher am brandenburgischen Hof und schließlich auch der Kurfürst selbst. Die Antwort darauf bestand in der »engeren Allianz«, die im Anschluß an den Friedensschluß in St. Germain ausgehandelt wurde. Friedrich Wilhelm räumte Frankreich für seine Territorien das Recht der freien Truppenbewegung ein, wobei auch die Festungen nicht ausgenommen waren. Zudem verpflichtete er sich dazu, bei der nächsten polnischen Königswahl sowie bei einer notwendig werdenden Kaiserwahl sich für den Kandidaten Ludwigs XIV. zu verwenden. Dafür sprach dieser eine Garantie des brandenburgischen Besitzstandes aus und verpflichtete sich zu einer jährlichen Unterstützungszahlung zur Aufrechterhaltung der vollen Stärke des kurfürstlichen Heeres. Der deutsche Verbündete war für ihn um so wichtiger, als seine in den Jahren nach 1679 betriebene Reunionspolitik, die juristisch bemäntelte, in Wirklichkeit auf militärischer Gewalt gründende Aneignung von Reichsgebiet, Frankreich mehr und mehr isolierte. In einem »Defensivbündnis« vom 11. Januar 1681 vermochte der König den Kurfürsten dazu zu verpflichten, im Bündnisfalle die Frage von Recht oder Unrecht des Verbündeten auf sich beruhen zu lassen, d. h. gegebenenfalls auch zugunsten der französischen Reunionen das Schwert zu ziehen. Konnte das Friedrich Wilhelm im Reiche nur Verbitterung und Verachtung eintragen, so blieb die Erfüllung seiner Hoffnung auf Schwedisch-Pommern, die der König vorsichtig und unverbindlich zu nähren wußte, in weiter Ferne.

Nachdem Ludwig XIV. im September 1681 Straßburg in skrupelloser Weise dem Reiche geraubt hatte, was auch den Kurfürsten erbitterte, beeilte er sich, diesem in einer Erneuerung des Defensivbündnisses zu versichern, daß er sich mit den bisherigen Reunionen begnügen und weitere Verfahren nicht betreiben wolle. Verbunden wurde das mit einer Erhöhung der finanziellen Zuwendungen an Brandenburg. Da sich Schwedenkönig Karl XI. Gustav in diesen Jahren infolge der Reunionspolitik, die ihn als Zweibrükker schmerzlich berührte, von Frankreich abwendete, machte sich Friedrich Wilhelm Hoffnung darauf, Schweden in seiner Stellung als unentbehrlicher Verbündeter Frankreichs und mithin auch als Ostseemacht zu beerben, wozu der Gewinn Vorpommerns die Voraussetzung war. Aber Brandenburg sollte sich für den König bald als entbehrlich erweisen. Da gerade zu dieser Zeit die Türken auf Wien marschierten, geriet der Kaiser unter heftigen Druck, ohne daß es dazu einer französischen Klientel im Reich bedurft hätte; und als Wien entsetzt war und die Türken zurückfluteten, entschied sich Leopold I. in Ausnutzung der entstandenen Lage dafür, statt den Reichsfeind Frankreich zu bekämpfen, im Interesse des Habsburgerstaates den Donauraum zu erobern. Daher verstand sich der Kaiser zusammen mit dem Reich zum Regensburger Stillstand vom 15. August 1684, durch den Frankreich seine Gewinne aus den Reunionen für zwanzig Jahre überlassen wurden. Kurfürst Friedrich Wilhelm hatte von Ludwig XIV. nichts mehr zu erwarten, zumal Schweden, das ohne Unterstützung Frankreichs seine europäische Stellung nicht aufrechtzuerhalten vermochte, reumütig in die Arme des Sonnenkönigs zurückkehrte.

So hat sich der Große Kurfürst allmählich wieder von Frankreich gelöst.

Er schloß 1686 Bündnisse mit den Niederlanden, mit Schweden und mit dem Kaiser. Er beteiligte sich gegen Subsidienzahlungen mit einem Kontingent von 8000 Mann am Türkenkrieg. An der Eroberung Ofens hat die brandenburgische Streitmacht wesentlichen Anteil gehabt. Aber die politische Verständigung mit Wien fiel schwer, denn der Kurfürst forderte von den Habsburgern die Herausgabe von Jägerndorf, Liegnitz, Brieg und Wohlau. Jägerndorf war den Hohenzollern, wie berührt, im Dreißigjährigen Krieg verlorengegangen; die drei schlesischen Herzogtümer hingegen hatte das Haus Österreich nach dem Aussterben der dort regierenden Piasten im Jahre 1675 als erledigte Lehen der Krone Böhmens eingezogen und seinem Territorialbesitz in Schlesien zugeschlagen, obwohl sie nach der erwähnten Erbverbrüderung von 1537 dem Brandenburger hätte zufallen müssen. Freilich war diese von Wien nie als gültig anerkannt worden, und auch jetzt war der Kaiser von Zugeständnissen in dieser Sache weit entfernt. Nicht einmal den Kreis Schwiebus, eine österreichische Enklave in der Neumark, die der Kurfürst schließlich als Ersatz verlangte, wollte er hergeben. Es war ungewiß, ob es noch zu einem förmlichen Abschluß zwischen Brandenburg und Österreich kommen konnte. Da wurde der Kurprinz, der einen Anschluß an Wien für unbedingt notwendig hielt und zudem in Geldverlegenheiten steckte, durch den kaiserlichen Gesandten in Berlin für ein unwürdiges Täuschungsmanöver gewonnen. Hinter dem Rücken des Vaters verpflichtete er sich dazu, Schwiebus, wenn es jetzt an Brandenburg komme, nach seinem Regierungsantritt wieder an den Kaiser zurückzugeben. Aufgrund dieses Versprechens, des »Schwiebuser Reverses«, kam es am 22. März 1686 zum Abschluß einer brandenburgisch-österreichischen geheimen Defensivallianz. Das Bündnis richtete sich gegen jeden Angriff auf das Reich; auch die spanischen Niederlande sollten verteidigt werden. Natürlich waren auch Subsidienzahlungen an Brandenburg vorgesehen. Der Große Kurfürst verpflichtete sich zudem, im Falle der spanischen Erbfolge für die Ansprüche Wiens einzutreten und bei der nächsten Kaiserwahl Leopolds Sohn Joseph die Stimme zu geben. Schließlich – und darin lag der Gipfel der Perfidie – wurde ihm das Versprechen abgenommen, für Schwiebus (das ihm der Kaiser doch gar nicht geben wollte) auf seine sämtlichen schlesischen Ansprüche zu verzichten.

Brandenburg war darauf angewiesen, mit Wien abzuschließen. Denn der Große Kurfürst hatte die Aufhebung des Ediktes von Nantes durch Ludwig XIV. am 18. Oktober 1685 mit einem Edikt von Potsdam vom 8. November desselben Jahres beantwortet, in dem die in Frankreich mit dem Fall des einst durch König Heinrich IV. erlassenen Glaubensediktes der Verfolgung ausgesetzten Calvinisten eingeladen worden waren, sich in den kurfürstlichen Landen niederzulassen und dort eine neue Existenz aufzubauen. In Frankreich mußte diese landesherrliche Verlautbarung, da hier wie anderswo die Auswanderung verboten war, als eine Einmischung in die inneren Angelegenheiten des Königreichs erscheinen. Eine starke Trübung der Beziehungen zwischen den beiden bisher verbündeten Staaten war die notwendige Folge, angesichts derer der Kurfürst Anlehnung an Wien suchen mußte. Überhaupt ist es die katholische Restauration der Spätzeit Ludwigs XIV. im Zusammenwirken mit dessen Hegemoniestreben gewesen, die Friedrich Wilhelm eine Abwendung von Frankreich hat unausweichlich erscheinen lassen.

Mit der Aufnahme der Hugenotten in seinen Territorien und ihrer Förderung durch Steuerbefreiungen, staatliche Unterstützungen, gewerbliche Privilegien und ähnliches hat der Große Kurfürst nicht nur seinen Glaubensgenossen, sondern auch der Wohlfahrt seiner Lande einen großen Dienst erwiesen, wogegen anfängliche Schwierigkeiten mit der einheimischen lutherischen Bevölkerung wenig ins Gewicht fielen. Denn die rund 20.000 »Refugiés«, die bis zum Jahre 1700 dem Rufe des Kurfürsten folgten, haben fortgeschrittene Formen des Gewerbes und des Landbaus mitgebracht sowie das geistige und das gesellschaftliche Leben mannigfach befruchtet. Für das Beamtentum und das Offizierskorps sowie die Geistlichkeit haben sie manchen Gewinn gebracht. Auch das Judentum hat Kurfürst Friedrich Wilhelm sich und seinem Staate zunutze zu machen verstanden. Er ist bei dem Gebrauch des Hoffaktorentums seiner Zeit zur Geldbeschaffung nicht stehengeblieben. Nachdem die Juden im letzten Drittel des 16. Jahrhunderts in der Mark Brandenburg keinen festen Wohnsitz mehr haben durften, erlaubte er ihnen mit seinem Judenedikt von 1671 Niederlassung und unbeschränkten Handel in der Kurmark und Berlin. Auch in seinen übrigen Territorien erfreuten sie sich landesherrlicher Förderung. Hier sprach »der Geist einer neuen Toleranz mit, der sich über die theologischen und politischen Argumente und Widerstände der Kirchen, Stände und Zünfte hinwegsetzt[e] und die bevölkerungs- und wirtschaftspolitischen Aufgaben des Absolutismus voranstellt[e]« (G. Oestreich).

Das innere Leben der kurfürstlichen Territorien hatte diese Impulse bitter nötig. Die wirtschaftliche Grundlage der Politik Friedrich Wilhelms, auf der dieser sich und die Mark Brandenburg aus der Hilf- und Wehrlosigkeit der Zeit des Dreißigjährigen Krieges herausgearbeitet und die territorialen Außenposten seines Hauses in West und Ost behauptet hatte, war unzulänglich geblieben. Die unglückliche geographische Gestalt des kurfürstlichen Territorialbesitzes, seine Armut an Bodenschätzen und das Unentwikkelte seiner gewerblichen Wirtschaft stellten etwa im Vergleich zu Sachsen erhebliche Nachteile dar. Sie konnten nur im Laufe eines längeren Zeitraumes durch ein zielbewußtes und systematisches politisches Vorgehen wettgemacht werden. Dabei ging es dem Kurfürsten darum, die begrenzten Kräfte des Landes in seine Verfügung zu bringen. Die Barriere des Steuerbewilligungsrechtes der Stände der einzelnen Territorien, die aus ihren partikularen Interessen heraus nicht für eine im europäischen Maßstab rechnende Machtpolitik zu gewinnen waren, mußte überwunden werden; die Finanzhoheit des Staates war das Ziel.

Schon nach dem Ende des schwedisch-polnischen Krieges im Jahre 1660 war Kurfürst Friedrich Wilhelm nicht mehr wie sonst bei Friedensschluß gezwungen gewesen, seine Truppen abzudanken. Den Landständen seiner Territorien hatte er unter Zugeständnissen an ihre Autonomie für einen kürzeren oder längeren Zeitraum – in der Kurmark sogar ohne zeitliche Begrenzung – eine Verlängerung der Kriegssteuer, der Kontribution, abringen können. Das außenpolitische Machtinstrument war geschaffen. Zugleich bildete das Heer die erste Institution des zusammengesetzten Staates, der in allen seinen Teilen – eben durch die Steuer – für seine Unterhaltung sorgte. Die Leistung für die Armee war der erste Punkt, in dem die völlig zusammenhanglosen Territorien des Kurfürsten einander begegneten.

Der Kampf um die Steuerhoheit begann damit, daß Kurfürst Friedrich Wilhelm das Steuerbewilligungsrecht der Stände allmählich unwirksam machte. Wenn die Landtage geforderte Steuern verweigerten, ließ der Kurfürst diese kurzerhand durch seine Soldaten und die für die Versorgung des Heeres zuständigen Beamten der Kommissariate eintreiben. Den Ständen wurde auf diese Weise begreiflich gemacht, daß Widerstand kaum etwas einbrachte – und sie setzten an die Stelle massiver Ablehnung der landesherrlichen Steuerforderungen die Methode partieller Einwände und kleiner Hemmungen. Künftige Erhöhungen der Heeressteuern waren damit gesichert. Nachdem den Ständen so die Waffe der Steuerverweigerung entwunden war, konnte sich der Monarch, sobald es ihm als politisch notwendig erschien, über sie, die Korporationen, hinwegsetzen. Die Macht der Landtage war dahin.

Bis zu diesem Punkte konnte der Große Kurfürst, der oft genug persönlich eingriff, noch selbst den Ständekampf führen. Unter seinem Nachfolger Friedrich III. fielen in den mittleren Territorien des Kurstaates die Bewilligungen überhaupt weg. In der gleichen Zeit wurde die Steuer, die auf dem platten Lande eingehobene Kontribution, zu einer festen Summe, so daß die Bewilligungen vollends ihren Sinn verloren. Das galt um so mehr, als die Städte ihren Steueranteil durch eine indirekte Steuer, die Akzise, aufbrachten, die nicht immer wieder bewilligt zu werden brauchte, und daher von den Landtagen fernblieben. Mit der letzten Steuerbewilligung verschwanden auch die Landtage. In Kleve-Mark, Ravensberg und Minden vollzog sich die Entwertung der Bewilligungen langsamer; die Landtage blieben hier – am Ende freilich bedeutungslos – noch das ganze 18. Jahrhundert hindurch bestehen. Bereits zu Beginn desselben erloschen nach schwerem Kampf in Preußen die landständischen Versammlungen; verzweifelt hatten sich die Königsberger unter Schöppenmeister Hieronymus Roth mit dem Ergebnis einer lebenslangen Festungshaft für diesen gewehrt, und die hochverräterische Beschwerde des Obersten von Kalckstein über den Kurfürsten in Warschau am Beginn der siebziger Jahre führte zu einer völkerrechtswidrigen Entführung des Empörers von dort und zu dessen Enthauptung aufgrund eines kurfürstlichen Gerichtsspruches. Es ist das übrigens das einzige blutige Opfer gewesen, das der Ständekampf in Brandenburg-Preußen gefordert hat.

Mit einer fortschreitenden Entwertung des ständischen Steuerbewilligungsrechtes war es jedoch nicht getan. Wenn der Landesherr die Steuermittel in vollem Umfange nutzen wollte, durfte er auch ihre Verwaltung nicht mehr ständischen Organen überlassen. Daneben mußte die Bewirtschaftung der kurfürstlichen Domänen, die sich in starkem Maße in ständischer Hand befand und nur wenig befriedigende Erträge erbrachte, unter eine straffe landesherrliche Kontrolle gebracht werden. So waren für die Verwaltung der Steuereinkünfte sowie für die der Einnahmen aus der Domänenwirtschaft und den Regalien landesherrliche Behörden zu schaffen. Bei diesen hat man die Kommissariats- und die Amtskammerverwaltung zu unterscheiden. Die Kommissariate waren zunächst Heeresintendanturen gewesen, die – mit der Unterhaltung und Verpflegung der Armee betraut – an der vollen und rechtzeitigen Zahlung der Kriegssteuern, also der Kontribution, interessiert waren. Sie kontrollierten die ständischen Steuerausschüsse sowie die alten ständisch-territorial orientierten (Landes-)Regierungen und verdrängten dann beide allmählich aus der Steuerverwaltung. Die Organisation der Provinzialkommissariate mit dem Oberkriegskommissar an der Spitze, denen in Kreisen und Städten die Land- oder Kreiskommissarien, die »commissarii locorum«, unterstellt waren, baute sich der militärischen Entstehung entsprechend hierarchisch auf. Wo der Große Kurfürst den Landständen besonders mißtraute, nämlich in Kleve-Mark und in Preußen, entstanden die Kommissariate als rein landesherrliche Kollegien. In den anderen Territorien blieben Beamte der alten Verwaltung und ständische Deputierte an der monarchischen Steuerverwaltung beteiligt, was zu Mischformen führte, die erst König Friedrich Wilhelm I. beseitigt hat. Er hat auch die Amtskammern, die die Domäneneinkünfte und die Regalien verwalteten, aus ihrer Abhängigkeit von den territorialen Regierungen gelöst.

Die Beamten der Kommissariate und Amtskammern wurden zum Stamm eines gesamtstaatlichen, monarchischen Beamtentums; sie waren im Gegensatz zu den alten ständischen Beamten allein an die Anweisungen des Kurfürsten gebunden. Beide Behördenformen, die sich neben und im Gegensatz zu den alten Landesbehörden entwickelten, bildeten die Ausgangspunkte für eine gesamtstaatliche Behördenorganisation, die das Einzelinteresse der Territorien zugunsten der Anordnungsgewalt des Monarchen überwand. Da die Kommissariate als monarchische Behörden für die zuverlässige Einbringung der für das Heer bestimmten Leistungen geschaffen worden waren, ergab es sich von selbst, daß sie sich zwecks Erhaltung und Erweiterung der Leistungsfähigkeit des Landes zu Organen der Wirtschafts-

und Bevölkerungspolitik, ja zu allgemeinen Verwaltungsbehörden entwickelten, die auch – wie die Amtskammern – jurisdiktionelle Befugnisse für sich beanspruchten.

Da zur Befriedigung der Ansprüche einer gesteigerten politisch-militärischen Aktivität alles von einer Überwindung der territorialen Vereinzelung abhing, kam der Zentralinstanz eine besondere Bedeutung zu. Als eine solche diente der Geheime Rat, obwohl nach dem gültigen Verfassungsrecht der Kurfürst die Räte des jeweils von seiner Entscheidung betroffenen Territoriums zu Rate ziehen sollte. In der Tat hat auch die Unterordnung der Regierungen unter diese Zentralbehörde Schwierigkeiten bereitet; der Große Kurfürst ist daher in den Territorien auf Statthalter angewiesen gewesen. Er erörterte im Geheimen Rat, unbeschadet seiner freien Entscheidung, Fragen der äußeren und inneren Politik. Den Räten waren nach einer Ratsordnung von 1651 feste Referate zugewiesen. Seit 1659 gab es Räte, die für die Kammersachen zuständig waren, und seit dem schwedisch-polnischen Krieg einen ständigen Generalkriegskommissarius, der Geheimer Rat war und sich außerdem mit dem Generalfeldmarschall im Geheimen Kriegsrat zu beraten hatte. Beide Einrichtungen, die an der Spitze der Steuer- und der Domänenverwaltung standen, die man sich aber noch nicht ganz fest vorstellen darf, waren unmittelbar dem Kurfürsten unterstellt. Besondere Bedeutung, d. h. vor allem stärkeren Einfluß auf die Provinzialinstanz, gewannen sie in den achtziger Jahren. Das drückte sich darin aus, daß sich die Räte für Kammersachen 1689, ein Jahr nach dem Tode des Großen Kurfürsten, in einem besonderen Kollegium, der Hofkammer, organisierten, während die Einrichtung des bereits seit 1674 mit einer Generalkriegskasse ausgestatteten Generalkriegskommissarius' noch nicht zu einem kollegialischen Gremium wurde.

Schon in den letzten Jahren des Großen Kurfürsten und zu Beginn der Regierung seines Sohnes ist das Ziel, die Kommissariate und die Amtskammern dem Generalkriegskommissarius bzw. der Hofkammer unterzuordnen, weitgehend erreicht worden. Mit dieser Entwicklung ging ein zunehmendes Herauswachsen der zentralen Finanzverwaltung aus dem Geheimen Rat einher. Die Hofkammer war nur noch durch ihren Präsidenten mit der alten Zentralbehörde verbunden. Zu einem völligen Heraustreten der modernen monarchischen Verwaltung aus dem alten frühneuzeitlichen Regierungskollegium kam es aber vor 1713, dem Regierungsantritt Friedrich Wilhelms I., noch nicht; die wichtigsten Angelegenheiten wurden noch immer im Plenum des Geheimen Rates verhandelt.

Der Große Kurfürst hatte die Grundlage zu einer monarchischen Selbstregierung gelegt und diese mit dem überkommenen Kollegialsystem verbunden, wodurch ebenso übereilten und willkürlichen Entscheidungen wie aber auch deren Verschleppung vorgebaut werden sollte. Seine Nachfolger haben das weiter ausgebildet. Vom bestimmenden Einfluß seiner Berater hatte er sich bereits bis 1660 freigemacht. Der letzte von Rang war Reichsgraf Georg Friedrich von Waldeck, eine der ersten nichtpreußischen deutschen Persönlichkeiten im Dienste des brandenburgisch-preußischen Staates. Die Stände waren ohne Änderung des Staatsrechts weitgehend ausgeschaltet worden. »Das Alte wurde nicht förmlich aufgehoben, sondern allmählich durch das Neue überwachsen und zur Verkümmerung verurteilt« (C. Hinrichs). Das bedeutete eine politische Entmachtung des grundbesitzenden Adels, der aber seine soziale Stellung bewahren konnte, ja deren Erhaltung geradezu der Preis dafür war, daß die Stände abdankten. Das beste Beispiel dafür ist der brandenburgische Landtagsabschied vom 5. August 1653. Gegen eine sechsjährige Bewilligung von Mitteln zur Unterhaltung seiner Truppen bestätigte der Kurfürst den Ständen alle ihre alten Rechte und Privilegien – so das Vorrecht des Adels auf den Besitz von Rittergütern, seine Herrenstellung im Gutsbezirk, seine obrigkeitliche Stellung gegenüber den Bauern, seine Steuer- und Zollfreiheit sowie seine Verfügung über bäuerliche Frondienste.

Dem werdenden monarchischen Absolutismus ging es nicht um die Umstürzung der ständischen Gesellschaftsordnung, sondern lediglich um die Beseitigung aller Hindernisse, die einer uneingeschränkten Hoheit des Landesherrn entgegenstanden. »Wenn auch der brandenburgische Adel von nun an die Verantwortung für die negative soziale Entwicklung auf dem Lande trägt, so trifft doch die Dynastie der schwere Vorwurf, daß sie bei aller Fortschrittlichkeit ihrer Verwaltungseinrichtungen, bei ihrer wachsenden innenpolitischen Machtstellung durch das Heer, bei aller Offenheit für geistige Einflüsse eine Reform der Rechtsverhältnisse auf dem Lande erst viel zu spät erzwungen hat« (G. Oestreich).

Auf eine allgemeine Hebung des Kurstaates waren auch die Beiträge gerichtet, die der Große Kurfürst zur Entwicklung der Landeskultur leistete. Als ein hervorragendes Beispiel hierfür hat der Müllroser Kanal zu gelten, der die Oder mit der oberen Spree bei Fürstenwalde verband und an der Stadt Müllrose vorbeiführte. Daher rührte der Name des Wasserwegs, der später zu Ehren des Bauherrn Friedrich-Wilhelm-Kanal hieß. Die durch den Bau des Oder-Spree-Kanals am Ende des 19. Jahrhunderts weithin überflüssig gewordene Wasserstraße sollte die Spree und die Havel für den Schiffsverkehr zwischen Oder und Elbe tauglich machen. Aber der Kurfürst sah noch weiter. Er war bestrebt, seinen mittleren Provinzen den gesamten Wirtschaftsverkehr zwischen Breslau, dem Hauptumschlagplatz für den südosteuropäischen Handel, und Nordwesteuropa sowie der See nutzbar zu machen. Die Waren sollten ihren Weg weder auf dem Landwege über Leipzig (nach Hamburg und Amsterdam) nehmen, noch auf Oderkähnen nach dem schwedischen Stettin gelangen. Und die ehrgeizige Rechnung ging großenteils auf: Bis 1720, im Jahre, in dem Stettin preußisch wurde, hat der Kanal den Warenverkehr zwischen Breslau und den nordwesteuropäischen Häfen in hohem Maße auf sich ziehen können.

Trotz der Dürftigkeit der materiellen Möglichkeiten Kurbrandenburgs ist auch die geistige Seite der Landeskultur nicht gänzlich ohne Förderung geblieben. Eine solide Grundlage dafür boten die westeuropäischen Einflüsse, die mit dem Verwaltungsaufbau und der Wirtschaftsförderung sowie durch das Hugenottentum ins Land kamen. Neben dem Calvinismus waren das die Niederländische Bewegung, die humanistische Lebens- und Staatsphilosophie des Neustoizismus, und das Naturrechtsdenken, wodurch der Konfessionalismus des staatlichen und geistigen Lebens im Sinne einer weltkundigen Diesseitigkeit aufgelockert wurde. Wie ein Zeichen für das Wirksamwerden eines neuen Geistes steht die Tatsache, daß es dem Großen Kurfürsten am Ende seines Lebens gelang, in Samuel von Pufendorf den Hauptvertreter des europäischen Naturrechts nach Berlin zu verpflichten. Aus seiner Feder stammt die erste Biographie Friedrich Wilhelms, die zugleich das erste bedeutende Werk brandenburgischer Geschichtsschreibung war. Sie erschien 1695 in Berlin.

Dem Großen Kurfürsten war geistige Bildung eine Herzensangelegenheit. Ihm selbst waren geistige Gaben in einem hohen Maße zu eigen, zu denen auch sein Sprachensinn zählte: Er beherrschte neben dem Deutschen das Holländische, das Französische sowie das Polnische und verfügte über eine bemerkenswerte Kenntnis des Lateinischen. Im Schlosse zu Cölln an der Spree ließ er ein kleines chemisches Laboratorium einrichten, landesherrliche Kunstsammlungen entstanden, und bereits 1661 wurde die kurfürstliche Büchersammlung, die 1600 Handschriften sowie 20.000 gedruckte Bände umfaßte und im Apothekenflügel des kurfürstlichen Schlosses aufgestellt worden war, zur Benutzung durch Gelehrte und Beamte freigegeben. Das war die Geburtsstunde der späteren Preußischen Staatsbibliothek.

Die am weitesten ausgreifenden Pläne des Großen Kurfürsten sind die gewesen, Brandenburg zu einer See- und Kolonialmacht zu erheben. Ihnen hat sein heißes Wünschen gegolten; verzweifelt hat er ihretwegen um die vorpommersche Küste gekämpft. Aber nicht nur, daß ihm die Schweden den Weg zum Meer verwehrten; noch im Vertrag von Labiau (1656) wurde er von ihnen dazu gezwungen, auf das »Admiralitätsrecht« zu verzichten, nämlich auf das Recht, in der Ostsee mit eigenen Kriegsschiffen zu erscheinen und eine eigene Kriegsflagge zu führen. Aber das Vorbild der Seemächte der Zeit war für den Kurfürsten faszinierend genug, um ihn diese Hindernisse überwinden zu lassen. Nachdem er verschiedene Pläne, die auf eine Zusammenarbeit mit dem Kaiser und Spanien angelegt waren, vergeblich verfolgt hatte – etwa den einer Reichsmarine, der er selbst als General-Admiral vorstehen wollte –, traf er 1675 in dem fast bankrotten holländischen Reeder Benjamin Raule auf den Mann, der ihm weiterhalf. Er, den er zum Rat und zum Schiffsdirektor in kurfürstlichen Diensten, schließlich sogar zum Generaldirektor der brandenburgischen Marine machte, war ein außerordentlich ideenreicher Geschäftsmann, ja ein abenteuerlicher Projektemacher, von dessen Einfällen der kurbrandenburgische Staat auch außerhalb des maritimen Gebietes – wie durch den Rat, die französischen Glaubensflüchtlinge aufzunehmen – nicht wenig profitiert hat. Raule begann mit der Ausrüstung von einigen Schiffen, mit denen er, versehen mit kurfürstlichen Kaperbriefen, gegen schwedische Kauffahrteischiffe operierte. Im Kampf gegen Schweden seit 1675 entstand auch eine brandenburgische Kriegsflotte, deren erste Einheiten bei den Holländern gemietet waren; noch 1681 verfügte die kurfürstliche Marine, die damals etwa 30 Fahrzeuge umfaßte, nur über ein einziges eigenes Schiff, den »Markgrafen von Brandenburg«, ein in Ostende geentertes, ehemals spanisches Kriegsschiff.

Ebenfalls von Raule stammte der Gedanke, von brandenburgischen Häfen aus bis nach Afrika zu fahren. Zuerst gestattete der Kurfürst Raule lediglich die Führung der brandenburgischen Flagge und gab ihm einige Soldaten mit, wofür ihm einige Negersklaven sowie Affen und Papageien mitgebracht werden sollten. 1680 ging es mit zwei Schiffen an die Guinea-Küste. Aufgrund eines mit Häuptlingen geschlossenen Vertrages konnten hier bei einer zweiten Expedition mit wiederum zwei Schiffen die brandenburgische Flagge gehißt und ein Fort Großfriedrichsburg errichtet werden, das nicht nur gegenüber den Eingeborenen, sondern auch gegenüber den konkurrierenden Niederländern Schutz bieten sollte. Diese zweite Fahrt wurde bereits von einer afrikanischen Handelskompagnie getragen, einer privilegierten Aktiengesellschaft, deren Grundkapital zur Hälfte aus Raules Tasche und zu einem Fünftel aus der kurfürstlichen Kasse stammte. Die 1682 gegründete Kompagnie, an der auch die ostpreußischen und die ostfriesischen Stände, der Kurfürst von Köln sowie Hofleute, Geheime Räte und Offiziere beteiligt waren, hatte ihren Sitz seit 1683 in dem damals zur Grafschaft Ostfriesland gehörenden Emden. Der Gründungsort Königsberg mit seinem Hafen Pillau hatte sich schon wegen seiner Abgelegenheit als ungeeignet erwiesen. Im folgenden hat die Kompagnie eine aufsteigende Geschäftsentwicklung erlebt; die Zahl der Handelsschiffe stieg auf 30, die von zehn Kriegsschiffen geschützt wurden. Der Große Kurfürst war der einzige Reichsfürst, der seine Kriegsflagge auf den Meeren zeigte.

Doch seit sein niemals ausrastender Wille nicht mehr war und nachdem sein Sohn Raule von der Leitung der Kompagnie entbunden wurde (1697), ging es abwärts. Schließlich kam es sogar zum Bankrott, so daß Friedrich I. als Hauptgläubiger 1711 nicht anders konnte, als die Geschäfte selbst zu übernehmen. König Friedrich Wilhelm I. sah in dem Kolonialunternehmen eine »Chimäre« und verkaufte die afrikanischen Besitzungen kurzerhand zu einem geringen Preis an die Niederlande.

Am 9. Mai 1688 ist der Große Kurfürst, umgeben von seiner Familie und seiner Dienerschaft, in Potsdam gestorben. Todesursache ist vermutlich die Wassersucht gewesen; schon lange war der Monarch stark gicht- und asthmaleidend gewesen. Seine Gattin Dorothea, eine geborene Prinzessin von Holstein-Glücksburg und verwitwete Herzogin von Braunschweig-Lüneburg, die als getaufte Lutheranerin und nur nominelle Calvinistin seinen Untertanen lieber war als die frühverstorbene feinere Oranierin Luise Henriette, hatte ihn in den letzten Jahren hingebungsvoll gepflegt. Erst zwei Tage vor seinem Tode hatte seine Kraft in der Erledigung der Regierungsgeschäfte versagt. Seine Lebensleistung ist die Begründung eines mittels moderner Behördenorganisation zentralisierten monarchischen Machtstaates gewesen, ohne daß er sich selbst dessen voll bewußt gewesen zu sein scheint. Das legt in manchem sein politisches Testament aus dem Jahre 1667 nahe, und das zeigen seine sein ganzes Leben begleitenden Pläne einer Erbteilung, insbesondere die Verfügungen von 1680 und 1686 zugunsten seiner vier Söhne aus zweiter Ehe, die er, selbst schon hinfällig, der treusorgenden, nie von seiner Seite weichenden Gattin zuliebe traf. Sie sind dann allerdings von seinem Nachfolger, der darin von Minister von Danckelman unterstützt wurde, nicht ausgeführt worden. Kurfürst Friedrich fand die Stiefbrüder ab – den ältesten, Philipp Wilhelm, unter anderem mit den Herrschaften Schwedt und Vierraden, weshalb dieser sich, ohne eine landesfürstliche Stellung einzunehmen, »Markgraf von Brandenburg-Schwedt« nennen durfte. 1788 ist diese Nebenlinie wieder erloschen.

Kurfürst Friedrich Wilhelm hatte noch manches vom deutschen Fürstentypus der frühen Neuzeit an sich; die politischen Gegebenheiten seiner Territorien am Beginn des 17. Jahrhunderts, die Natur seines religiösen Bekenntnisses und die Kraft seiner Persönlichkeit führten ihn aber unversehens auf die Bahn moderner Machtpolitik. Wie sehr sein Bewußtsein noch eng dem Fürstenbilde des 16. Jahrhunderts verhaftet war, beweist auch die Tatsache, daß er bei seinem machtpolitischen Streben stets das Interesse des Protestantismus im Auge behielt und mit den von ihm verfolgten realpolitischen Zielen eine göttliche Sinngebung nach dem Verständnis des Calvinismus verband. Geschaffen hatte er, wie Bernhard Erdmannsdörffer schreibt, »kein fertiges, in sich abgeschlossenes Gebilde«, sondern einen »Staat, der auf unablässiges Werden und Wachsen gestellt war«.

# Die Nachkommen des Großen Kurfürsten

## AUS DER EHE MIT LUISE HENRIETTE VON NASSAU-ORANIEN

1. WILHELM HEINRICH
   * 21. 5. 1648
   † 24. 10. 1649

2. KARL EMIL
   * 6. 2. 1655
   † 7. 12. 1674

3. FRIEDRICH, der spätere Kurfürst und König
   * 11. 7. 1657
   † 25. 2. 1713

4. HEINRICH
   * 19. 11. 1664
   † 26. 11. 1664

5. AMALIE
   * 19. 11. 1664
   † 1. 2. 1665

6. LUDWIG
   * 8. 7. 1666
   † 8. 4. 1687
   ⚭ 7. 1. 1681 mit LUISE CHARLOTTE von Radziwill-Birze
   * 9. 3. 1667
   † 23. 3. 1695

## AUS DER EHE
## MIT DOROTHEA VON HOLSTEIN-SONDERBURG-GLÜCKSBURG

1. PHILIPP, Markgraf von Brandenburg-Schwedt
   * 19. 5. 1669
   † 19. 12. 1711
   ⚭ 25. 1. 1699 mit JOHANNA CHARLOTTE von Anhalt-Dessau
   * 16. 4. 1682
   † 31. 3. 1750

2. MARIA
* 26. 11. 1670
† 17. 11. 1739
1. ⚭ 20. 8. 1687 mit Herzog KARL von Mecklenburg-Güstrow
* 28. 11. 1664
† 25. 3. 1688
2. ⚭ 5. 7. 1689 mit Herzog MORITZ WILHELM von Sachsen-Zeitz
* 22. 3. 1664
† 15. 11. 1718

3. ALBRECHT, Markgraf von Brandenburg-Schwedt, Herrenmeister von Sonnenburg
* 24. 1. 1672
† 21. 6. 1731
⚭ 31. 10. 1703 mit Herzogin MARIE DOROTHEA von Kurland
* 2. 8. 1684
† 17. 1. 1743

4. KARL, Markgraf von Brandenburg-Schwedt, Herrenmeister von Sonnenburg
* 5. 1. 1673
† 23. 7. 1695
⚭ 1695 mit KATHARINA von Balbiano
† im Dezember 1719

5. ELISABETH
* 5. 4. 1674
† 22. 11. 1748
1. ⚭ 29. 4. 1691 mit Herzog FRIEDRICH KASIMIR von Kurland
* 1650
† 22. 1. 1698

2. ⚭ 30. 3. 1703 mit Markgraf CHRISTIAN ERNST von Brandenburg-Bayreuth
* 6. 8. 1644
† 10. 5. 1712

3. ⚭ 3. 6. 1714 mit Herzog ERNST LUDWIG I. von Sachsen-Meiningen
* 17. 10. 1672
† 24. 11. 1724

6. DOROTHEA
* 6. 6. 1675
† 11. 9. 1676

7. CHRISTIAN LUDWIG, Markgraf von Brandenburg-Schwedt, Statthalter zu Halberstadt
* 24. 5. 1677
† 3. 9. 1734

# Friedrich III. bzw. I.

## Kurfürst Friedrich III. von Brandenburg, seit 1701 König Friedrich I. in Preußen

* 11. 7. 1657 in Königsberg i. Pr.
† 25. 2. 1713 in Berlin
*Grabstätte:* Dom zu Berlin

1. ⚭ 23. 8. 1679 (Potsdam) mit Elisabeth Henriette von Hessen-Kassel
* 18. 11. 1661 in Kassel
† 7. 7. 1683 in Cölln/Spree
*Grabstätte:* Dom zu Berlin

2. ⚭ 8. 10. 1684 (Herrenhausen bei Hannover) mit Sophie Charlotte von Braunschweig-Lüneburg
* 30. 10. 1668 in Schloß Iburg bei Osnabrück
† 1. 2. 1705 in Hannover
*Grabstätte:* Dom zu Berlin

3. ⚭ 28. 11. 1708 (Schwerin) mit Sophie Luise von Mecklenburg-Grabow
* 16. 5. 1685 in Schwerin
† 29. 7. 1735 in Berlin
*Grabstätte:* Dom zu Berlin

Würde die brandenburgische Macht, seit der unbändige Machtwille des Großen Kurfürsten nicht mehr wirksam war, ihre aufsteigende Bahn weiter beschreiten können? Schon der Stillstand mußte ein Rückschritt sein. Friedrich Wilhelm selbst hat seinem Sohn und Nachfolger Friedrich nicht die Fähigkeit zugetraut, das noch wenig kraftvolle brandenburgische Staatsschiff auf dem bisherigen, von den Kräften der europäischen Politik kaum begünstigten Kurs zu steuern. Er ist daher über den frühen Tod seines ältesten Sohnes Karl Emil niemals hinweggekommen. Verwachsen, klein und von labiler Gesundheit sowie empfindsam, leicht verletzlich und schwachen Charakters, entsprach Kurprinz Friedrich den Maßen des Vaters und den Anforderungen, die dieser an seinen Nachfolger stellen mußte, nicht im geringsten: Frische, Selbstbewußtsein und politischer Wille fehlten ihm vollständig. War ihm auch die Entwicklung von Selbstgefühl unter der Wirkung der machtvollen Persönlichkeit des Kurfürsten Friedrich Wilhelm nahezu unmöglich, so ist dieser doch ernsthaft darum bemüht gewesen, seinen Sohn auf seine schwere politische Aufgabe vorzubereiten.

Die unmittelbar nach dem Regierungsantritt Friedrichs III. zu treffenden außenpolitischen Entscheidungen waren indessen wenig problematisch. Die französische Hegemonialpolitik hatte nach dem Aussterben des Hauses Pfalz-Simmern, dem eine Schwägerin Ludwigs XIV., »Liselotte von der Pfalz«, entstammte, einen Grad erreicht, der die übrigen Mächte ihre Zwietracht vergessen ließ. Nur notdürftig bemäntelt mit pfälzischen Erbansprüchen, war der französische König an sie mit neuen Zumutungen herangetreten. Der einst von Franz von Lisola propagierte Gedanke einer europäischen Koalition gegen den Friedensstörer hatte neue Aktualität gewonnen. Sein großer Anwalt war jetzt Wilhelm III. von Oranien, ein Neffe des soeben von Frankreich enttäuschten Großen Kurfürsten. Dieser hatte im August 1685 mit den Niederlanden ein Defensivbündnis geschlossen. Der Oranier war insgeheim im Begriffe, den durch französisches Geld verpflichteten katholischen Stuart Jakob II. vom englischen Thron zu stoßen. Die Parole, die der ins Vertrauen gezogene brandenburgische Onkel in den beiden letzten Tagen seines Lebens ausgegeben hatte, lautete: London und Amsterdam.

Geleitet durch seinen früheren Erzieher und nunmehrigen ersten Ratgeber, den Westfalen Eberhard von Danckelman, konnte Kurfürst Friedrich III. nicht anders, als den vorgezeichneten politischen Bahnen zu folgen. Ein starkes Kontingent brandenburgischer Truppen trug mit dazu bei, die Niederlande gegen eine drohende französische Intervention zu decken, als

Wilhelm III. Anfang November 1688 den von der großen Mehrheit der Engländer ersehnten Sprung auf die britischen Inseln wagte und sich des Thrones seines Onkels Jakob II. bemächtigte, den dieser selbst durch eine überstürzte Flucht freigegeben hatte. Im nächsten Jahre schloß sich Brandenburg der Großen Allianz zwischen den Niederlanden, dem Kaiser, Spanien und dem Herzog von Savoyen gegen Frankreich an, die Wilhelm im Frühjahr 1689 zusammengebracht hatte. Ludwig XIV. mußte Krieg führen, wo er durch Drohung und Erpressung zum Ziele zu kommen geglaubt hatte. Seine Rüstungen waren mangelhaft, sein Land zeigte Zeichen der Erschöpfung. Der Friede von Rijswijk des Jahres 1697 nötigte ihm dementsprechend empfindliche Einbußen ab. Brandenburg war an dem militärischen Erfolg der Koalition nicht unwesentlich beteiligt gewesen, sein Ansehen unter den Verbündeten als eine der Subsidien bedürftige »Auxiliarmacht« aber nur gering. Auf dem Friedenskongreß schimpflich behandelt, konnte es nicht einmal die noch ausstehenden Subsidiengelder erlangen. Danckelman zahlte für diesen Ausgang mit seinem Sturz.

Kurfürst Friedrich III. ist dennoch auf der Seite der Seemächte und des Kaisers geblieben. Das erklärte sich vor allem aus seinem Wunsche, ein preußisches Königtum zu begründen. Der Kurfürst war zwar für das nicht zum Reiche gehörige Herzogtum Preußen souverän und benötigte daher für die ersehnte Rangerhöhung nicht die Erlaubnis des Kaisers; aber die brandenburgische Macht war zu gering, als daß es der zaghafte Friedrich ohne Einverständnis Wiens gewagt hätte, sich die preußische Königswürde beizulegen. Doch gerade dieses Schwächegefühl und die damit im Zusammenhang stehende Geringschätzung, mit der man dem brandenburgischen Namen auf dem europäischen Parkett begegnete, riefen in dem Kurfürsten das unstillbare Verlangen hervor, sich mit dem königlichen Purpur zu schmücken. Denn in der Barockzeit bestimmte sich die politische Geltung in hohem Maße nach der Selbstdarstellung. Der freilich wenig selbstbewußte Kurfürst sah sich bereits in die Reihe der mächtigsten Herrscher gestellt, als ihm der französische Gesandte einmal schmeichlerisch erklärte, außer dem König von Frankreich habe niemand solch kostbare Juwelen und andere Schmuckgegenstände wie er. Das Streben nach der Krone war umso weniger bloße Eitelkeit, als die deutschen Rivalen Brandenburgs, Sachsen und Hannover, in ganz ähnlichem Sinne auf ein vermehrtes Ansehen Wert legten: Kurfürst Friedrich August I. (»August der Starke«) hatte 1697 die polnische Krone erworben; Welfenherzog Ernst August war 1692 Kurfürst geworden, und sein Haus konnte sich zudem Hoffnungen auf die englische Königskrone machen, die 1714 auch tatsächlich an seinen Sohn Georg fallen sollte. Daß der nüchterne, aus einer bürgerlichen Familie reformierten Bekenntnisses stammende Danckelman für solche Bestrebungen, die zudem in die Staatskasse ein gewaltiges Loch reißen mußten, wenig Verständnis aufbrachte, mag ein übriges zu seinem Sturze beigetragen haben. Ein ehrgeiziger Höfling, der aus der Wetterau gebürtige Johann Kasimir Kolbe von Wartenberg, hat sich statt seiner in der Kronfrage dem Kurfürsten zu verbinden gewußt.

Freilich kam die Sache lange Zeit nicht voran. Das Gespenst des Vandalenkönigs ging wieder in Wien um. Erst das bedrückende Gefühl, daß der Tod des letzten spanischen Habsburgers nahe sei und mithin der große Krieg um das spanische Erbe vor der Türe stehe, brachte eine Wendung. Die Berater des Kaisers entsannen sich des Kampfwertes der brandenburgischen Armee und ließen nach längeren Verhandlungen am 16. November 1700 mit dem Kurfürsten den sogenannten Krontraktat vereinbaren, in dem Brandenburg verpflichtet wurde, zum Zwecke der Verteidigung der österreichischen Ansprüche auf die spanische Erbfolge 8000 Mann seines Heeres zur Verfügung zu stellen, wofür ihm Subsidien gezahlt werden sollten. Zudem mußte Kurfürst Friedrich zusichern, bei der nächsten Kaiserwahl seine Stimme dem Hause Habsburg zuzuwenden. Dafür nun versprach ihm der Kaiser, die preußische Königswürde, sobald sie proklamiert würde, unverzüglich anzuerkennen.

Es scheint so, als habe der Kurfürst noch vor einer Einigung mit dem Kaiser die Krönungsfeierlichkeiten vorbereiten lassen. Denn bereits am 15. Januar 1701, also zwei Monate nach Vertragsabschluß, verkündeten in den Straßen Königsbergs in Preußen vier Wappenherolde, daß das Herzogtum Preußen zum Königreich erhoben worden sei. Am 18. Januar setzte Friedrich sich und seiner Gemahlin Sophie Charlotte im Königsberger Schlosse die preußische Krone auf das Haupt und schritt mit ihr an der Spitze des Krönungszuges zur Schloßkirche, die sich hinter den durch Steinpfeiler gegliederten und durch mächtige Rundtürme begrenzten Wänden des im Renaissancestil gehaltenen Westflügels der alten Ordensresidenz verbarg. Hier ließ sich der König, der sich nun Friedrich I. nannte, von zwei eigens dazu ernannten Bischöfen, von denen einer die reformierte und der andere die lutherische Konfession vertrat, einsegnen und salben. Dieses Verfahren sollte die Trennung der weltlichen Gewalt von der geistlichen dokumentieren. Der katholischen Kirche wurde keinerlei Erwähnung getan. Der Papst, der noch nicht einmal die brandenburgische Kurwürde offiziell zur Kenntnis nahm und noch bis zum Jahre 1787 vom »Markgrafen von Brandenburg« sprechen sollte, wendete sich in einem an die katholischen Höfe gerichteten Breve gegen die Anerkennung des protestantischen preußischen Königtums. Am Tage vor der Krönung war der Orden zum Schwarzen Adler gestiftet worden. Er zeigte den Reichsadler, den die Hochmeister des Deutschen Ordens nach Verleihung durch den Kaiser im Wappenschilde geführt hatten; der Wahlspruch des Ordens lautete: »Suum cuique« (»Jedem das Seine«). Er stand dafür, daß die Hohenzollern mit Unbestechlichkeit belohnen und bestrafen wollten.

Während der reale Gewinn, der mit der Königskrone eingebracht worden war, nämlich die verbindende Wirkung des königlichen Namens für alle Territorien ihres Inhabers, erst allmählich zur Geltung kommen sollte, mußte der Preis sofort entrichtet werden. Denn am 1. November 1700, also bereits vor dem Abschluß des Krontraktats, hatte der schon lange kränkelnde König Karl II. von Spanien, erst 39jährig, die Augen für immer geschlossen. Mit dem Beitritt zur großen Allianz gegen Frankreich am 30. Dezember 1701 wurde Brandenburg in die Auseinandersetzung um das spanische Erbe hineingerissen. Brandenburgisch-preußische Truppen schlugen sich im Rahmen des nun anhebenden Krieges an verschiedenen Stellen erfolgreich – so an der Donau bei dem schwäbischen Höchstädt (1704) und bei Turin (1706), beide Male unter Führung des Fürsten Leopold von Anhalt-Dessau, sowie auf den niederländischen Schlachtfeldern, bei Ramillies (1706) und Malplaquet (1709). Aber über den Status einer Hilfsmacht kam Brandenburg auch in diesem Kriege nicht hinaus. Entsprechend mager waren die Gewinne, die es aus dem Frieden von Utrecht 1713 zog. Neben der Anerkennung der preußischen Königskrone gewann Brandenburg-Preußen das sogenannte Oberquartier von Geldern (den am Ende des 16. Jahrhunderts bei Spanien gebliebenen kleineren Teil des Herzogtums) sowie bescheidene Splitter der oranischen Erbschaft – und zwar Mörs und Lingen sowie das schweizerische Neuenburg (Neuchâtel). Was den reichen oranischen Hausbesitz anbetraf, so waren die brandenburgischen Hoffnungen ursprünglich sehr viel weiter gegangen. Denn König Friedrich war der nächste Verwandte des am 19. März 1702 verstorbenen Wilhelm III. Dieser, der brandenburgischen militärischen Hilfe bedürftig, hatte den König auch in seinen Hoffnungen gelassen, im stillen aber einen entfernten Verwandten, den Grafen von Nassau-Diez, zum Universalerben eingesetzt. Daraus ist ein langwieriger Erbstreit erwachsen, der Preußen 1732 noch einige weitere (niederländische) Positionen einbrachte, die, da sie den Erben kaum von Wert waren, Friedrich der Große bei der ersten Gelegenheit wieder veräußert hat.

Die Illusionen hinsichtlich der oranischen Erbschaft waren nicht zum wenigsten dafür ausschlaggebend gewesen, daß sich Preußen im Spanischen Erbfolgekrieg auf der Seite der Seemächte gehalten und nicht in den gleichzeitig tobenden Nordischen Krieg zwischen Schweden und Rußland eingegriffen hatte. Der Hauptgrund bestand jedoch darin, daß das junge Königreich und seine militärische Kraft von Subsidienzahlungen abhängig waren, solche wohl von den Niederlanden und England, nicht aber von Schweden, Rußland oder Polen erlangen konnte. Die Seemächte und der Kaiser sind auch stets darum bemüht gewesen, Preußen vom Eingreifen in den Nordischen Krieg abzuhalten, zu dem es im Interesse seiner Ansprüche auf Vorpommern mehrfach Veranlassung hatte. Denn die Verbindung beider Kriegsherde hätte nicht weniger als eine Entlastung des von der Koalition schwer bedrängten Frankreich bedeuten können. Diese Aussicht hatte Marlborough 1704 und 1705 sowie den Prinzen Eugen 1711 veranlaßt, sich persönlich nach Berlin zu begeben.

Brandenburg-Preußen war also für die Kriegführenden von nicht unwesentlicher Bedeutung. Es fehlte ihm allerdings der Politiker, der das in der Art des Großen Kurfürsten zu nutzen verstanden hätte. Aber auch so haben die Hohenzollern zur Odermündung gelangen können, ohne sie wie einst Kurfürst Friedrich Wilhelm wieder herausgeben zu müssen. Denn Schweden unterlag im Nordischen Krieg Rußland, und Frankreich wurde durch den Spanischen Erbfolgekrieg zu sehr geschwächt, als daß es wie in früheren Zeiten der schwedischen Macht hätte beispringen können. Zudem geriet es durch den Tod Ludwigs XIV. am 1. September 1715 in eine Führungskrise. Dafür hat Rußland erstmals sein Gewicht in Mitteleuropa in die Waagschale legen können. Der neue preußische König Friedrich Wilhelm I. verbündete sich mit ihm und begründete damit die Tradition der preußisch-russischen Verbindungen, ohne noch wie später Friedrich der Große und Bismarck die Gefahren eines russischen Übergewichts zu erkennen. England, der große Sieger des Spanischen Erbfolgekrieges, aber wollte Rußland im Interesse seiner Handelsbeziehungen im Ostseeraum nicht zu stark werden lassen und Schweden daher eine begrenzte politische Stellung erhalten. So dankte es Friedrich Wilhelm I. London, wenn er das große Ziel seines Großvaters nur teilweise erreichte: Im Friedensschluß von Stockholm vom 1. Februar 1720 erhielt Preußen Vorpommern nur bis zur Peene (also ohne Stralsund, Greifswald und die Insel Rügen) und mußte Schweden, das somit in Norddeutschland präsent blieb (und 1721 auch Finnland behielt), dafür noch eine Geldentschädigung zahlen. Für die Verwirklichung der Seepläne des Großen Kurfürsten aber war es zu spät geworden. Die Seemächte, voran England, hatten spätestens seit dem Frieden von Utrecht eine Entwicklung genommen, die ein Streben Brandenburgs zum Meer aussichtslos machte. Wenn Friedrich Wilhelm I. in diesen Jahren den brandenburgischen Kolonialbesitz veräußerte, so mochte er damit zeigen, daß seinem Sinn die überseeische Welt verschlossen war. Aber er tat damit doch etwas Richtiges. Preußen war auf den Weg einer Landmacht verwiesen.

Bewegte sich die politische Rolle, die Brandenburg-Preußen im Europa des beginnenden 18. Jahrhunderts spielte, noch in bescheidenen Dimensionen, so wurden diese durch die repräsentativen Formen des jungen preußischen Königtums in spektakulärer Weise gesprengt. Die Neugestaltung Berlins, das nun erst durch die Vereinigung der Teilstädte Berlin, Cölln, Friedrichswerder, Dorotheenstadt und Friedrichsstadt eine Stadtgemeinde wurde, namentlich der Neubau des Königlichen Schlosses, verriet den Anspruch, mit den festländischen Großmächten Österreich und Frankreich wetteifern zu wollen. In diesem Punkte hat die Kritik angesetzt, die Friedrich Wilhelm I. und Friedrich der Große am Vater bzw. dem Großvater geübt haben; Friedrich I. habe, so argumentierten sie, königliche Macht zur Schau getragen, ohne wirklich über sie zu verfügen. Beide wurden ihm, indem sie Krone, Hofgepränge und Bauten im wesentlichen als bloßen Ausfluß seiner Eitelkeit verstanden, nicht gerecht. Denn der erste König praktizierte ganz nach der Art seiner Zeit, freilich auch, um sich im Repräsentativen einen Halt zu geben, den er aus sich selbst heraus entbehrte, einen höfischen Absolutismus. »Größe des Staates bedeutete dieser konkret denkenden und fühlenden Zeit noch persönliche Magnifizenz des Herrschers, sichtbar gemacht in seiner Emporhebung über alle sonstigen menschlichen Größenverhältnisse« (C. Hinrichs).

Die Maßstäbe Friedrich Wilhelms I. und seines Sohnes aber waren andere geworden: Jener sah alles darauf ankommen, daß er seiner durchaus bürgerlichen Arbeitsethik genüge, und dieser huldigte einem die Monarchie überhaupt entzaubernden Rationalismus. Dagegen stand Friedrich I. in der Tradition seines Vaters, des Großen Kurfürsten, der sein maßvolleres barokkes Repräsentationsbedürfnis allerdings mit dem kraftvollen Machtwillen seiner eminent politischen Persönlichkeit zu erfüllen gewußt hatte.

Es wirkte wie die Einlösung eines Vermächtnisses des Vaters, wenn Friedrich zwischen 1695 und 1705 als ersten seiner Berliner Repräsentationsbauten ein Zeughaus errichten ließ – einen Arsenalbau für die den Staat tragende Armee, an den der Große Kurfürst schon selbst gedacht hatte, zu dessen Aufführung er aber nicht mehr gekommen war. Er stand in der französischen Tradition des barocken Palastbaus, die hinfort die bisher herrschenden holländischen Einflüsse verdrängte. Unter den Baumeistern des Zeughauses war auch Andreas Schlüter, einer der großen Architekten seiner Zeit. Seit 1694 Hofbildhauer (als der er das Reiterstandbild des Großen Kurfürsten schuf) und 1702 bis 1704 Direktor der vom König ins Leben gerufenen Akademie der Künste, leitete er seit 1699 als Schloßbaudirektor den Neubau des Berliner Schlosses, der sein Hauptwerk und zugleich in einer römischen Ausprägung des Barocks zum vornehmsten Ausdruck der mit dem preußischen Königtum verbundenen Ansprüche werden sollte. Während an der Spreeseite die alte Bebauung stehenblieb, errichtete Schlüter zum späteren Schloßplatz und zum Lustgarten hin je eine Gebäudefront und gestaltete die Architektur des (zunächst einzigen) Schloßhofes. »Im Haupttreppenhaus und in Festräumen wie dem Rittersaal und Elisabethsaal bewährte sich seine Kunst, durch bildnerisch kräftig gegliederte und durch Bildwerke bereicherte Wände und Decken Raumeinheiten von lebendig bewegter, ja schwelgerischer Fülle zu gestalten, ihnen zugleich die königliche Haltung von ausgeglichener gebändigter Pracht zu geben« (P. O. Rave). Gerade im Hinblick auf dieses Bauwerk, das nach schweren Beschädigungen im Zweiten Weltkrieg auf Anordnung des SED-Regimes beseitigt wurde, spricht man von einem »preußischen Barock«.

Nachdem Schlüter ein im Lustgarten errichteter Münzturm mißlungen war (er hatte sich auf dem ursprünglich sumpfigen Untergrund gesenkt und mußte abgetragen werden), wurde er als Schloßbaumeister durch Friedrich von Eosander ersetzt. Dieser verlängerte, dem Wunsche des Königs nach größeren Ausmaßen entsprechend, die Schlüterschen Fronten um das Doppelte nach Westen und schloß den Bau durch eine Westfront ab, die von einer mächtigen Nachbildung des Triumphbogens des Septimus Severus in Rom als Portal beherrscht wurde. Zu seiner Berufung als Schloßbaumeister hatte sich der elegante, französisch erzogene Schwede Eosander durch den Ausbau des westlich der Stadt gelegenen kurfürstlichen Lustschlosses Lietzenburg empfohlen, das in seiner ursprünglichen Bescheidenheit dem königlichen Rang des Hohenzollernhauses nicht angemessen erschienen war. Schließlich verfügte Ludwig XIV. nicht nur über den Louvre, sondern außerdem noch über das riesige Lustschloß von Versailles, und die Habsburger waren dabei, vor den Mauern von Wien Schloß Schönbrunn zu errichten! Lietzenburg hatte der König für seine Gemahlin Sophie Charlotte bestimmt. Nachdem sie bereits im Jahre 1705 (infolge einer Lungenentzündung) dahingegangen war, erhielt es zum Gedächtnis der Verstorbenen den Namen Charlottenburg.

Sophie Charlotte, einer Tochter des Kurfürsten Ernst August von Hannover und Nichte Elisabeth Charlottes (»Liselottes«) von der Pfalz, war die preußisch-herbe Kunst des Deutschen Schlüter als düster erschienen, weshalb sie sich in Lietzenburg den ihr gemäßen Rahmen geschaffen hatte. Sie entfaltete hier ihren »universellen Dilettantismus« im Sinne eines »mondänen Skeptizismus« (C. Hinrichs) in der Schule Descartes und Pierre Bayles. Sie widmete sich neben ihrer musikalischen Begabung, die italienischen Traditionen folgte, vor allem der Kultur des Briefes sowie der philosophisch-literarischen Konversation und Diskussion. Französische Einflüsse hatte sie zuerst in ihrem hannoverschen Elternhaus empfangen, und durch die Niederlassung der hugenottischen Glaubensflüchtlinge in Brandenburg-Preußen waren sie bekräftigt worden. Die Königin hing einer Geisteshaltung an, die sich in der Kritik des höfischen Absolutismus in Frankreich von den Fundamenten christlicher Glaubensgebundenheit abwendete und an deren Stelle den Glauben an die ursprüngliche Güte des Menschen, seine Vernunft sowie die daraus fließende Überzeugung setzte, daß die Vollendung des Menschen in der diesseitigen Welt möglich sei. Wie Bayle Voltaire und den Enzyklopädisten die Wege bereitete, wurde Fénelon zu einem Vorläufer Rousseaus. Fénelons pädagogisch-politischer Roman »Les Aventures de Télémaque«, ursprünglich für den Herzog von Burgund, den vorzeitig (1712) gestorbenen Enkel und Thronfolger Ludwigs XIV., geschrieben, entzückte die preußische Königin so sehr, daß sie das Werk auch ihrem Sohne Friedrich Wilhelm, dem späteren »Soldatenkönig«, nahezubringen suchte. Dieser aber sollte sich dem westeuropäisch-freigeistigen Einfluß auf das entschiedenste verweigern.

Unter den Geistern, mit denen die philosophierende Königin in Beziehung stand, ragt Gottfried Wilhelm Leibniz, der große deutsche Universalgelehrte, hervor. Sie soll mit ihm der Überlieferung zufolge auf dem Wege entlang der Gartenfront ihres Sitzes Lietzenburg manchen philosophischen Diskurs geführt haben. Er war ein Beförderer des in London und Paris bereits verwirklichten Akademiegedankens und steht im Zusammenhang mit der Gründung der Königlich-preußischen Sozietät der Wissenschaften zu Berlin, der Vorläuferin der Preußischen Akademie der Wissenschaften, im Jahre 1700. Diese sollte sich insbesondere der Pflege der Naturwissenschaften widmen; dem schließlich unerfüllt gebliebenen Wunsch des Königs, daß nach dem Vorbild des Dictionnaire der französischen Akademie ein großes Wörterbuch der deutschen Sprache geschaffen werden solle, ist es zu danken gewesen, daß auch die Geisteswissenschaften in den Kreis ihres Wirkens einbezogen wurden.

Sollte sich Preußen in manchem dem französischen Rationalismus vorerst noch verschließen, so wurde hier doch die ältere, zu eng gewordene deutsche Geistigkeit überwunden. Stand etwa die sächsische Landesuniversität Leipzig noch ganz unter der Herrschaft des orthodoxen Luthertums und der scholastischen Jurisprudenz, so brachen sich in Preußen ein sozial orientierter Pietismus, für den Philipp Jakob Spener, Propst an St. Nikolai in Berlin, und vor allem August Hermann Francke, der Begründer des Halleschen Waisenhauses, beispielhaft sind, und eine naturrechtliche Staatslehre Bahn, in deren Vertretung auf Pufendorf dessen Schüler und Freund Christian Thomasius folgte. Der Ort der Pflege dieser säkularisierten Staatswissenschaft, die das menschliche Gemeinwesen nur noch weltlich begründet sah und somit zu den geistigen Wurzeln des aufgeklärten Absolutismus zählt, und die Stätte jenes tätigen Christentums war Halle a. S., wo Kurfürst Friedrich 1694 eine Universität gestiftet hatte. Diese Hochschule, die bereits der Große Kurfürst seiner Gründung Duisburg hatte hinzufügen wollen, hat als Pflanzschule für Beamte und Geistliche eine hohe Bedeutung für den preußischen Staat und die Entwicklung des ihm eigenen absolutistischen Regierungssystems erlangt.

So ist in der Zeit des ersten Königs die äußere Form für jenes politische Machtgebilde gefunden worden, das der Große Kurfürst in eilendem Tempo aufgerichtet hatte. Zugleich hat man es nun erst vermocht, aus der gründlich veränderten Rolle der monarchischen Regierung im Staate erste geistige Konsequenzen zu ziehen.

Wenn sich so eine Atempause beim Staatsaufbau als lohnend erwies, so gerieten doch der König und seine Ratgeber in die Gefahr, insbesondere durch eine Störung des ohnehin nur mühsam aufrechterhaltenen Gleichgewichtes zwischen Einnahmen und Ausgaben den Aufstieg des brandenburgisch-preußischen Staates zu gefährden. Einer dem Lande unverträglichen Ausweitung der Staatsausgaben zugunsten der Staatsrepräsentation stand freilich zunächst noch Eberhard von Danckelman im Wege. Aber schon in seiner Amtszeit verwandelten sich die ausgeglichene Bilanz aus der Zeit des Großen Kurfürsten sowie der von diesem zuletzt erwirtschaftete Überschuß in ein gewaltiges Defizit. Danckelman wurde 1697 das Opfer einer höfischen Intrige, mochte es für seine Abberufung auch sachliche Gründe geben; sie ging von der Kurfürstin Sophie Charlotte aus, die es unerträglich fand, sich seinem Gebot der Sparsamkeit unterwerfen zu müssen. »Sein strenges, finsteres, immer die Staatsräson betonendes Wesen war ihr zuwider« (O. Hintze). Auch rief der große Einfluß, den der Staatsmann auf seinen früheren Zögling ausübte, ihre Eifersucht hervor, die sich mit den Gefühlen derjenigen am Hofe verbündete, die ihm seine Stellung beim Kurfürsten neideten. Auch diesem selbst wurde die bestimmende Hand seines ersten Ministers lästig. Die Folge waren nach der Entlassung Festungshaft in Spandau und Peitz, ein Strafprozeß, der aber nichts gegen den Beklagten ergab, und dennoch die Konfiskation seines Vermögens sowie weitere Haft in Peitz. Auch Friedrich Wilhelm I., der um das dem herrischen, aber redlichen wie fähigen Staatsmann angetane Unrecht wußte, hat Danckelman nicht restlos rehabilitiert.

Der Kurfürst bekam bequemere Ratgeber. Nachdem er sich bis 1702 selbst am Steuer des Staates versucht hatte, stieg Kolbe von Wartenberg in die Stellung eines allmächtigen Premierministers auf. Getrieben eher durch persönliche Geltungssucht als durch einen eminent politischen Ehrgeiz, wußte er mit geschmeidiger Liebenswürdigkeit und in virtuoser Einfühlung in das Wesen und Wünschen des unselbständigen Fürsten dessen Herz zu gewinnen. Sein System beruhte darauf, seinem Herrn die finanziellen Voraussetzungen für den bei Hofe getriebenen Aufwand zu schaffen. Die Hofkammer, deren fähiger Präsident Dodo von Knyphausen in den Sturz Danckelmans verstrickt gewesen war, wurde durch ein Ober-Domänendirektorium beiseite geschoben, dessen Generaldirektor Wartenberg wurde. Dieser konnte so, zumal er als Oberkammerherr auch über die nicht aus dem Kammerwesen stammenden Erträge verfügte, die vom König verlangten Mittel herbeischaffen – für »die Schloßbauten in Berlin, Lietzenburg, Köpenick, Oranienburg und Friedrichsthal, ihre herrlichen Dekorationen und Möbel, für das immer zahlreicher werdende Hofpersonal, die Schweizergarden und Gardeducorps, für die fast ununterbrochene Reihe der Feste, für die Hofmusik, das Schauspiel, die Sänger und die Sängerinnen, für die wahrhaft königlichen Geschenke, die Friedrich schon als Kurfürst in Gestalt von Gold- und Silbergeschirren, diamantbesetzten Porträtmedaillons, Degen, Hutagraffen [Hutspangen], Stockgriffen und Ringen zu machen pflegte«, sowie zur Befriedigung seiner an Wahnsinn grenzenden Juwelenleidenschaft (C. Hinrichs).

Angesichts solcher Ansprüche, bei denen sich auch Wartenberg selbst nicht zu vergessen pflegte, war es nicht verwunderlich, daß sich die Ausgaben des Hofes verdoppelten und verdreifachten. Zugleich konnten aber auf methodischem Wege keine neuen Finanzquellen erschlossen werden. Man ging daher wie in Frankreich zum Raubbau über. Nicht nur, daß das Reformwerk des Großen Kurfürsten nicht fortgebildet wurde – man fiel sogar hinter den Stand von 1688 zurück. Die etatsmäßige Ordnung des Domänenwesens, das Lebenswerk Knyphausens, wurde einer regellosen Geldbeschaffung geopfert. Der Hofmarschall, Graf Augustus von Sayn-Wittgenstein, der von Wartenberg aus höchsten finanziellen Nöten befreit worden und daher diesem verpflichtet war, gewann im Ober-Domänendirektorium maßgeblichen Einfluß. Der Hof verschlang den Staat, wie Carl Hinrichs sagt. Man verfiel auf den Plan, Teile des Domänenbesitzes an die bisher dienstpflichtigen Bauern in Erbpacht auszugeben – ein Vorhaben, das gute soziale Wirkungen hätte haben können, das aber, da es den Initiatoren nur um die von den neuen Wirten zu erbringenden Ablösungssummen für die nicht mehr geleisteten Dienste und das übernommene Inventar sowie Zinses- und Pachtzahlungen ging, zu einer bloßen Verschleuderung von Kronbesitz zu degenerieren drohte. Hinzu kamen weitere Mißbräuche wie die Akziseerhöhung von 1701 und die Erhebung einer neuen Salzsteuer. Nicht das Leistungsvermögen von Bürger und Bauer, d. h. nicht die Entwicklung der Kräfte des Landes, war maßgebend, sondern allein das augenblickliche Geldbedürfnis des Hofes.

Doch das »dreifache Weh« des Landes, als das man das Günstlingsregiment bezeichnete – der Feldmarschall und Generalkriegskommissar Graf Alexander Hermann von Wartensleben vervollständigte das unheilvolle Trio –, fand bald sein Ende. Die Feuersbrunst in der neumärkischen Stadt Krossen an der Oder im Jahre 1708 und die ostpreußische Pestkatastrophe der außergewöhnlich harten Winter 1709 und 1710 sowie ihr vorangehende wie nachfolgende Mißernten und Hungersnöte, die wohl auch auf Erschöpfung und Abstumpfung der Bauern infolge des hohen Steuerdrucks sowie den Verlust von Saatgut und Vieh infolge des Nordischen Krieges zurückzuführen sind, brachten erschreckende Tatbestände ans Licht. Das Fehlen von Getreide- und Geldreserven bei den Amtskammern, die die Anforderungen des Hofes längst aufgezehrt hatten, und leere Brandkassen, deren Einlagen unbefugterweise zweckentfremdet worden waren, zahllose Unterschlagungen und Versagen der Verwaltung, die am ostpreußischen Massenelend Mitschuld trug, waren nur die Symptome dafür, daß der Staat insgesamt in einen Zustand der Erschöpfung und der Unordnung geraten war. Hier nun hakten die Gegner des Günstlingsregiments ein, als deren Mittelpunkt Kronprinz Friedrich Wilhelm wirkte, der dabei aber nicht das Gebot der Loyalität verletzte, die er dem Vater schuldete. Wittgenstein wurde nach Untersuchungen einer vom König eingesetzten Kommission eine Geldbuße auferlegt und mußte das Land verlassen. Der glimpflich Davongekommene riß Wartenberg selbst mit sich, von dem sich der König nur schwer zu trennen vermochte; ohne daß die Umstände seiner Amtsführung untersucht worden wären, erhielt er seine Entlassung, bekam eine Pension und konnte außerdem ein riesiges Vermögen außer Landes bringen. Er lebte fortan auf seinem Gut Woltersdorf (im jetzigen Kreis Fürstenwalde/Spree) und später in Frankfurt a. M., wo er bereits 1712 starb.

In den wenigen Jahren, die König Friedrich nach dem Sturz des Günstlingsregiments noch zu leben vergönnt waren, ist das Ober-Domänendirektorium abgeschafft und die Hofkammer wieder in ihre alte Stellung eingesetzt worden; auf die Verwirklichung des Erbpachtsystems wurde verzichtet. Als König Friedrich Wilhelm I. später einmal das Rathaus der Stadt Ellrich (im heutigen Kreis Nordhausen), die einst zum Besitz der Wittgensteins gehört hatte, besuchte und dort ein Porträt des Hofmarschalls zu Gesicht bekam, geriet er in Zorn und durchstieß mit seinem Stock die Leinwand des Bildes.

## Die Nachkommen König Friedrichs I.

### AUS DER EHE MIT ELISABETH HENRIETTE VON HESSEN-KASSEL

1. Luise

* 29. 9. 1680
† 23. 12. 1705
⚭ 31. 5. 1700 mit Landgraf Friedrich I. von Hessen-Kassel
* 8. 5. 1676
† 5. 4. 1751

### AUS DER EHE
### MIT SOPHIE CHARLOTTE VON BRAUNSCHWEIG-LÜNEBURG

1. Friedrich August

* 6. 10. 1685
† 31. 1. 1686

2. Friedrich Wilhelm, der spätere König

* 14. 8. 1688
† 31. 5. 1740

# König Friedrich Wilhelm I.

# König Friedrich Wilhelm I. von Preußen

* 14. 8. 1688 in Cölln/Spree
† 31. 5. 1740 in Potsdam
*Grabstätte:* bis 1945 in der Garnisonkirche zu Potsdam, sodann in der Elisabethkirche zu Marburg, seit 1952 auf der Burg Hohenzollern

⚭ 28. 11. 1706 (Cölln/Spree) mit Sophie Dorothee von Hannover
* 26. 3. 1687 in Hannover
† 28. 6. 1757 in Berlin
*Grabstätte:* Dom zu Berlin

Als Friedrich I. im Königlichen Schloß zu Berlin im Sterben lag, beschlichen manchen am Hofe böse Ahnungen. Die meisten waren sich im klaren darüber, daß der Regierungsantritt des Kronprinzen Friedrich Wilhelm einen Bruch mit den Verhältnissen bringen würde, in denen man derzeit lebte. Aber keiner wußte, was er zu hoffen oder zu fürchten hatte. Doch da, zwei Tage vor seinem Ende, schien der König noch einmal dem Leben wiedergegeben zu sein: Er bestellte das Mittagessen, aß mit Appetit und erklärte, außer Gefahr zu sein. Die freudige Erleichterung in seiner Umgebung verbreitete sich wie der Wind in der Stadt. Feste rauschten auf. Vor dem Schloß versammelte sich eine Menschenmenge, die in ein Freudengeschrei ausbrach, als der König an ein Fenster gebracht wurde.

Die Tage nach dem Tode des Königs waren von einer atemberaubenden Spannung erfüllt. Alles blieb unverändert – und das Leichenbegängnis richtete der pietätvolle Sohn ganz in dem barocken Gepränge aus, an dem der Vater so sehr gehangen hatte. Aber dann brach es mit unvorstellbarer Wucht, »wie eine Art von Verhängnis«, über die »durch die milde Regierung Friedrichs I. verwöhnten adligen und bürgerlichen Schichten« herein, wie Carl Hinrichs, der Biograph König Friedrich Wilhelms I., schreibt. »Der neue Mann erschien seinen Zeitgenossen zunächst nur als ein Besessener, als ein Zerstörer ihrer Kultur, ihres Reichtums und ihrer Vorrechte, ihrer bürgerlichen Ordnung und Sicherheit. Kein Stand, vom Hofadel über den adligen Gutsbesitzer und Offizier bis zum bürgerlichen Beamten, Unternehmer, Kaufmann und Handwerker, der nicht den eigenen und den allgemeinen Ruin vor Augen sah. Der Hofadel wurde durch die Streichung seiner Chargen und Pfründen depossediert [entthront], die unter der vorigen Regierung am Staate reich gewordenen großen Kapitalisten wurden enteignet . . ., die Beamtenstellen und Gehälter bis um ein Drittel verringert. Die Abschaffung der großen Hofhaltung mit ihrer ganzen Wirkung auf die Luxusindustrie veränderte den wirtschaftlichen und bürgerlichen Charakter Berlins von Grund auf: an die Stelle des höfischen Luxus als der einen Hauptquelle der frühkapitalistischen Wirtschaft trat die andere, das Heerwesen, als Arbeitsbeschaffungsmittel. Wie eine Katastrophe kamen aber über die verängstigte Bevölkerung, menschliche Lebensbande und Lebensglück vernichtend, die gewaltsamen Aufrüstungsrekrutierungen der ersten Jahre . . . Und wie die Sicherheit, so schwanden auch der Glanz und die Leichtigkeit des Lebens. An Stelle des Behagens und des Traditionalismus der Arbeit und Leistung in Verwaltung, Armee und Wirtschaft trat ein scharfer, bitterer Zug: wie ein düsteres Schreckbild erhob sich eine Staatsallmacht, deren unbarmherziges Schwungrad jede Privatexistenz zu verschlingen drohte.«

Der höfisch-barocke Absolutismus des ersten Königs war in einer im damaligen Europa unerhörten Weise hinweggefegt worden. Friedrich Wilhelm, der als König seinen Prinzennamen aus Verehrung für seinen Großvater, den Großen Kurfürsten, beibehielt, hatte anders als dieser seine Regierung mit einem schroffen Bruch begonnen. Daß das möglich war, dankte er – welch eine Ironie – seinem Vater. Dieser hatte ihm eine gründliche Vorbereitung auf sein Regierungsamt zuteil werden lassen; der ihm verliehene und noch später von ihm als Jagdsitz bevorzugte Gutsbezirk Wusterhausen (daher bis heute Königs Wusterhausen genannt) war der Ort gewesen, wo er in der Verwaltungsarbeit und im militärischen Erziehungsberuf hatte sicher werden können. Seine Grundlage hatte der umstürzende Neubeginn des jungen Königs in einer »streng protestantischen Gesinnung, die ohne Rücksicht auf die Form nur auf das Wesen der Macht sah« (C. Hinrichs).

Friedrich Wilhelms religiöses Erleben war, nachdem er die calvinistische Prädestinationslehre in seiner Jugendzeit überwunden hatte, wesentlich durch den Halleschen Pietismus August Hermann Franckes bestimmt. Im Gegensatz zu der auf den einzelnen bezogenen calvinistischen Prädestinationslehre kam es diesem nicht auf den persönlichen Erfolg an, sondern auf eine Bewährung im Dienste der Gemeinschaft. König zu sein bedeutete für Friedrich Wilhelm dementsprechend Verantwortung vor Gott für die ihm anvertrauten Untertanen, der durch unermüdliche eigene Arbeit nachzukommen war. In der Tatsache, daß er sich für seine Regierung Gott verantwortlich fühlte, lag die einzige Beschränkung seiner Macht, die er nach der Ausschaltung der Stände noch anerkannte. »Man muß dem Herrn«, so mahnte er einmal in einer Randbemerkung, »mit Leib und Leben, mit Hab und Gut, mit Ehr und Gewissen dienen und alles daran setzen als die Seligkeit; die ist vor Gott, aber alles das andere muß mein sein.« Als »Amtmann Gottes« über den Staat gesetzt zu sein, der die protestantischen Bekenntnisse förderte und auch den Katholizismus duldete, sich aber keine kirchlichen Einmischungen in sein Regiment gefallen ließ, über den Staat gesetzt zu sein hieß für Friedrich Wilhelm I. aber, selbst zu regieren. Er war damit zu einem Selbstverständnis gelangt, mit dem er den später so genannten Hochabsolutismus vollendete.

Lag in der Konsequenz, mit der der König unter radikalem Verzicht auf barocken Zierat und Zauber nur auf das Wesen der Macht sah, ein sehr moderner Zug seiner Regierung, so weist die starke religiöse Begründung doch unverkennbar auf die Herrscherauffassung der deutschen »Betefürsten« des 16. und des 17. Jahrhunderts zurück. Einerseits fühlte sich Friedrich Wilhelm I. in der von seinem Großvater begründeten Tradition der machtpolitischen Behauptung Brandenburgs im europäischen Staatensystem und sah in dem darin liegenden ehernen Zwang die Notwendigkeit seiner Arbeit begründet; andererseits ließen ihn seine religiösen Überzeugungen vor einem skrupellosen Gebrauch der von ihm geschaffenen Machtmittel zurückschrecken. In seiner »Instruction« an seinen »lieben Successor« von 1722, seinem politischen Testament also, mahnte er diesen, nur die rechtmäßigen Ansprüche seines Hauses zu verfolgen. Er bat ihn, »umb Gottes willen kein ungerechten Krihg anzufangen und nicht ein agressör sein den[n] Gott die ungerechte Krige verbohten und Ihr iemahls müßet rechenschaft gehben von jeden Menschen der dar in ein ungerechten Krig gebliben ist bedenk[t] was Gottes gericht scharf ist lehset die Historie da werdet Ihr sehen das die ungerechte Krige nicht guht abgelauffen sein als da habet Ihr Ludewig der 14. König in franckreich der König August aus Pohlen [also August der Starke] den Kurfürsten zu Bairen [Max Emanuel] zum exempell und noch mehr«. Erinnert dieser Gewissensernst sehr stark an ältere deutsche Fürstenart, so ist gleichwohl zu betonen, daß das dem modernen außenpolitischen Machtstaatsgedanken verpflichtete Regiment Friedrich Wilhelms I. erst durch seine religiöse Begründung eine rigorose Konsequenz angenommen hat, die bis dahin in Europa unbekannt war. Es handelte sich bei der Regierung des Königs um einen »altprotestantischen, patriarchalischen Absolutismus schärfster Prägung« (Fritz Wagner).

Über das Religiöse hinaus zeichnet den Absolutismus Friedrich Wilhelms I. aber auch eine starke persönliche Eigenart aus, weshalb er ohne einige Kenntnis seiner Person nicht recht zu verstehen ist. Die Natur des Königs hatte etwas Kraftvolles und zugleich Heftiges, aber auch etwas Selbstgerechtes und Gewaltsames. Er sprach, schrieb und handelte oft aus dem Affekt heraus. Er litt immer wieder unter Anfällen des Jähzorns, die gefürchtet waren, denen jedoch eine tiefe Zerknirschung zu folgen pflegte. In seiner Familie erschien er daher – wie es insbesondere seine Tochter Wilhelmine in ihren Memoiren dargestellt hat – nicht selten als Haustyrann, obschon er seinen 14 Kindern ein liebevoller und zärtlicher Vater war. Seiner Gemahlin, der Hannoveranerin Sophie Dorothee, hielt er die eheliche Treue, doch vermißte sie in der puritanischen Einfachheit des preußischen Hofes den höfisch-aristokratischen Stil ihres Elternhauses. »Bei Erbsen mit Speck oder Hammelkaldaunen [-innereien] mit Weißkohl fiel es ihr schwer, sich als Königin zu fühlen« (G. Oestreich). Die bürgerliche Hausmannskost ließ das königliche Paar im Laufe der Jahre auch erheblich an Leibesumfang gewinnen, zumal Friedrich Wilhelm ein sinnlicher Mensch war, der kräftig aß und trank und nach wildem Jagdvergnügen in der männlich-derben Gesellschaft des Tabakkollegiums sich dem Biergenuß hingab. Damit verbanden sich Rastlosigkeit, robuste Unermüdlichkeit und Zielstrebigkeit in seiner eng am Staatszweck orientierten Tagesarbeit, eine »puritanische Pflichtbesessenheit« (G. Oestreich), mit der er sich oft genug überforderte. Hinzu kam eine auffällige Neigung zum Militärischen, die die Entwicklung

Preußens zu einem Militärstaat unter seiner Regierung nicht nur als von der außenpolitischen Notwendigkeit her bestimmt erscheinen läßt. Seine ihm ans Herz gewachsene Leibgarde der »Langen Kerls«, über deren Ergänzung er seine sonst rigorose Sparsamkeit vergaß, offenbarte die Nähe zur Groteske.

Dennoch verbarg sich hinter der reinlich-strammen, derben Erscheinung Friedrich Wilhelms und unter der rauhen Schale seiner leidenschaftlichen Natur eine Empfänglichkeit für Weiches und Zartes. Seine Vorliebe für die Kompositionen Georg Friedrich Händels, dessen Arien er zuweilen sang, verrät das. Davon, daß sein Gefühlsleben nicht ohne tragische Umdüsterung war, zeugen seine in einem naiven Stil gemalten und mit der Inschrift »in tormentis pinxit« (»in Qualen gemalt«) bezeichneten Gemälde. Sie entstanden in seinen letzten Jahren, zumeist in der Stille des an der oberen Spree gelegenen Schlosses Kossenblatt (im späteren Kreis Beeskow-Storkow), wo der König nach einem respektlosen Wort Fontanes seine Gicht absaß. Im übrigen hat Friedrich Wilhelm, dessen Bildung sehr zu wünschen übrigließ, für Kunst kaum einen Sinn besessen. Der seit 1721 betriebene Ausbau der Berliner Friedrichsstadt folgte streng dem Grundsatz der Zweckmäßigkeit; er diente der Niederlassung von Zuwanderern, insbesondere französischer Glaubensflüchtlinge, von Beamten, die im nahen Kollegienhaus (dem heutigen Berlin-Museum) ihren Dienst taten, und vor allem der Unterbringung der Mannschaften der in Berlin stationierten Truppen. Denn Kasernen gab es damals noch kaum. Die schnurgeraden Straßen, die durch Bauten in Reih und Glied gesäumt wurden, gerieten zu einem Denkmal für den königlichen Ordnungssinn und den militärischen Charakter des Staates.

Die Verschönerung der Stadt überließ Friedrich Wilhelm dem Adel, der sich auf königlichen Befehl hin an der späteren (nach dem König benannten) Wilhelmstraße seine (heute vollständig verschwundenen) Stadtresidenzen errichtete. Für künstlerischen Schmuck hatte der fromme König allenfalls im Zusammenhang mit Kirchenbauten etwas übrig. Das zeigen die von seinem Oberbaudirektor Philipp Gerlach erbaute Potsdamer Garnisonkirche sowie die Türme der Parochialkirche (ebenfalls von Gerlach) und der von der dritten Gemahlin des ersten Königs, Sophie Luise von Mecklenburg-Grabow, gestifteten Sophienkirche in Berlin. Mit seiner Stiftung des (bis zur Zerstörung im Zweiten Weltkrieg intakten) Glockenspiels für die Berliner Parochialkirche huldigte der König seiner Bewunderung für manche Erscheinungen der holländischen Bürgerkultur, die auch in der Anlage des als Soldatenstadt neugestalteten Potsdam mit seinen Kanälen und protestantischen Predigtkirchen zum Ausdruck kam.

Den Wissenschaften maß der König nur insofern Bedeutung bei, als sie von greifbarer Nützlichkeit waren. So machte er Berlin unter anderem durch die Gründung der Charité (1726) zur modernsten medizinischen Ausbildungsstätte Deutschlands. Den Hallenser Philosophen Christian Wolff, dem von orthodoxer Seite her Religionsfeindlichkeit vorgeworfen wurde, hat er im Gegensatz dazu unter übelsten Formen des Landes verwiesen; als er den Gelehrten später, besser beraten, wieder zurückrief, folgte der nicht und kam erst nach dem Regierungsantritt Friedrichs des Großen nach Halle zurück. Die Sozietät der Wissenschaften verfiel unter Friedrich Wilhelm; das Schicksal des Historikers Gundling, der, dem Trunke ergeben, zum Hofnarren herabgewürdigt wurde, rückt die Rolle des Geistigen im damaligen Preußen in ein bezeichnendes Licht.

Mit einer grandiosen Einseitigkeit hat Friedrich Wilhelm von früh an die unerbittliche Notwendigkeit erfaßt, unter der seine staatsmännische Aufgabe stand. Als er im Herbst 1709 im alliierten Feldlager des Herzogs von Marlborough und des Prinzen Eugen in Brabant weilte, verkündete er einer zweifelnden Zuhörerschaft, er getraue es sich, dereinst als König statt der derzeit ins Feld gestellten 30.000 Mann ein Heer von 50.000 Mann zu unterhalten – und das auf eigene Kosten. Der zahlenmäßige Unterschied, der dann noch zu den großen Heeren Europas bestehe, solle durch die Qualität der Ausbildung wettgemacht werden. Damit hatte der preußische Kronprinz einem europäischen Publikum zu verstehen gegeben, daß er die unter seinem Vater zum Stillstand gekommene Ausbildung des brandenburgisch-preußischen Staatsapparates energisch fortsetzen, eine dazu passende Wirtschaftspolitik betreiben und damit eine Heeresreform verbinden wollte.

Nur bei einem Weiterfortschreiten der Zentralisierung der monarchischen Behördenorganisation konnte der junge König jenes Maß an Konzentration der Staatstätigkeit erreichen, das die von ihm erstrebte staatliche Kraftentwicklung erforderte. So hatte er es schon 1712, also noch als Kronprinz, durchgesetzt, daß endlich auch das Büro des Generalkriegskommissarius zu einem Kollegium, dem Generalkriegskommissariat, umgestaltet wurde. Der Hofkammer, nunmehr von der Bevormundung durch das Ober-Domänendirektorium wieder befreit, wurde zu derselben Zeit zusätzlich zu den Domänenangelegenheiten noch die Verwaltung der Schatullgüter, der Forsten, der Post und des Salzmonopols anvertraut. Bald nach dem Regierungsantritt Friedrich Wilhelms I., noch im Jahre 1713, erhielt die Behörde die Bezeichnung Generalfinanzdirektorium. Die beiden Zweige der landesherrlichen Finanzverwaltung waren damit in besonderen, kollegialisch organisierten Zentralbehörden konsolidiert. Die Leitung und Überwachung der gesamten Staatstätigkeit oblag zunächst noch dem Geheimen Rat, der zur Zeit Friedrichs I. durch das Günstlingsregiment in den Hintergrund gedrängt worden war. Allerdings hatte die schon früh sich abzeichnende Verselbständigung der obersten Finanzbehörden Fortschritte gemacht; der Generalkriegskommissar und der Hofkammerpräsident waren infolge steigender Arbeitslast kaum noch in den Sitzungen der alten Zentralbehörde erschienen. So übernahm Friedrich Wilhelm I. entsprechend seiner Auffassung, daß der König selbst regieren müsse, persönlich die oberste Leitung der gesamten Staatsgeschäfte, indem er, zunächst freilich noch nicht völlig von den Kollegien zurückgezogen, »aus dem Kabinett« regierte; dem Geheimen Rat verblieben bald ebenso wie den alten territorialen Regierungen im wesentlichen nur noch die Justiz-, die Schul- und Kirchenangelegenheiten.

Die Übung des persönlichen Regiments des Fürsten hatte sich gegenüber der Regierungsweise des Großen Kurfürsten deutlich verschärft. Die Kabinettsregierung umfaßte bald alle Bereiche der Innen- und Finanzverwaltung sowie die Belange des Heeres. Ausgenommen war die Außenpolitik. Im Geheimen Rat hatten schon bald bestimmte Sekretäre die auswärtigen Angelegenheiten bearbeitet und – um die Geheimhaltung zu wahren – dem Gesichtskreis des Plenums entzogen. Da Friedrich Wilhelm I. zur auswärtigen Politik am wenigsten Fähigkeit und Neigung verspürte, wies er sie einem »Kabinettskonseil« zu, aus dem 1728 das aus »Kabinettsministern« bestehende »Kabinettsministerium« wurde.

Indem sich der Monarch in sein Kabinett zurückzog, entfernte er sich von seiner Hauptstadt, seinen Ministern und den Staatsbehörden. Man könnte es ein Gesetz des Absolutismus nennen. »Der absolute Herrscher entzieht sich jeder Möglichkeit der persönlichen Beeinflussung, seine Autorität kommt von ferne, von oben über seine Diener herab, die zu bloßen ausführenden Organen werden« (C. Hinrichs). Potsdam und Wusterhausen, die Aufenthaltsorte Friedrich Wilhelms, verhielten sich zu Berlin wie Versailles zu Paris. Dieser Rückzug in das Kabinett entsprach der Natur König Friedrich Wilhelms I. in besonderem Maße. Denn mit Recht mißtraute er seiner Fähigkeit, mit den Ministern mündliche Verhandlungen zu führen; bei Widerspruch geriet er zumeist in Erregung und ließ sich zu Heftigkeit wie unbedachten Äußerungen und Entscheidungen hinreißen. Aber den Zusammenhang zwischen den Zentralbehörden, die im Geheimen Rat immer weniger den Vereinigungspunkt ihrer Geschäfte gefunden hatten, vermochte das Kabinett nicht herzustellen.

So ist es nicht verwunderlich, daß Kompetenzstreitigkeiten zwischen dem Generalkriegskommissariat und dem Generalfinanzdirektorium bald ein unerträgliches Maß annahmen. Es ging dabei um das rücksichtslose »Plusmachen« der einen königlichen Behörde auf Kosten der anderen. Im tieferen lag der Gegensatz der beiden vom König zur Erwirtschaftung hoher Gewinne angetriebenen Zentralbehörden darin begründet, daß sich in ihnen eine gewerblich-liberale und eine agrarisch-konservative Wirtschaftsweise gegenübertraten. Der König machte dem Konflikt ein Ende, indem er kurzerhand die beiden Behörden miteinander vereinigte. Entsprechendes geschah mit der unteren Instanz in den Provinzen, mit den Kommissariaten und den Amtskammern. Aus dem Generalkriegskommissariat und dem Generalfinanzdirektorium wurde das »General-Ober-Finanz-Kriegs- und Domänen-Directorium«, kurz Generaldirektorium genannt; die Kommissariate und die Amtskammern verschmolzen zu den Kriegs- und Domänenkammern.

Das Generaldirektorium war ein für damalige Begriffe riesiger Verwaltungskörper, der mit seiner Zuständigkeit für die Finanzverwaltung der preußischen Staaten die Leitung und Kontrolle der gesamten übrigen Staatstätigkeit verband, d. h. neben der ökonomischen Militärverwaltung jene Funktionen in sich vereinigte, die Ministerien des Innern, der Finanzen, des Handels und des Gewerbes sowie der Landwirtschaft zukommen. Die neue Großbehörde zerfiel in Provinzialdepartements, also in Abteilungen, die für die Angelegenheiten einer bestimmten Provinz zuständig waren, woraus ersichtlich wird, daß Preußen noch längst kein Einheitsstaat war. Jedem der vier Provinzialdepartements hatte der König allerdings auch eine Fachkompetenz übertragen, in der sich wenigstens der Zug zu einer Gesamtstaatsverwaltung ausdrückte. Die Beschlüsse des Generaldirektoriums, die nur die laufenden, vom Kabinett nicht behandelten Geschäfte betrafen, wurden im Plenum durch Abstimmung aller Departementsminister und der Räte des jeweils zuständigen Departements gefällt. Es galt also wie im Geheimen Rat das Prinzip der Kollegialität. Der vom Mißtrauen gegenüber den »Blackisten«, den Tintenkleckseern, erfüllte König bevorzugte es, weil es die gegenseitige Kontrolle der Minister, die Begrenzung der Macht jedes einzelnen von ihnen und ihre gemeinsame Haftung für die Ausführung der königlichen Befehle sicherstellte. Der Nachteil der Kollegialität, die Verantwortungsfreudigkeit zu lähmen, eine Abneigung gegen Neuerungen zu erzeugen und die Verzögerung von Entscheidungen zu verursachen, glaubte Friedrich Wilhelm I. durch seine energische, bis ins einzelne gehende Selbstregierung überwinden zu können. Die Begründung des Generaldirektoriums erfolgte durch eine Instruktion, die der König im Dezember 1722 in der Abgeschiedenheit seines Jagdhauses Schönebeck in der Schorfheide entworfen hatte. Sie ist »die Verwaltungsurkunde des preußischen Ancien régime« (H. O. Meisner).

Das Generaldirektorium arbeitete in einem großen Saal des Berliner Schlosses, der in strengen Wintern durch den Kamin nur unzureichend zu heizen war; alle Minister und Geheimräte fand man an Tischen, von denen jedes Departement je einen belegte. Ein Tisch war für den König, der das Präsidium innehatte, reserviert; er blieb fast immer leer. Der Dienst dauerte an den Vormittagen des Sommerhalbjahrs von 7 bis 14 Uhr. Wer bis dahin mit seiner Arbeit nicht fertig wurde, sollte sich sein Mittagessen aus der Hofküche bestellen. Dabei setzte der König offenbar voraus, daß die Minister und Räte nach einer »guten Suppe«, einem »guten Stück Rindfleisch und Vorkost«, einer »guten Schüssel Fische«, einem »guten Rinder-, Hammel- und Kälberbraten« sowie einem Viertel guten Rheinweines und Bier noch voll arbeitsfähig blieben.

Die Tatsache, daß für die Sitzungen des Generaldirektoriums feste Dienststunden vorgeschrieben waren, weist auf eine veränderte Stellung der hohen Beamten hin. Aus einer Nebenbeschäftigung hoher Herren, die in ihren Stadtpalais dem Monarchen ihre Dienste erwiesen, hatte sich ein festes Dienstverhältnis entwickelt. Zwar war schon mit der Herausbildung des monarchischen Finanzbeamtentums seit der Zeit des Großen Kurfürsten Entscheidendes für die Entwicklung eines modernen Beamtengeistes geschehen, doch hatten sich manche Schwächen der alten territorial-ständischen Beamtenschaft auch im Typus des kurfürstlichen bzw. königlichen Staatsdieners erhalten. Zu Beginn der Regierung König Friedrich Wilhelms I. war durchaus noch eine standes- und kavaliersmäßige Auffassung des Dienstes verbreitet gewesen, die sich auch in der Befangenheit von Standesinteressen und damit in mangelnder Zuverlässigkeit bei der Durchführung landesherrlicher Verfügungen sowie in Bestechlichkeit und Unpünktlichkeit ausdrückte. Dagegen setzte der König eine harte Erziehung im Geiste militärischer Disziplin und bedingungsloser Treue gegenüber dem Monarchen. Nach dem Verständnis des Halleschen Pietismus, der den jungen Staatsdienern als eine »Beamtenreligion« geradezu eingeimpft wurde, war Pflichtvergessenheit gleichbedeutend mit Gottlosigkeit. Auf Standeszugehörigkeit kam es da nicht mehr an, zumal der König, der die »Domestizierung« des Adels im Sinne des Dienstes der Krone durchzufechten hatte, kein Adelsfreund war. So wie Friedrich Wilhelm selbst bürgerlich-einfach seiner Pflicht lebte, so hatte er an seine Beamten nur eine Forderung: »Die Herren sollen arbeiten, wofür Wir sie bezahlen.«

Je länger die Regierung König Friedrich Wilhelms I. dauerte, desto mehr hat dieser nicht nur auf seine Beamten moralisch bessernd einzuwirken versucht. Er hat nicht weniger als ein Volkserzieher sein wollen. So sind Conduitenlisten nicht nur über Beamte und Offiziere, sondern auch über Einwohner märkischer Städte geführt worden. Doch verließ sich der Monarch nicht allein auf Auskünfte aus zweiter Hand, sondern er durchbrach immer wieder die Abgehobenheit seiner Kabinettsregierung: Er unternahm zahllose, oft überraschende Inspektionsreisen, besuchte inkognito Handwerksstuben und Bauernhäuser, um aus erster Hand zu erfahren, wie die kleinen Leute lebten, was sie aßen, wieviel Steuern sie zahlten und was sie über ihn selbst dachten, wohnte auch unerkannt Gerichtsverhandlungen bei, um sich ein Bild vom Stande der Rechtspflege zu machen. Wenn der König mit seinem Erziehungswerk einen erstaunlichen Erfolg hatte, so lag das nicht zum wenigsten daran, daß der vom Halleschen Waisenhaus August Hermann Franckes ausgehende Pietismus durch die Kirche, die Schulen und die Hochschulen eine weite Ausbreitung erfuhr und dem Volke so das Prinzip der »innerweltlichen Askese« nähergebracht wurde. Staatliche, kirchliche und private Schulstiftungen legten in diesem Sinne den Grund zu einer noch bescheidenen Volksbildung. »Das Ergebnis war das Preußentum, eine Haltung und Mentalität, die sich auf die Länge der Zeit als Sozialdisziplinierung eines ganzen Volkes ausdrückte. . . . Der Zopf trat an die Stelle der aufwendigen barocken Allongeperücke in Militär und

Zivil, die schlichte Uniform und einfache Kleidung ersetzte die prächtigen gold- und silberbestickten Gewänder von Adel und Bürgertum« (G. Oestreich).

Der Sinn der monarchischen Behördenorganisation hatte zunächst lediglich darin bestanden, die Steuereinkünfte sowie die Erträge aus den landesherrlichen Domänen und Regalien vollkommen in die Hand der über die einzelnen Territorien hinausgreifenden Staatsmacht zu bringen. Nur so konnte Preußen in den Kämpfen des europäischen Staatensystems bestehen. Die damit erkämpfte Finanzhoheit des monarchischen Staates hatte diesen dazu geführt, sich auch um die Quelle der finanziellen Einkünfte, Gewerbe, Handel und Landwirtschaft, zu kümmern. Auf diesem Wege waren Kommissariate und Amtskammern zu allgemeinen Verwaltungsorganen und im speziellen zu Trägern einer systematischen Wirtschaftspolitik herangewachsen. Auf dem Lande sah man es auf eine Vergrößerung des Kammergutes ab, bei der man es durch eine prozessuale Rückgewinnung des vom Adel der Krone entfremdeten Besitzes, aber auch durch Ankäufe, Meliorationen (wie die Urbarmachung des Havelländischen Luches) und Kolonisation zu einem Anwachsen des Domänengrundes auf schließlich etwa ein Drittel des land- und forstwirtschaftlich nutzbaren Bodens im Königreich oder ein Viertel des Staatsgebietes überhaupt brachte. In den Städten war der Hebel zur Ertragssteigerung die Akzise, die eine indirekte Konsumtionssteuer war. Wollte der Staat die Einkünfte aus ihr steigern, so mußte er die städtische Wirtschaft entwickeln. Darin lag die Aufgabe der Steuerräte, die darüber hinaus auch die Stadträte beaufsichtigten. Denn die städtische Freiheit, die durch Klassenherrschaft, Mißwirtschaft und Schuldenwesen längst ihres alten Glanzes beraubt worden war, hatte der König beseitigt.

Das Prinzip der königlichen Wirtschaftsförderung war der Merkantilismus, dem Friedrich Wilhelm I. als erster konsequent gefolgt ist (von dem aber die westlichen Territorien einschließlich des magdeburgischen Gebietes infolge ihres Charakters als Außenposten weitgehend ausgeschlossen blieben). Der König brach mit der Ausgabenpolitik seines Vaters, der hauptsächlich preußische Händler und ausländische Luxusgewerbe in Nahrung gesetzt hatte, während die einheimische Wirtschaft durch die außerpreußische Konkurrenz niedergehalten worden war. Friedrich Wilhelm wollte insbesondere das Manufakturwesen fördern, um Preußen im Hinblick auf seine Stellung im europäischen Staatensystem autark zu machen.

Ein hervorragendes Beispiel dafür ist die Wollverarbeitung. Denn Wolle war der vornehmste Rohstoff der königlichen Länder, und eine Wollindustrie konnte das erheblich vermehrte Heer mit Kleidung beliefern, so daß der Absatz gesichert war, und dem König Ankäufe im Ausland ersparen. Ausländisches Tuch wurde durch die an den Stadttoren erhobene Akzise abgehalten, die damit auch als Schutzzoll diente. Einer Heraufsetzung der Akzisesätze für fremde wollene Manufakturwaren folgte bald ein Wollausfuhrverbot, später sogar ein Gebrauchsverbot für ausländische Wollprodukte. Den inländischen Bedarf deckte ausschließlich das sogenannte Lagerhaus zu Berlin, das Manufaktur- und Verlagsunternehmen in einem war.

Das Lagerhaus ist zum Ausgangspunkt der staatlichen Gewerbepolitik in Preußen geworden. Es sollte nicht nur selbst Gewinne erwirtschaften, sondern zugleich auch Arbeit schaffen, was wiederum zur Hebung der Steuererträge beitragen mußte. Da abgetragene Kleidungsstücke als Arbeitskluft gebraucht, wohl auch weitergegeben oder verkauft wurden, hüllten sich die preußischen Untertanen und ihr König fast nur noch in einheimisches blaues Tuch. Schließlich waren in der zweiten Hälfte des 18. Jahrhunderts mehr als 80 Prozent aller in der gewerblichen Wirtschaft Tätigen in der Textilindustrie beschäftigt. Das Lagerhaus beruhte zunächst auf privater Initiative, erfreute sich aber königlicher Privilegierung und Subventionierung, wurde jedoch nach dem Tode des Unternehmers Krautt unter recht üblen Umständen verstaatlicht und nach dem Vorbild der wirtschaftlich sich selbst tragenden Franckeschen Anstalten mit dem Potsdamer Militärwaisenhaus verbunden.

Überhaupt waren die meisten Manufakturen im Lande Staatsunternehmen, da ein finanzkräftiges Bürgertum wenigstens in den Kernprovinzen Preußens so gut wie ganz fehlte. Im fortgeschritteneren Westen, etwa in Kleve, wäre dem König der Aufbau eines Großgewerbes vermutlich leichter gefallen, wie auch seine Minister meinten. Es ging ihm jedoch nicht um eine rasche Geldbeschaffung, sondern um eine methodische Entwicklung der Kräfte seines Landes. In diesem Sinne machte er das vorhandene Angebot an Rohstoffen und das zur Verfügung stehende Arbeitskräftepotential zum Maß seiner Gewerbepolitik. Dabei bedeutete das Ausfuhrverbot für Rohstoffe eine bewußt in Kauf genommene Bevorzugung des städtisch-merkantilistischen Zweiges der Volkswirtschaft (ohne den weitgehend vernachlässigten Handels- und Großkaufmannsstand) gegenüber dem landwirtschaftlich-regalistischen. Denn es brachte den königlichen Domänen und den adligen Gütern Einnahmeverluste. Auch von dieser Seite her hatte dem König der Gegensatz zwischen Generalkriegskommissariat und Generalfinanzdirektorium Schwierigkeiten bereitet. Zur Dämpfung dieses auch im Generaldirektorium fortlebenden Widerspruchs hat er seit Anfang der zwanziger Jahre durch Schutzmaßnahmen gegen billiges ausländisches Getreide beizutragen versucht.

Die Finanz- und Wirtschaftspolitik des Königs hatte Erfolg, wenn auch die Entwicklung der gewerblichen Wirtschaft noch nicht so weit vorankam, daß sich eine positive Handelsbilanz eingestellt hätte. Am Ende seiner Regierungszeit schloß der Staatshaushalt mit sieben Millionen Talern ab, wovon fünf für militärische Zwecke verwendet wurden und zwei dem zivilen Bedarf dienten. Der Hof verbrauchte nur ein Prozent der Einnahmen. Nicht nur, daß es mit der Schuldenwirtschaft Friedrichs I. ein Ende hatte –

es wurden auch Überschüsse erzielt, so daß Reserven gebildet werden konnten. Sie waren für den Fall eines Krieges gedacht und wurden in Fässern in den Kellern des Berliner Schlosses gelagert.

Die äußerste Beanspruchung aller Kräfte der königlichen Lande, die mit dem Regierungsantritt Friedrich Wilhelms I. einsetzte, erforderte die Rücksichtnahme des Staates auf alle Teile der Gesellschaft, die das Werk des Staatsaufbaus mittrugen. Aus dieser Erkenntnis resultierte das soziale Element der Regierung Friedrich Wilhelms, das auf die Erhaltung der Steuerfähigkeit der Handwerker, Kaufleute und Bauern abzielte, womit ein bloß fiskalischer Standpunkt überwunden wurde. Der König widmete daher der »Conservation der Untertanen« große Aufmerksamkeit. Sie erklärt etwa auch den Ausbau des Systems der staatlichen Getreidemagazine, die bei guten Ernten Korn aufkauften, um einen Preisverfall zu verhindern, und in mageren Jahren wieder abgaben, um Preissteigerungen, unter denen die armen Schichten der Bevölkerung und die Soldaten besonders leiden mußten, in Grenzen zu halten. Im gleichen Zusammenhang ist die vom König betriebene innere Kolonisation zu sehen, die dazu führte, daß sich die Bevölkerung der Mark Brandenburg zwischen 1701 und 1740 nahezu verdoppelte.

Ein hervorragendes Beispiel hierfür bietet das »Retablissement« des von der Pest- und Hungerkatastrophe der Jahre 1709 und 1710 verwüsteten Ostpreußen, das einer der großen Erfolge der Regierung Friedrich Wilhelms I. war. Infolge eines sehr hohen Anteils der Domänen am landwirtschaftlichen Aufkommen des alten Ordenslandes zu besonderer Anstrengung angespornt, trat der König hier als Gründer von Dörfern und Städten wie Gumbinnen und Stallupönen auf; er gab annähernd 20.000 Salzburger Emigranten, die 1731 auf Verfügung des Erzbischofs Firmian wegen ihres evangelischen Glaubens ihre Heimat hatten verlassen müssen, eine Existenzgrundlage. »Menschen achte vor den größten Reichtum«, war sein Grundsatz. Seine Verdammung der beweglichen und in vielem geschickten Juden scheint dazu im Widerspruch zu stehen. Doch forderte hier lediglich seine christliche Überzeugungstreue ihren Tribut. Er dachte auch in dieser Beziehung nicht weniger praktisch als sonst. So lebten die preußischen Juden zwar in rechtlich und persönlich weitgehend ungeklärten Verhältnissen, erfreuten sich aber insgesamt zunehmender Eingliederung in den Staat.

Mit seiner vornehmlich auf praktischem Weg gewonnenen Einsicht in die Notwendigkeit einer »Conservation der Untertanen« stand der König auf der Höhe der kameralistischen Wissenschaft seiner Zeit. Man begegnet hier der dem Absolutismus gemäßen Neuformulierung des alten Gedankens vom »gemeinen Besten«, sogar der Bereitschaft, zugunsten der von der »inneren Staatsräson« geforderten allgemeinen Wohlfahrt »altes Recht zu zerbrechen, überkommene Vorrechte einzuschmelzen« (H. Haussherr). So wurde die Steuerfreiheit des Adels in der Stadt zumindest eingeschränkt sowie auf dem Lande in Ostpreußen, zur Zeit Friedrichs des Großen auch in Westpreußen und Schlesien aufgehoben.

In den mittleren Provinzen mußte der Adel für lange nicht geleistete Lehensdienste, die doch die Steuerfreiheit begründet hatten, Ablösungen zahlen. Die an sich hohe Belastung der ländlichen Steuerzahler (meist gegen 40 Prozent des Reinertrages) blieb durch die Tatsache gemildert, daß die Kontribution im gesamten 18. Jahrhundert nicht erhöht wurde (und Ertragszuwächse somit anders als etwa in Frankreich freiblieben). Wenn Friedrich Wilhelm seinen Versuch, auch den Adel Pommerns und der Neumark zur Steuerzahlung heranzuziehen, infolge hartnäckigen Widerstands der Betroffenen aufgab, zeigt das, wie gering sein sozialpolitischer Spielraum war. Erleichterungen für die Bauern waren, so bescheiden sie sich auch ausnehmen mochten, nur auf den Domänen denkbar. Der König mußte auf den Adel, den er als Schwert- und Beamtenadel zur staatstragenden Schicht ausersehen hatte und der seine in ihn gesetzten Hoffnungen mehr und mehr rechtfertigte, Rücksicht nehmen. Das Bildungsniveau des Bürgertums war damals in Preußen noch zu bescheiden, um einen anderen Weg und damit auch einen Bruch mit dem Herkommen nahezulegen.

So ist die hergebrachte ständische Schichtung der Gesellschaft auch in Preußen unangetastet geblieben und in manchem sogar stabilisiert worden – unter anderem dadurch, daß das Verhältnis Gutsherr – erbuntertäniger Bauer in die Beziehung Offizier – Soldat übertragen wurde. Indem jedoch diese feudal-patrimoniale Bindung dem monarchischen Heer zunutze gemacht wurde, kam dem Bauern erst so recht zu Bewußtsein, daß sein eigentlicher Herr der König war, der die gleiche Univorm trug wie er. Damit aber zeichnete sich von ferne der Weg zur Auflösung der hergebrachten Sozialstruktur und ihre Ablösung durch ein allgemeines Staatsbürgertum ab.

Sollte das Heer, dem doch letztlich alle Anstrengungen des Königs und seiner Untertanen galten, jene Qualität gewinnen, von der der Kronprinz einst vor Marlborough und dem Prinzen Eugen gesprochen hatte, so bedurfte es einer grundlegenden Wandlung des Offiziersberufes. Diesen übte zu Beginn des 18. Jahrhunderts eine bestimmte Schicht des europäischen Adels aus, deren Angehörige von einem Kriegsschauplatz zum anderen eilten und unter verschiedenen Fahnen ihr Glück zu machen suchten. Wie diesen Offizieren die innere Beteiligung des Kämpfers fremd war, so interessierte sie auch die Ausbildung der Soldaten nicht. Friedensdienst galt ihnen als unehrenhaft. Für die Verwirklichung der Pläne Friedrich Wilhelms, der eine begrenzte Heeresstärke mit höchstem Kampfwert verbinden wollte, taugten sie nicht. Er brauchte ein Offizierskorps, das statt Abenteurertum ein unerschütterliches Pflichtgefühl gegenüber dem Staat erfüllte. Eine seiner wichtigsten Aufgaben mußte gerade der Friedensdienst sein, dessen Praxis der »Soldatenkönig«, der »roi sergeant«, wie man in Frankreich abfällig sagte, im Zusammenwirken mit seinem Freunde Fürst Leopold von Anhalt-Dessau großenteils selbst entwickelt hatte; im Potsdamer Lustgarten exerzierte er persönlich mit seiner Riesengarde, den »Langen Kerls«, und probierte alle militärischen Neuerungen aus. Friedrich Wilhelm I. suchte daher den Adel seines Landes nach seinem Bild zu formen. Dessen Söhne konnten aber stellenweise nur unter der Einwirkung von Gewalt als »Junker« zum Eintritt in die Kadettenanstalten zu Berlin, Magdeburg und Stolp gebracht werden, wofür der König die Eltern mit der Versicherung trösten ließ, es sei dafür gesorgt, daß ihre Kinder gut unterhalten, in reinlichen Kammern untergebracht und in allen nützlichen Wissenschaften und Künsten unterrichtet wie zu guten Christen erzogen würden.

Nach der erwähnten Ablösung der nicht mehr geleisteten Lehensdienste, die eine Allodifikation der Lehen, also deren Umwandlung in Eigengut, zur Folge hatte, lebte schließlich das persönliche Lehensverhältnis zwischen König und Adel in einem modernen Dienst- und Treueverhältnis des Offiziers wieder auf. Der Militärdienst wurde nun für den Adel zu einer Art moralisch begründeter Untertanenpflicht, die den Dienst in fremden Heeren ausschloß und in einem Offiziersprivileg im eigenen Lande eine Entsprechung fand. König Friedrich Wilhelm I. hat auf diese Weise dem soeben politisch entmachteten, territorial gesinnten Adel eine echte, auf die Gesamtheit des preußischen Staates bezogene Aufgabe übertragen. In der harten Schule des strengen systematischen »kleinen Dienstes«, also des Truppendienstes im Frieden, gingen die von ihm vorgelebten Arbeits- und Pflichtbegriffe sowie der ihn erfüllende Geist puritanischer Disziplin auf die jetzt sämtlich vom König ernannten Offiziere über. Es entstand das Gefühl des auf den Staat bezogenen und dennoch persönlichen Verpflichtetseins, das zum moralischen Fundament des königlich-preußischen Offiziers werden sollte.

Aber auch die einfachen Soldaten, deren Sold 1713 erhöht wurde, während der der Offiziere eine Kürzung um ein Drittel erfuhr, wollte der König, soweit das nur möglich war, aus der Bevölkerung seiner Staaten rekrutieren. Bei der angestrebten Heeresvermehrung, die 1713 mit einer Rate von 10.000 Mann, einem Viertel der Gesamtstärke, begann, gelang das lediglich bis etwa zur Hälfte – und das auch nur mit Hilfe von Zwangswerbungen im Inland. Von den Kompaniechefs, nicht etwa von den Militärbehörden veranstaltet, wurden sie aber, da sich die Bevölkerung wie etwa westfälische Bauern oder Hallenser Studenten gegen das wahl- und rücksichtslose Vorgehen der einander konkurrierenden Werber wehrte, nur noch in verdeckter Form weitergeführt. In den folgenden Jahren bildete sich gewohnheitsrechtlich eine auf die unteren Klassen beschränkte Dienstpflicht heraus, die der König im Jahre 1733 in der Gestalt des sogenannten Kantonalsystems offiziell in Kraft setzte. Nach dieser Regelung waren den Regimentern und Kompanien zu ihrer Ergänzung bestimmte Rekrutierungsbezirke, die Kantone, zugewiesen, in denen die Wehrfähigen »enrolliert«, also eingeschrieben, waren. Dieses Verfahren wurde zu einer wichtigen Vorstufe der allgemeinen Wehrpflicht, von der es aber, da diese ein allgemeines Staatsbürgerrecht voraussetzt, prinzipiell verschieden ist.

Das Kantonalsystem bewirkte in Verbindung mit einer an sich unbeschränkten, faktisch aber 20jährigen Dienstzeit, die jährlich von einem neun Monate langen Urlaub unterbrochen wurde, in dem die Soldaten ihrem bürgerlichen Beruf nachgehen konnten, eine Verstärkung der Kampfkraft der preußischen Armee. Das galt schon deshalb, weil inländische Rekruten billiger, brauchbarer und zuverlässiger waren als Ausländer, die auch häufiger desertierten. Während das brandenburgische Heer zur Zeit des Großen Kurfürsten 30.000 Mann umfaßte, dann im Spanischen Erbfolgekrieg auf 40.000 Mann vermehrt worden war, hat es Friedrich Wilhelm I. auf einen Friedensstand von zuletzt 80.000 Mann gebracht. Und es wurde allein aus eigenen Mitteln unterhalten. Es sollte dem Staate nach dem Willen des Königs, dem die Subsidienbedürftigkeit seines Vaters eine demütigende Erinnerung war, Achtung gewinnen sowie Selbständigkeit und die Kraft verleihen, rechtmäßige Ansprüche des Hohenzollernhauses im Rahmen des europäischen Staatensystems zur Geltung bringen zu können.

Doch erregte König Friedrich Wilhelm I. im Europa seiner Zeit allenfalls Aufsehen. An den fremden Höfen setzte es über alle Maßen in Erstaunen, daß der preußische König es wagte, die Formen des höfischen Absolutismus einfach von sich zu werfen, »daß er statt von den gewöhnlichen Sterblichen durch den Stufenbau des Rangreglements und den Ritus des Zeremoniells getrennt, unzugänglich in einem Riesenpalast zu thronen, sich im Bürger- oder Soldatenrock unter seinen Untertanen bewegte, selber inspizierend, anordnend, arbeitend, exerzierend, daß er statt in einer Umgebung von Prachtbauten und Prunkmöbeln zwischen hölzernen Tischen und Schemeln lebte, bürgerliche Gerichte aß, Bier dazu trank und die Tonpfeife rauchte, im Alkoven schlief und sich im Freien am frischen Brunnenwasser wusch« (C. Hinrichs). All das erschien der Außenwelt nicht in dem Ernst, der ihm tatsächlich innewohnte; der »Soldatenkönig« wurde als eine wunderliche Erscheinung empfunden, über die man lächelte. Denn sein Ungeschick und seine Skrupel in der Außenpolitik, seine Unfähigkeit, sich auf dem diplomatischen Parkett zu bewegen, mit Diplomaten zu verkehren, die er ebenso wie später sein Sohn Friedrich als »privilegierte Spione« bezeichnete, ließen auch nicht im entferntesten ahnen, welch ein Mann hier am Werke war, daß in ihm eine Zeit heraufdämmerte, die einmal die ganze höfisch-barocke Scheinwelt unter sich begraben sollte.

Freilich scheinen die großen Mächte Europas, je länger die Regierung König Friedrich Wilhelms I. währte, desto mehr die Armee geschätzt zu haben, die der König aufbaute und erzog. Preußen war nach den beiden großen Kriegen, die die politische Entwicklung des 17. Jahrhunderts abgeschlossen hatten, auf der Seite des Kaisers geblieben, dem Friedrich Wilhelm in der Art der älteren Reichsfürsten eine gewisse Ehrfurcht entgegenbrachte.

Aber er hatte sich über manche ärgerliche Behinderung seitens des Kaiserhofes zu beklagen, und als es wegen des eifrigen Betriebes einer Kompanie für den ostindischen Handel in den jetzt österreichischen Niederlanden zur Entzweiung zwischen Wien und London kam, schlug sich Preußen auf die englische Seite, auf der damals auch Frankreich stand, und besiegelte diesen Frontwechsel mit dem Bündnis von Herrenhausen vom 3. September 1725. Darin wurde dem König die Unterstützung der seit dem jülich-kleveschen Erbfall von 1609 bestehenden brandenburgischen Ansprüche auf Jülich und Berg zugesagt, wenn beide Territorien beim bevorstehenden Aussterben des Hauses Pfalz-Neuburg zur Disposition stünden und von der Linie Pfalz-Sulzbach beansprucht würden. Als sich aber das in einem natürlichen Gegensatz zu England stehende Rußland 1726 mit Österreich verbündete und der König damit ein Übergewicht kontinentaler Gegner zu fürchten hatte, trat er wieder auf die Seite des Kaisers zurück und verständigte sich mit diesem am 12. Oktober 1726 in der Form einer in seinem Jagdschloß Wusterhausen abgeschlossenen Konvention, aus der mit dem Berliner Vertrag vom 23. Dezember 1728 ein enges Bündnis wurde, in dem Preußen festzuhalten der Kaiser in der Folgezeit keine Mühe gescheut hat.

Zustande gebracht worden war die Rückkehr des preußischen Königs in das Lager des Kaisers von dessen Berliner Gesandten Friedrich Heinrich Graf von Seckendorff, der seit den Tagen des Spanischen Erbfolgekrieges das Vertrauen Friedrich Wilhelms besaß. Unentbehrliche Dienste hatte ihm dabei der von Wien bestochene Generalkriegskommissar Friedrich Wilhelm von Grumbkow geleistet, der dem König als außenpolitischer Berater diente, obwohl ihm bereits Friedrich I. noch im Angesicht seines Todes auf den Kopf zugesagt hatte, daß er »ein großer Schelm« sei. Preußen erkannte die »Pragmatische Sanktion« an, mit der Kaiser Karl VI. die Unteilbarkeit des habsburgischen Territorialbesitzes und die Erbfolge auch seiner Töchter (gegenüber denkbaren Ansprüchen der Töchter seines Bruders und Vorgängers Joseph I.) zu sichern suchte. Der Kaiser versprach Friedrich Wilhelm I. dafür, ihn im Falle des Todes des letzten Neuburgers, des Kurfürsten Karl Philipp, zu unterstützen. Es ging dabei im wesentlichen nur noch um Berg, da der König selbst angesichts der Schwierigkeit der alten Erbfrage seinen Anspruch auf Jülich inzwischen fallengelassen hatte. Zudem war die Zusage des Kaisers durch allerlei Vorbehalte, Klauseln und Unsicherheiten von nur begrenztem Wert. Aber König Friedrich Wilhelm vertraute darauf, daß es der Kaiser und sein Gesandter ernst mit ihm meinten.

Als Österreich zum Ende der zwanziger Jahre des 18. Jahrhunderts infolge seiner von Ostende aus betriebenen Handelspläne und durch das Überwechseln Spaniens auf die Seite Englands und Frankreichs mehr und mehr in Isolierung geriet – da hätte ein abermaliges Abwandern des bei aller Gutgläubigkeit des Königs unbefriedigten Preußen aus dem habsburgischen Lager nahegelegen. Seckendorff und Grumbkow vermochten Friedrich Wilhelm aber beim Kaiser festzuhalten. Daß das gelingen konnte, hatte einerseits in einem Territorialstreit Berlins mit Hannover seinen Grund – den der König eines Tages sogar in einem ritterlichen Säbelzweikampf mit seinem von ihm gehaßten Schwager Georg II. zur Entscheidung bringen wollte; andererseits aber hielt Friedrich Wilhelm ein ihn zutiefst aufwühlender Konflikt von einer Annäherung an England ab, der seine eigene Familie zerriß. Die Westmächte waren in diesen Jahren nachhaltig darum bemüht, den König und seine Armee wieder auf ihre Seite herüberzuziehen. Dabei knüpften sie an dem Wunsch der preußischen Königin Sophie Dorothee, einer Schwester Georgs II., ihre Tochter Wilhelmine mit dem britischen Thronfolger verheiratet zu sehen, sowie der Absicht des Hofes von St. James an, für die Prinzessin Amalie die Hand des preußischen Kronprinzen Friedrich zu erlangen. Da sich Wilhelmine und Friedrich für diese Pläne sehr erwärmten und diese dem Hohenzollernhaus lockende Aussichten verhießen, war der König keineswegs dagegen; es bewegte ihn aber die Sorge, mit einer solchen Familienverbindung seine Beziehung zum Kaiser ins Zwielicht zu bringen. Aus dem daraus zu erklärenden Schwanken in der englischen Heiratsfrage riß ihn erst der Fluchtversuch des Kronprinzen im Sommer 1730 heraus, dessen Ziel England war.

Friedrich hatte schon seit geraumer Zeit die tiefe Sorge des Vaters erregt. Der Prinz zeigte eine ausgeprägte Vorliebe für Literatur, Philosophie und Musik, legte eine aufklärerische Freigeisterei nach französischem Vorbild an den Tag (an der seine Großmutter Sophie Charlotte ihre Freude gehabt hätte) und entwickelte ein frühes Interesse für das weibliche Geschlecht, wogegen er keinerlei Neigung zum Militärischen zeigte. Der ganz anders geartete, praktisch gerichtete und auch äußerst sittenstrenge Vater sah in seinem Nachfolger eine große Gefahr für den einst von seinem Großvater gegen eine Welt von Widerständen gegründeten Staat, dessen Existenz nach seiner Erkenntnis ausschließlich von entsagungsvoller Arbeit und militärischer Bereitschaft abhing. Verzweifelt, wie er war, ließ sich der König sogar zu Mißhandlungen des Kronprinzen in Gegenwart von Höflingen und Gesinde hinreißen. Die ratlose Flucht Friedrichs, der die Ängste des Königs nicht würdigen und die Liebe des Vaters unter dessen rauher Schale nicht erkennen konnte, führte zu seiner Gefangensetzung, zu einem Kriegsgerichtsverfahren im Schloß zu Köpenick und zur Hinrichtung des Fluchtgenossen Hans Hermann von Katte vor seinem Kerkerfenster in der Festung Küstrin. Zur Bewährung verordnete der König dem Kronprinzen Dienst in der Kriegs- und Domänenkammer zu Küstrin sowie als Regimentskommandeur in Neuruppin, von wo er 1736 in das ihm verliehene Schloß Rheinsberg ziehen und dort zur Pflege seiner schöngeistigen Neigungen zurückkehren durfte. Doch die englischen Heiratspläne fanden keine Verwirklichung. Prinzessin Wilhelmine wurde zur Ehe mit dem Markgrafen von Bayreuth, einem Vetter, genötigt, während für Friedrich Prinzessin Elisabeth Christine von Braunschweig-Bevern zur Frau ausersehen wurde, zu der er zeit seines Lebens keinerlei Beziehungen hat entwickeln können.

Wenn König Friedrich Wilhelm durch die Nöte seines Familienlebens davon abgehalten worden war, mit London neue dynastische Beziehungen zu knüpfen, und so seine Bindung an den Kaiser ohne alle Zweideutigkeit blieb, so hat ihm das doch nicht den geringsten Nutzen gebracht. Da Wien 1731 die Ostindische Kompanie und damit die österreichisch-belgischen Seemachtspläne aufgab und so zum Frieden mit den Seemächten kam, war zunächst der preußische Bundesgenosse von nur noch geringem Wert. Als aber Frankreich unter Kardinal Fleury 1733 mit Spanien den Ersten bourbonischen Familientraktat schloß, sich entsprechend dem natürlichen Machtgegensatz in Europa wieder gegen England und Habsburg wendete sowie im Polnischen Erbfolgekrieg Österreich bekämpfte, ohne England zum Eingreifen zu provozieren, hatte der Kaiser preußische Militärunterstützung dringend nötig. Aber er opferte lieber Lothringen, als daß er es Preußen, das statt der von Friedrich Wilhelm I. angebotenen 50.000 Mann nur Truppen in Stärke von 10.000 Mann an den Rhein schicken durfte, gestattet hätte, sich als potente Militärmacht zu erweisen. Er war auch von einer Unterstützung der preußischen Ansprüche auf Berg denkbar weit entfernt. Der Versuch des Königs, es durch eine finanzielle Unterstützung Österreichs in seinem seit 1736 geführten unglücklichen Türkenkrieg doch noch zu erlangen – »Kapital und Zinsen nicht eher als am jüngsten Tag zahlbar« –, scheiterte; Wien war an einer Verstärkung der preußischen Rheinstellung nicht interessiert. Gleiches galt für die Niederlande, England-Hannover und Frankreich. In Paris hatte man Friedrich Wilhelm, um ihn an sich zu ziehen, zwar gewisse Zusicherungen hinsichtlich des Erwerbs eines Teils des neuburgischen Erbes gemacht; doch wurde das dadurch vollkommen entwertet, daß Fleury ein Vierteljahr früher mit Wien einen Vertrag geschlossen hatte, der dem diametral entgegenstand. Der König war von tiefem Groll insbesondere gegen den Kaiser erfüllt, was an seiner ohnehin erschütterten Gesundheit zehrte. Er starb, nachdem es mit ihm schon einmal 1736 auf des Messers Schneide gestanden hatte, am 31. Mai 1740, erst 52jährig, in Potsdam an einem Herzleiden. Mit schmerzlichem Blick auf seine gescheiterte Außenpolitik zurücksehend, hatte er zuletzt noch auf seinen Sohn Friedrich hingewiesen, der ihm schließlich doch ein fähiger Thronerbe geworden zu sein schien, und gesagt: »Da steht einer, der mich rächen wird!«

# Die Nachkommen König Friedrich Wilhelms I.

1. Friedrich, Prinz von Oranien
   * 23. 11. 1707
   † 13. 5. 1708

2. Wilhelmine
   * 3. 7. 1709
   † 14. 10. 1758
   ⚭ 30. 11. 1731 mit Markgraf Friedrich von Brandenburg-Bayreuth
   * 10. 5. 1711
   † 26. 2. 1763

3. Friedrich Wilhelm, Prinz von Oranien
   * 16. 8. 1710
   † 31. 7. 1711

4. Friedrich, der spätere König
   * 24. 1. 1712
   † 17. 8. 1786

5. Charlotte
   * 5. 5. 1713
   † 10. 6. 1714

6. Friederike Luise
   * 28. 9. 1714
   † 4. 2. 1784
   ⚭ 30. 5. 1729 mit Markgraf Carl Wilhelm Friedrich von Brandenburg-Ansbach
   * 12. 5. 1712
   † 3. 8. 1757

7. Philippine Charlotte
   * 13. 3. 1716
   † 16. 2. 1801
   ⚭ 2. 7. 1733 mit Herzog Karl I. von Braunschweig-Wolfenbüttel
   * 1. 8. 1713
   † 26. 3. 1780

8. KARL
* 2. 5. 1717
† 31. 8. 1719

9. SOPHIE
* 25. 1. 1719
† 13. 11. 1765
⚭ 10. 11. 1734 mit Markgraf FRIEDRICH WILHELM von Brandenburg-Schwedt
* 27. 12. 1700
† 4. 3. 1771

10. LUISE ULRIKE
* 24. 7. 1720
† 16. 7. 1782
⚭ 29. 8. 1744 mit ADOLF FRIEDRICH, dem späteren König von Schweden
* 14. 5. 1710
† 12. 2. 1771

11. AUGUST WILHELM
* 9. 8. 1722
† 12. 6. 1758
⚭ 6. 1. 1742 mit Prinzessin LUISE von Braunschweig-Wolfenbüttel
* 29. 1. 1722
† 13. 1. 1780

12. AMALIE, Äbtissin von Quedlinburg
* 9. 11. 1723
† 30. 3. 1787

13. HEINRICH
* 18. 1. 1726
† 3. 8. 1802
⚭ 25. 6. 1752 mit Landgräfin WILHELMINE von Hessen-Kassel
* 25. 2. 1726
† 18. 10. 1808

14. FERDINAND
* 23. 5. 1730
† 2. 5. 1813
⚭ 27. 9. 1755 mit Markgräfin LUISE von Brandenburg-Schwedt
* 22. 4. 1738
† 10. 2. 1820

# König Friedrich II. der Große

# König Friedrich II. der Große von Preußen

* 24. 1. 1712 in Berlin
† 17. 8. 1786 in Schloß Sanssouci bei Potsdam
*Grabstätte:* bis 1945 in der Garnisonkirche zu Potsdam, sodann in der Elisabethkirche zu Marburg, seit 1952 auf der Burg Hohenzollern

⚭ 12. 6. 1733 (Salzdahlum im jetzigen Kreis Wolfenbüttel) mit
Elisabeth Christine von Braunschweig-Bevern
* 8. 6. 1715 in Wolfenbüttel
† 13. 1. 1797 in Berlin
*Grabstätte:* Dom zu Berlin

Der ostpreußische Oberpräsident Theodor von Schön hat von Friedrich Wilhelm I. mit Recht als von Preußens »größtem inneren König« gesprochen. Ganz im Gegensatz dazu ist das Lebenswerk Friedrichs des Großen ein außenpolitisches gewesen. Als er mit 28 Jahren im Spätfrühjahr 1740 den Thron bestieg, war er ein fast noch knabenhaft wirkender junger Mann mit gesunder Gesichtsfarbe, freiem, edlem Antlitz und lebhaften Gebärden. Um seinen feingeschnittenen Mund konnte ein gewinnendes Lächeln spielen, das seinem Gesicht den Ausdruck einnehmender Freundlichkeit verlieh. »Dann«, so schreibt Reinhold Koser, der Biograph des Königs, »verklärte sich das große, lebhafte Auge, dessen Ausdruck durch Kurzsichtigkeit nicht verlor, in warmem, seelenvollem Glanze; diesen Blick vergaß niemand wieder, und den steifen Schwulst der patriotischen Reimereien aus diesen Jahren durchbricht ein Ton wahrer Empfindung, wo der leuchtenden blauen Augen des jungen Königs gedacht wird.« Wie der Marquis Beauvau, der die Glückwünsche des französischen Königs zur Thronbesteigung überbrachte, notierte, war sein Auftreten »ungezwungen und gewinnend, seine Stimme ... weich und anmutend«. Sie mochte, wie er schrieb, »auf eine große innerliche Bescheidenheit, fast auf ein wenig Furchtsamkeit schließen lassen«, zumal wenn er zum Reden ansetzte oder mit jemandem zum ersten Male sprach. Diese Befangenheit trug nicht wenig dazu bei, »ihm die Herzen zu gewinnen«. Sah man jedoch ein wenig schärfer zu, »so gewahrt[e] man sofort den spöttischen und verächtlichen Zug, den der Schleier der Milde und der Güte nur oberflächlich verhüllt[e]«.

Der Kronprinz litt unter der Mißachtung, die Preußen seitens der europäischen Kabinette erfuhr, und wußte zugleich um das Vermögen des militärischen Apparates, den sein Vater geschaffen hatte. Er war entschlossen, Preußens Kraft in europäische Geltung umzumünzen sowie dabei seinen Namen in das Buch der Weltgeschichte einzuschreiben. Nach kurzem Tasten, bei dem es noch einmal um die Ansprüche des Hohenzollernhauses auf Jülich und Berg ging, fiel ihm die große historische Chance zu: Am 20. Oktober 1740 starb Kaiser Karl VI. – und die das Erbe seiner Tochter Maria Theresia verbürgende Pragmatische Sanktion beruhte nur auf papiernen Garantien der europäischen Mächte (außer Bayerns). Das österreichische Heer hatte sich in den letzten Kriegen nicht mehr auf seiner früheren Höhe gezeigt; Prinz Eugen war darüber als wenig wagemutiger Greis, als den ihn Kronprinz Friedrich noch kennengelernt hatte, gestorben. Die Kurfürsten von Sachsen und Bayern, die Gemahle der beiden Töchter

Josephs I., aber auch die spanischen Bourbonen als Rechtsnachfolger der spanischen Habsburger erhoben Erbansprüche. Friedrich warf begehrliche Blicke auf Schlesien, das für Preußen eine ungleich größere Bedeutung haben mußte als die abgelegenen Territorien Jülich und Berg; das an Brandenburg anschließende reiche böhmische Lehen hatte schon in den politischen Erwägungen des Großen Kurfürsten eine Rolle gespielt. Friedrich orientierte seine Politik nicht an Rechtsansprüchen seines Hauses wie noch der Vater; er nahm einen skrupellosen, durch rational-philosophische Erwägung geschärften Interessenstandpunkt ein. Griff er jetzt nach Schlesien, auf das die Hohenzollern nur recht fragwürdige Anrechte hatten, dann würde, wie er kühl rechnete, auf kurz oder lang auch das in welthistorischem Gegensatz zu Habsburg stehende Frankreich auf seiner Seite sein. Friedrich wagte es: Er mobilisierte das schon unmittelbar nach seinem Regierungsantritt abermals vermehrte Heer, mischte sich am 12. Dezember 1740 noch in eine im Berliner Schloß veranstaltete Maskerade und brach zu seinen zwischen Frankfurt a. O. und Krossen versammelten Truppen auf, »zum Rendezvous des Ruhmes«, wie er den Offizieren der Berliner Garnison zugerufen hatte.

Rasch besetzte Friedrich Schlesien und bot Maria Theresia gegen den Verzicht auf dieses ihrer Erbländer Hilfe bei der Verteidigung ihres Erbrechtes und die brandenburgische Kurstimme für die Kaiserwahl ihres Gemahls an. Da ihr weder das von kolonialen Auseinandersetzungen mit Frankreich und Spanien in Anspruch genommene England noch das nach dem Tode der Zarin Anna Iwanowna von Thronwirren geschüttelte Rußland beisprangen, war dieses Angebot durchaus der Überlegung wert. Doch die 23jährige, an der Seite eines liebenswürdigen, aber unbedeutenden Gemahls gänzlich unvorbereitet zur Regierung gekommene Königin von Ungarn lehnte ab. Ihr tief verletztes Rechts- und Ehrgefühl hatte in Wien den Ausschlag gegeben.

Der junge König war in nicht geringer Verlegenheit. Entgegen seinen kühnen Hoffnungen drohte es zu einem ernsthaften Krieg zu kommen, und es rächte sich jetzt, daß er im Vertrauen auf die Logik der Tatsachen keinerlei diplomatische Vorkehrungen getroffen hatte. Georg II. von England-Hannover, sein Onkel, suchte gegen Preußen eine Koalition zusammenzubringen, während der greise Kardinal Fleury zögerte, sich und dem der wirtschaftlichen Erholung bedürftigen Frankreich einen neuen Krieg zuzumuten. Und ohne französische Hilfe wiederum konnte der bayerische Kurfürst Karl Albrecht nicht zur Waffe gegen das Haus Habsburg greifen. Im April 1741 führte indessen Feldmarschall Graf Neipperg eine neuaufgestellte österreichische Armee von Mähren heran, überwand die Sudetenpässe und drohte, die Schlesien in dünner Linie deckenden preußischen Streitkräfte in zwei Teile aufzuspalten. Da Friedrich tatsächlich keinen anderen Verbündeten hatte als die Tapferkeit seiner Soldaten und keine andere Hilfsquelle als sein Glück, wie er gegenüber seinen Berliner Offizieren leichtfertig-kokett renommiert hatte, mußte er den Kampf gegen Neipperg wagen. Er stellte ihn am 10. April bei dem niederschlesischen Mollwitz (im späteren Kreis Brieg).

Infolge der Überlegenheit der österreichischen Kavallerie nahm das Ringen zunächst einen für die Preußen so bedenklichen Verlauf, daß der König, der mit der natürlichen Nervosität des Neulings die Situation nur verwirren mochte, auf Drängen des auch um sein Leben besorgten Feldmarschalls Kurt Christoph Graf von Schwerin das Schlachtfeld verließ; endlich konnten aber die Diszipliniertheit und die Härte der preußischen Infanterie die drohende Niederlage in einen Sieg verwandeln.

Diese Waffentat, mit der das preußische Heer seine Stellung in Schlesien sichern konnte, hinterließ in Paris und Versailles einen so tiefen Eindruck, daß hier die Kriegspartei des Marschalls Belleisle obsiegte. Auf ein bayerisch-spanisches folgte am 5. Juni 1741 zu Breslau ein französisch-preußisches Waffenbündnis. Dieses sah eine kräftige Unterstützung Bayerns durch Frankreich und den Verbleib Niederschlesiens mit Breslau bei Preußen vor, das dafür auf seine Ansprüche auf Jülich und Berg verzichtete. Bayern war vor allem Oberösterreich und Böhmen, Sachsen Mähren und Teile Schlesiens zugedacht worden; Frankreich hatte es auf die österreichischen Niederlande und Spanien auf die habsburgischen Besitzungen in Italien abgesehen.

Im Herbst 1741 drang dann tatsächlich ein französisch-bayerisches Heer nach Österreich ein; da Paris aber nicht eine Vernichtung, sondern nur eine Schwächung Habsburgs beabsichtigte, die in Deutschland ein der französischen Einwirkung jederzeit offenstehendes Gleichgewicht der Kräfte herbeiführen sollte, sah der französische Plan vor, die verbündeten Truppen zunächst zwar auf Wien zielen, dann aber auf Prag eindrehen zu lassen. Es war vergeblich, als König Friedrich seinen Verbündeten zu verstehen gab, daß die Karthager in Karthago angegriffen werden müßten. Er hatte die Hoffnung gehabt, Wien würde bedroht, und Neippergs Streitmacht, die die oberschlesische Festung Neiße behauptete, müßte, da Maria Theresia damals über keine andere Feldarmee verfügte, zur Deckung der Donaumetropole abgezogen werden. Der Krieg drohte sich für ihn in die Länge zu ziehen, zumal er nicht an einen französisch-bayerischen Erfolg in Böhmen glaubte. Preußen mußte aber, da es nur über begrenzte finanzielle Mittel und sonstige Reserven verfügte, auf eine schnelle Entscheidung drängen. Als auch der Versuch, Neipperg zu einer Schlachtenentscheidung zu zwingen, scheiterte, schloß Friedrich am 9. Oktober 1741 mit den Österreichern im Schlosse von Klein-Schnellendorf (südöstlich von Neiße) eine geheime Konvention ab, in der ihm Maria Theresia, die noch mit einer Bedrohung Wiens rechnen mußte, vorläufig Schlesien überließ, während er dafür den zum Schutz der Kaiserstadt unentbehrlichen Neipperg ungehindert abziehen lassen wollte. Die waffenstillstandsartige Vereinbarung wurde ausgeführt; zu dem in Aussicht genommenen Separatfrieden kam es jedoch nicht. Denn am

26. November nahmen Franzosen, Bayern und Sachsen Prag im Sturm und proklamierten den bayerischen Kurfürsten zum böhmischen König. Friedrich mußte fürchten, daß über seinen Kopf hinweg Frieden geschlossen wurde, und kehrte an die Seite seiner Verbündeten zurück. Er hatte nichts gewonnen, aber seiner Gegnerin eine – insbesondere psychologisch bedeutsame – Atempause verschafft und sich selbst in den, wie sich zeigen sollte, nicht mehr zu tilgenden Ruf gesetzt, ein treuloser Verbündeter zu sein.

Doch die böhmische Königskrönung Karl Albrechts erwies sich sehr bald als ein Scheinerfolg. Maria Theresia konnte dank ungarischer Unterstützung ein neues Heer aufstellen, das mit dem Beginn des Jahres 1742 unter der Führung des Feldmarschalls Khevenhüller nach Westen vordrang, ganz Bayern eroberte und damit auch die rückwärtigen Verbindungen der in Böhmen stehenden französisch-bayerischen Verbände abschnitt, während der im Januar 1742 zum Kaiser gewählte Kurfürst Karl Albrecht in Frankfurt a. M. eine ganz von französischen Geldern abhängige Existenz fristete. König Friedrich mußte sich zur Führung eines Winterfeldzuges entschließen. Sein aus Preußen, Sachsen und Franzosen zusammengesetztes Heer vermochte es jedoch nicht, wie beabsichtigt, durch Mähren hindurch bis an die Tore Wiens vorzustoßen und so den Gegner zum Friedensschluß zu nötigen; wie später noch oft überstiegen Friedrichs Pläne die Möglichkeiten der Kriegführung seiner Zeit, die infolge des Systems der Magazinverpflegung eine zu weite Entfernung von der Operationsbasis nicht erlaubte. Wieder bemühte sich der König, dem die Unzulänglichkeit und die Halbherzigkeit der französischen Kriegführung schon lange Sorge bereitete, um einen Separatfrieden. Er erlangte ihn erst, als er die Österreicher unter Karl von Lothringen, einem Schwager Maria Theresias, am 17. Mai 1742 bei Chotusitz (etwa 80 Kilometer östlich von Prag) zum Kampfe stellen und entscheidend schlagen konnte. Im Juni kam es unter englischer Vermittlung zum Präliminarfrieden von Breslau und am 28. Juli zum Frieden von Berlin, mit dem Preußen Schlesien mit der Grafschaft Glatz, aber ohne Jägerndorf und Troppau zugesprochen erhielt. Friedrich hatte den Friedensschluß dringend nötig; der Kriegsschatz war so weit zusammengeschmolzen, daß er einen weiteren Feldzug aus eigenen Mitteln nicht mehr hätte finanzieren können.

Mit dem Ausscheiden Preußens aus der Koalition war Österreich den gefährlichsten seiner Gegner losgeworden. Böhmen konnte zurückgewonnen werden – im Dezember 1742 fiel Prag –, und Bayern blieb vorerst in der Hand der Habsburger. Der Wittelsbacher Kaiser Karl VII. war in einer hoffnungslosen Lage. Hinzu kam, daß England, bisher schon durch Subsidienzahlungen für Wien an der Auseinandersetzung beteiligt, mit einer aus Engländern, Hannoveranern, Hessen und Niederländern gebildeten »Pragmatischen Armee« in die Kämpfe eingriff und am 27. Juni 1743 bei Dettingen am Main (zwischen Hanau und Aschaffenburg) über die Franzosen unter dem Herzog von Noailles einen vollständigen Sieg davontrug. England nötigte Maria Theresia zum Bündnis mit Savoyen, das wiederum im Rücken Frankreichs Unruhe stiften sollte, während es sich selbst, um die habsburgische Sache nicht zu sehr zu fördern, wieder vom deutschen Kriegsschauplatz zurückzog.

Der Plan König Friedrichs, den nach Dettingen neutralisierten Kaiser mit säkularisiertem Reichskirchenbesitz auszustatten und auf der Grundlage einer Reichsassoziation ein Reichsheer zu schaffen, das in der preußischen Armee seinen festen Kern haben sollte, scheiterte an der Autorität des Hauses Habsburg im Reich und dem hier in den letzten hundert Jahren stark gewachsenen Widerwillen gegen Frankreich. Preußen war vollständig isoliert, was durch den im Dezember 1743 erfolgten Abfall Sachsens, das durch die Erwerbung schlesischer Gebiete die langersehnte Landbrücke nach Polen zu gewinnen hoffte, nur unterstrichen wurde. Frankreich, nach dem Tode Fleurys im Januar 1743 politisch geradezu gelähmt, suchte nun den Rest seines europäischen Ansehens zu retten. Es schloß im Herbst 1743 mit Spanien den Zweiten bourbonischen Familientraktat ab, versprach Kaiser Karl Geld und Truppen und schenkte Preußenkönig Friedrich Gehör. Dieser, besorgt um seine deutsche Stellung im allgemeinen und seine schlesischen Gewinne im besonderen, wußte in Ludwig XV. auf dem Wege über dessen Mätresse, die Herzogin von Châteauroux, für einen Moment den Kriegsgeist des Urgroßvaters zu entzünden. Am 5. Juni 1744 wurde ein Kriegsbündnis unterzeichnet.

Bald darauf drangen französische Truppen in die österreichischen Niederlande ein, worauf Maria Theresia ein von Karl von Lothringen geführtes Heer an den Oberrhein schickte, das, von den Elsässern mit Freudenfeuern begrüßt, in die dem Reiche entfremdete Westmark vorstieß. Im Vertrauen darauf, daß die Franzosen den Österreicher links des Rheins festhalten würden, brach Friedrich, der sein Heer und den Staatsschatz seit Sommer 1742 nach Kräften aufgefrischt hatte, Anfang August 1744 in Böhmen ein. Aber Karl von Lothringen konnte sich von den Franzosen lösen, da Ludwig XV. in seinem Hauptquartier in Metz schwer erkrankte und infolge der von seinem Beichtvater empfohlenen Entfernung seiner Mätresse vollkommen versagte. Friedrich konnte zwar Mitte September noch Prag einnehmen, wurde dann aber durch die herankommenden Österreicher, ohne daß diese sich zur Schlacht gestellt hätten, nach allen Regeln der methodischen Kriegführung der Zeit aus Böhmen herausgedrängt; Proviantwagen blieben auf den vom Herbstregen aufgeweichten Wegen stecken, die einheimische Bevölkerung verhielt sich feindselig, und zahllose Soldaten nutzten die militärische Verlegenheit des Königs zur Fahnenflucht. Statt, wie geplant, gemeinsam mit den französischen Verbündeten auf Wien zu marschieren, langte Friedrich zum Jahresende mit einem vollkommen demoralisierten Heer in Schlesien an; von seinen ursprünglich 80.000 Mann waren nicht weniger als 17.000 desertiert. Die Österreicher besetzten auch das von ihnen vorübergehend freigegebene Bayern wieder, wodurch der nach München zurückgekehrte Kaiser in Gefangenschaft zu geraten drohte. Wie wenn er vor dieser größten Demütigung seines an Entwürdigungen so reichen Kaisertums bewahrt werden sollte, verstarb er am 20. Januar 1745, worauf Bayern im April mit dem Frieden von Füssen unter Verzicht auf alle Erbansprüche aus dem Kriege ausschied.

Während Österreich aufgrund einer neuen Allianz mit den Seemächten in den Genuß eines Subsidienstromes kam, wußte Friedrich nicht, wie er den bevorstehenden Kampf, bei dem es ums Ganze gehen mußte, finanzieren sollte; vergeblich versuchte er, Emden, das er im Jahre zuvor mit ganz Ostfriesland geerbt hatte, an England oder die Niederlande zu verkaufen. Kabinettsminister von Podewils erhielt die Anweisung, im Notfalle den Hof, den Silberschatz und das Archiv hinter den Festungsmauern von Spandau in Sicherheit zu bringen. Ein verzweifelter letzter Widerstand von den kurmärkischen Landesfestungen aus rückte in den Bereich des Möglichen.

Da ergoß sich am Abend des 3. Juni 1745 eine aus 70.000 Österreichern und Sachsen bestehende Heeresmasse über den Landeshuter Paß in den weiten schlesischen Raum hinein. Ihr Feldherr, Karl von Lothringen, hatte aus der Tatsache der unbesetzten Gebirgspässe auf eine vollständige Entmutigung des Feindes geschlossen. Der König, der ihn in seinem Hauptquartier in Schweidnitz erwartet hatte, beschloß, sofort anzugreifen. Er ließ zur Täuschung des Gegners seine Wachtfeuer brennen, führte sein 60.000 Mann starkes Heer in einem anstrengenden Nachtmarsch an die feindlichen Truppen heran und griff sie im Morgengrauen des nächsten Tages bei Hohenfriedeberg (im späteren Kreis Jauer) überraschend an. Dieses Mal zeigte sich die preußische Kavallerie der österreichischen überlegen. Der siegesgewisse Lothringer unterlag mit schweren Verlusten und zog sich nach Böhmen zurück. Es war fast wie ein Wunder. Der König hatte nach den verheerenden Folgen des Rückzuges aus Böhmen die Verluste ausgleichen, sein Heer wieder zu einer Einheit zusammenschweißen und seinen Offizieren neues Vertrauen zu ihm wie zu sich selbst einflößen können. Die Nachricht von der Schlacht bei Fontenoy an der Schelde, in der die Franzosen unter Graf Moritz von Sachsen, einem illegitimen Sohn Augusts des Starken, einen glänzenden Sieg über die Österreicher erfochten hatten, war ihnen eine große Ermutigung gewesen.

Trotz seines spektakulären Sieges kam Friedrich nicht zum ersehnten Friedensschluß; die feindliche Armee war nicht vernichtet worden, und Maria Theresia hielt unerschütterlich an der Hoffnung fest, Schlesien zurückgewinnen zu können. Da geriet Friedrich am 30. September im Zuge der Verfolgung des Gegners durch eigene Unvorsichtigkeit bei Soor (am südlichen Sudetenausgang) in einen Hinterhalt. Alles schien verloren. Doch mit einer Kaltblütigkeit ohnegleichen wußte er die drohende Niederlage in eine Schlappe der Angreifer zu wenden. Aber auch das reichte noch nicht, um die tief erbitterte Habsburgerin zum Nachgeben zu bewegen, zumal Rußland Anstalten machte, gegen Preußen marschieren zu lassen. Österreich und Sachsen beschlossen, in die Mark Brandenburg einzufallen; Friedrich, der seinerseits Sachsen angreifen wollte, schlug den heranrückenden Österreichern zugeteilte sächsische Einheiten an der schlesisch-sächsischen Grenze bei Katholisch-Hennersdorf (im späteren Kreis Lauban) und behinderte damit den gegnerischen Aufmarsch erheblich, während er dem 69jährigen Fürsten Leopold von Anhalt-Dessau den Befehl gab, von Halle her nach Sachsen einzudringen. Er sollte die sächsischen Truppen vor ihrer Vereinigung mit den Österreichern schlagen. Da der »Alte Dessauer« mit großer Bedächtigkeit zu Werke ging, fürchtete der ungeduldige König schon, der Fürst werde die rechte Stunde versäumen. Doch der erfahrene Feldmarschall war ganz Herr der Lage und schlug am 15. Dezember 1745 mit seinen 22.000 Mann 25.000 Sachsen, die sich zur Deckung Dresdens auf den vereisten Kesselsdorfer Höhen (im heutigen Kreis Freital) verschanzt hatten, so nachhaltig, daß der österreichisch-sächsische Feldzugsplan hinfällig und der Weg zum Friedensschluß frei war. Als König Friedrich am übernächsten Morgen auf dem Schlachtfeld mit dem Fürsten zusammentraf, sprang er vom Pferd, ging auf ihn zu, umarmte ihn und bat für seine Ungeduld um Nachsicht. In dem zwei Tage später besetzten Dresden wurde schon zu Weihnachten Frieden geschlossen. Friedrich behauptete Schlesien und erkannte die am 13. September zu Frankfurt a. M. erfolgte Wahl des Gatten Maria Theresias, Franz Stephans von Lothringen, zum Kaiser an. Bei seiner Rückkehr aus dem Felde ist seinem Namen erstmals von preußischen Untertanen das Prädikat »der Große« hinzugefügt worden.

Erstaunliches war geschehen. Aus dem sensiblen, schöngeistigen Prinzen mit musikalischen Neigungen, den auch die Läuterungen der Katte-Tragödie nicht von seinen künstlerisch-literarischen Interessen hatten abbringen können, der in Rheinsberg galante Geselligkeit mit Studien der altrömischen Philosophie, Fénelons, Bayles und der französischen Klassiker verbunden, von hier aus einen brieflichen Austausch mit Voltaire eröffnet hatte, war über Nacht zu einem Kriegshelden geworden. Der Prinz, der noch 1739, anonym, mit einer scharfen Verurteilung Machiavellis hervorgetreten war, gab der Welt schon ein Jahr später ein Beispiel dafür, wie die glaubenslose Machtlehre des Florentiners im aufgeklärten Zeitalter zur Grundlage europäischer Politik werden konnte. Er, von dem alle Welt erwartet hatte, daß er ein Philosoph auf dem Throne sein und einen Musenhof begründen werde, machte Vernunftdenken zum Leitprinzip eines in der Brust des Kronprinzen verborgen gebliebenen kriegerisch-politischen Genius – mit kalter Berechnung, beweglich-biegsamer Verschlagenheit, mit einem bis zu kühner, ja wagehalsiger Improvisation gehenden Initiativgeist und einem moralischer Hemmungen entbehrendnm, rücksichtslosen Interessenstandpunkt.

Schon der Kronprinz war kein sentimentaler »Querpfeifer und Poet«

noch ein verschwenderischer Frauenheld gewesen, wie sein Vater gemeint hatte. Der Gewaltsamkeit Friedrich Wilhelms hatte Friedrich mit einem zähen, unbeugsamen und kraftvollen Selbstbewußtsein widerstanden und dabei eine virtuose Kunst der Verstellung entwickelt. Damit verband sich eine erstaunliche Gemütskälte, die aber tiefe Herzensregungen nicht ausschloß; der Grund seiner Seele »war erfüllt von einem hellen, kalten und harten Licht« (G. Ritter). Und sicher ist auch der Sinn für das Militärische von Anfang an in ihm gewesen; gesperrt hatte er sich gegen das militärische Banausentum in der Umgebung seines Vaters sowie gegen den geistlosen Drill, in dem sich seine soldatische Erziehung so gut wie erschöpft hatte. In den Krisen des Krieges hatte der junge König, der aus seinem Konflikt mit dem Vater die Grenzen seines eigenen Willens kannte, das Engbemessene der Kraft seines Staates am eigenen Leibe zu spüren bekommen. Die jugendliche Ruhmsucht, mit der er das Machtgesetz Preußens ins Unverhüllt-Amoralische gewendet hatte, klärte sich in die uneitle Ruhe des verantwortungsbewußten Staatsmannes ab. Noch nicht ganz Mitte der Dreißig, war der gereifte König mit bereits angegriffener Gesundheit aus dem Kriege heimgekehrt; schon seit langem plagte ihn die Gicht, und 1747 erlitt er sogar einen Schlaganfall mit halbseitiger Lähmung, die sich allerdings bald wieder löste. Es war Zeit, die Werke des Friedens in Angriff zu nehmen. Beim Friedensschluß in Dresden äußerte Friedrich, er gedenke, hinfort keine Katze mehr anzugreifen, es sei denn, er müsse sich verteidigen. Er wolle nur noch für das Glück seiner Untertanen arbeiten und damit seines Lebens froh werden. »Was sind wir armen Menschenkinder, daß wir Projekte schmieden, die so viel Blut kosten? Laßt uns leben und Leben fördern.«

Worin lagen die Beweggründe Friedrichs des Großen? Welche Motive lagen seinem Handeln zugrunde? Während noch Friedrich Wilhelm I. sein Herrscheramt von Gott abgeleitet hatte, besaß für den Sohn eine solche Begründung keine Geltung mehr. Er war ein Kind des aufgeklärten Zeitalters, nicht kirchengläubig, ohne Materialist zu sein, und er erklärte den Fürstenberuf wie die Staatsphilosophie seiner Zeit durch die naturrechtliche Vertragstheorie. Friedrich befand sich in grundsätzlicher Übereinstimmung mit Hobbes, wenn er meinte, der ursprünglich freie, vernunftbegabte Mensch habe aufgrund eines Krieges aller gegen alle eine gesetzmäßige, überindividuelle Gemeinschaft gebildet (Gesellschafts- oder Staatsvertrag) und sich zur Aufrechterhaltung der nun geltenden Gesetze ein mit Macht ausgestattetes Oberhaupt gewählt (Herrschafts- oder Unterwerfungsvertrag). In letzterem sah man den wahren Ursprung der Herrschergewalt. Diese konnte aber nicht schrankenlos sein, weil der Unterwerfungsvertrag für den Herrscher nicht nur Rechte, sondern auch Pflichten enthielt, zu denen eben die Schutzfunktion, der eigentliche Zweck des Vertrages, gehörte. Wie die Unterworfenen einen Anspruch auf diese Gegenleistung und auf – allerdings nur moralische – Verantwortung des Regierenden hatten, waren sie dem Herrscher Gehorsam schuldig, damit er seine Pflichten erfüllen konnte.

Entscheidend war für Friedrich dabei nicht, daß sich auf diese Weise der Staat und das Fürstenamt historisch herleiten ließen; es kam ihm vielmehr darauf an, daß der Herrschaftsvertrag zu einem mit weitgehenden Vollmachten ausgestatteten Auftragsverhältnis zwischen dem Souverän und den Einzelindividuen geführt haben sollte und daß jener als Beauftragter zur Erfüllung der ihm übertragenen Aufgaben verpflichtet war. Darin liegt die Begründung des berühmten Satzes: »Le souverain est le premier serviteur de l'Etat« (»Der Souverän ist der erste Diener des Staates«), den Friedrich in seinem politischen Testament von 1752 niederschrieb. Den in ihm enthaltenen Gedanken hatten schon Fénelon, Bayle und vor ihnen Althusius vertreten, ja er läßt sich bereits in der Antike nachweisen; Friedrich hat ihn aber als erster mit der Pflicht verknüpft, die aus dem Vertragsabschluß erwuchs, und diese rechtliche Bindung als Herrscher in Krieg und Frieden ernst genommen. Daraus folgte für ihn, was für den Vater eine Konsequenz seiner Verantwortung gegen Gott gewesen war: das Prinzip der Selbstregierung. Damit ist das Wesen des aufgeklärten Absolutismus bezeichnet. Nicht das Maß der monarchischen Machtausübung hatte sich gegenüber dem Hochabsolutismus geändert, sondern deren Begründung. An die Stelle des naiven Gottglaubens Friedrich Wilhelms I. war bei dem Sohn die Rechtfertigung durch die Vertragstheorie getreten. Das bedeutete auch die Auflösung der dem Vater noch selbstverständlichen Identität von Staat und König, wie das Wort vom ersten Diener des Staates zeigt. Der Staat war ein abstraktes Gebilde geworden.

Welchen Inhalt gab Friedrich der Große seinen Pflichten gegenüber dem Staat? Es ist das aufklärerische Humanitätsideal gewesen, das das friderizianische Königtum erfüllt hat. Auf die Verwirklichung des Humanitätsgedankens konnten die von der »Gattungsvernunft« erfüllten Vertragsschließenden nicht verzichtet haben; sie mußten vielmehr bestrebt gewesen sein, dieselbe durch den Vertragsabschluß gerade zu verbürgen. Eine von Humanismus getragene gesellschaftliche Ordnung mußte also das Ziel der durch den Gesellschaftsvertrag begründeten staatlichen Gemeinschaft und des durch den Unterwerfungsvertrag bestellten Herrschers sein; beide mußten im Streben nach Humanität ihre sittliche Rechtfertigung finden. Inwieweit aber eine solche Humanisierung in Preußen gelingen konnte, hing davon ab, in welchem Maße die Machtnatur des preußischen Staates dazu Raum gab. Denn der Erfüllung des Gesetzes, nach dem Preußen angetreten, räumte Friedrich unbedingten Vorrang vor der Verwirklichung seiner ideellen Zielsetzungen ein, ja er glaubte, daß diese nur von einem Machtstaate zu verwirklichen seien. Dennoch hat Friedrich sein ganzes Leben dem Ziele gewidmet, »der Staatsräson das Ziel und Maß der allgemeinen menschlichen Vernunft zu geben«. Auch von hierher schien ihm eine monarchische

Selbstregierung geboten. Denn »die innerste Natur seines ganzen groß gedachten Unternehmens, den Machtstaatsgedanken durch die humanitäre Idee zu veredeln und zu reformieren, [erforderte] die gespannte Konzentration und schärfste Aufmerksamkeit eines einheitlichen Willens« (F. Meinecke). Konnte seiner Meinung nach doch Politik wie ein philosophisches System ohnehin nur einem Kopfe entspringen, ganz abgesehen davon, daß nach der Vertragstheorie die Untertanen Anspruch auf die persönlich verantwortliche Entscheidung des Monarchen hatten. »Nur er allein durfte [es] sich zutrauen, den schmalen Gratweg [zwischen dem friedlichen Glücke seiner Völker und der Macht und dem Ruhme seines Staates] zu finden, der beides ermöglichte« (F. Meinecke). Doch hat es Friedrich nicht dabei bewenden lassen, seinen zwangsläufig mangelhaften Dienst am Humanitätsideal einfach mit der Staatsräson zu entschuldigen. Er nahm diese Frage so ernst, daß er immer wieder anhand von einzelnen seiner Entscheidungen seine eigene Haltung in diesem theoretisch nicht zu lösenden Widerstreit durchdachte. Hierbei fand er zu dem Grundsatz, daß er dann gegen die Gesetze der Moral handeln müsse, wenn sie nur auf Kosten des Wohles des Landes zu erfüllen wären; er müsse sich in einem solchen Falle, wie er einmal schrieb, als Philosoph und Ehrenmann dem Staate opfern.

König Friedrich hat über den Staatsgeschäften wie seinem Soldatenleben in Krieg und Frieden stets auch seine geistigen und künstlerischen Neigungen gepflegt. Bei aller trockener Aktenarbeit, ja selbst im Feldlager ist seine Flöte nicht verstummt, ließ er in der Lektüre großer Dichter und Philosophen niemals nach, verdichtete er seine Gedanken zu Versen von leichter Anmut oder pathetischer Würde. Gerade wenn große Entscheidungen anstanden, suchte er im Reiche des Geistes Entspannung und Sammlung. Auch das Interesse an Bauten blieb wach. Freilich sind seine Baupläne für Berlin nur in beschränktem Umfange Wirklichkeit geworden.

Vom Forum Fridericianum, das er einst mit seinem Freunde, dem schlesischen Offizier, Architekten und Maler Georg Wenzeslaus von Knobelsdorff, von altrömischen Vorbildern inspiriert, entworfen hatte, ist nur das Opernhaus – bereits zwischen 1741 und 1743 – zur Ausführung gekommen. An die Stelle eines königlichen Stadtpalastes, der den Schlüterschen Schloßbau an Ausmaß und architektonischer Prachtentfaltung in den Schatten stellen sollte, trat ein bescheidenes Stadtpalais für den Prinzen Heinrich, den zweitältesten Bruder des Königs, und statt eines Akademiegebäudes entstand erst in den späten siebziger Jahren ein nicht allzu anspruchsvoller Bibliotheksbau. Ein Stück des für das Forum reservierten Baugrundes stiftete der König nach der Aufgabe des großen Planes seinen katholischen Untertanen, deren Zahl sich mit dem Gewinn Schlesiens erheblich vermehrt hatte, zum Bau einer Kirche. Für diese stellte er auch die Baumaterialien bereit und zeichnete nach dem Vorbild des Pantheons in Rom sogar den Plan. Es entstand die St. Hedwigskirche, der erste katholische Kirchenbau in der Mark Brandenburg seit der Reformation. Sie ist, nach der Zerstörung im Zweiten Weltkrieg wiedererstanden, zu einem Denkmal der Toleranz des Königs geworden, der jeden »nach seiner Façon selig« werden lassen wollte. Toleranz war ihm als Produkt nicht nur seines Staatsutilitarismus und seiner religiösen Gleichgültigkeit, sondern vor allem seines Humanitätsideals von großer Bedeutung. Da mußte sogar die Akademie der Wissenschaften, die bisherige Sozietät, zurückstehen und sich schon glücklich schätzen, als ihr der König im ersten Stock des Marstallgebäudes Räumlichkeiten zuwies.

Gleichwohl darf Friedrich der Große als Neubegründer der Akademie gelten. Er hat die Königliche Sozietät aus der Unwürdigkeit befreit, in die sie durch die prosaische Gesinnung seines Vaters geraten war. Dem Neuanfang, an dem sich Gelehrte, Minister, Hofmänner und Offiziere, auch Angehörige der französischen Kolonie beteiligten, folgte unter der Präsidentschaft des französischen Naturwissenschaftlers und Philosophen Pierre Louis de Maupertuis ein rascher Aufstieg. Als Aufgabe stellte dieser der Akademie »anziehende Belehrung, Gedankenfreiheit, die Vernichtung der Barbarei und des Aberglaubens, Weckung der Kritik und der Phantasie und die Hineintragung der Vernunft und der Gerechtigkeit in das öffentliche Leben«. Der König, der dieses Programm auf die Erforschung der Wahrheit und die Pflege der Ideale begrenzte, fühlte sich zeit seines Lebens als einfaches Mitglied der »Académie Royale des Sciences et Belles Lettres« und beteiligte sich an ihrer Arbeit mit Abhandlungen und Reden. Seine Sprache war wie die der Akademie ausschließlich das Französische. Entsprechend den Zielen der Aufklärung nicht nur der Fachgelehrsamkeit gewidmet, hat die Akademie bald auf das gebildete Publikum ganz Norddeutschlands gewirkt und es zur Auseinandersetzung mit den Fragen der Zeit angeregt. In Berlin wurden Beziehungen zur Ritterakademie geknüpft, die der höheren Ausbildung der Offiziere diente, und zum Collegium Medicum, einer mit der Charité eng verbundenen medizinischen Fachschule, an der die Mediziner der Akademie Vorlesungen hielten.

Der König selbst hielt sich, wie der Vater dem Prinzip der »Regierung aus dem Kabinett« folgend, von seiner Haupt- und Residenzstadt fern. Aber in Rheinsberg, der Stätte seiner letzten Kronprinzenjahre, hatte er wegen der zu großen Entfernung von Berlin und den Regierungskollegien nicht bleiben können; in Charlottenburg, auf das zunächst die Wahl des jungen Königs bei seiner Suche nach einem Residenzort gefallen war – weshalb Knobelsdorff dem dortigen Schloß in den Jahren 1740 bis 1743 den kostbaren Ostflügel mit der von Nahl und Pesne gestalteten Goldenen Galerie hinzufügte –, fühlte er sich indessen dem Hofe und den Diplomaten allzu nahe. So ist das 1745 bis 1747 von Knobelsdorff nach Skizzen Friedrichs geschaffene Schloß Sanssouci bei Potsdam das Domizil seiner Friedensjahre geworden. Hier nahm er seine Rheinsberger Studien wieder auf, hier sammelte er einen literarischen Freundeskreis, die »Tafelrunde von Sanssouci«, um sich, der zwischen 1750 und 1753 auch Voltaire angehörte. Dieser hat in der Nähe des Königs sein zweites historiographisches Hauptwerk »Le siècle de Louis XIV« vollendet und auf seinen ganz in der französischen Kultur lebenden Gastgeber eine starke geistig-literarische Anziehung ausgeübt. Er ist von diesem auch als Ratgeber in Fragen der eigenen schriftstellerischen Produktion und als Stilkorrektor gebraucht worden. Weniger schätzte der König die menschliche Seite des großen Franzosen; wegen einer von diesem verfaßten Schmähschrift auf Maupertuis kam es zum Bruch.

Friedrich schrieb damals die die Jahre der schlesischen Kriege behandelnde »Histoire de mon Temps«, ein zeitgeschichtliches Werk, dem Bücher gleichen Charakters folgen sollten: die »Histoire de la guerre de sept ans« und die »Memoires depuis la paix de Hubertusbourg jusqu' à la paix de Teschen«. Es handelt sich hierbei nicht um Lebenserinnerungen, sondern um Darstellungen, die dem Bedürfnis des Königs entsprachen, die Abschnitte seiner Regierung zur Belehrung der Politiker und Soldaten der Nachwelt zu schildern. Von Taten, aber auch Fehlern und Versäumnissen ist die Rede, wobei die Neigung des Autors zu Satire und Bosheit starken Ausdruck findet. Mit Klarheit und Lebendigkeit der Darstellung verband er naturgemäß höchste politische und militärische Sachkunde. Als Geschichtsschreiber seiner Zeit gab der große König seine Staats- und Kriegslehre. »Der beseelende Antrieb dieser Studien ist die Hoffnung, das ewig flüssige Element der Politik gewissermaßen zu verfestigen, durch geschichtliche Erfahrung beherrschbar zu machen, aus der Sphäre des Ungewissen, des Zufalls in den Bereich rationaler Berechnung zu erheben« (G. Ritter).

Friedrich der Große umgab sich in Sanssouci ausschließlich mit Männern, lebte hier in einer klosterähnlichen Atmosphäre, die zu dem heiteren Rokokoschmuck seines Sitzes nicht so recht passen wollte. Es fehlte vor allem die Hausfrau, die, in Rheinsberg noch in seiner Nähe, nun in Schloß Schönhausen (heute Berlin-Pankow) residierte und ihrem Gatten nur noch in der Unverbindlichkeit der winterlichen Hoffeste in Berlin begegnete. Das Geschlechtsleben Friedrichs scheint sich zwar durch keinerlei Abnormitäten ausgezeichnet zu haben; jedoch ist die erotische Seite seiner Natur nur schwach ausgebildet gewesen, was nicht allein in körperlicher, sondern auch in seelischer Hinsicht galt. Die Ansicht, der König sei homosexuell gewesen, hat in Voltaire ihren prominentesten Vertreter und scheint auch, soweit sie von anderer Seite geäußert wurde, auf ihn zurückzugehen; ein Nachweis für die Richtigkeit dieser Behauptung ist nicht erbracht worden. In den Beziehungen des »Philosophen von Sanssouci« herrschte der Wunsch nach geistiger Anregung und gedanklichem Austausch vor. Esprit stand ihm über dem Gemüt oder gar den Bedürfnissen des Körpers.

Aber geistvolle Tischgesellschaften, das Spielen der geliebten Flöte (es war bezeichnenderweise nicht die seelenvollere Violine), das weitgehend sentimentfreie Komponieren sowie das stille Arbeiten über Büchern und Manuskripten standen nur im Hintergrund des königlichen Lebenslaufes; den Vordergrund nahmen die Staatsgeschäfte und die Pflege des militärischen Apparates ein. »Friedrich war kein Philosoph auf dem Thron, sondern ein König, der der Philosophie bedurfte, um sich seiner Menschlichkeit bewußt zu werden« (G. Ritter).

Auch nach der Eroberung Schlesiens, das die Bevölkerung Preußens von zweieinhalb auf rund vier Millionen Köpfe ansteigen ließ und an finanziellen Überschüssen die Hälfte dessen erwirtschaftete, was alle übrigen preußischen Provinzen zusammen erbrachten, konnte sich Friedrich der Große nicht beruhigt zurücklehnen. Sein Staat war in vielerlei Beziehung unfertig. Zudem ließen ihm seine Gegner, die durch die Behauptung Schlesiens auf das äußerste herausgefordert waren, keine Zeit. Denn kaum hatte Friedrich im Aachener Frieden von 1748 den Besitz dieses Gewinns noch einmal bestätigt bekommen, da arbeitete Österreich schon auf eine Revanche und eine Zerschlagung der preußischen Macht hin. Dem kam eine von persönlicher Feindschaft der Zarin Elisabeth gegenüber Friedrich genährte Kriegsbereitschaft Rußlands entgegen. Dieses wollte sich mit der Zunahme des machtpolitischen Gewichtes Preußens in Mittel- und Osteuropa nicht abfinden (das durch die Heirat Ulrike Eleonores, einer Schwester Friedrichs, mit dem schwedischen Thronfolger noch vermehrt zu werden schien); schon seit 1746 bestanden vertragliche Abmachungen mit Österreich. Die Friedensarbeit des Königs war von einem neuen Krieg bedroht.

Doch mit Rußland allein mochte Maria Theresia, die ihren Staat einschneidend reformieren und seine militärische Kraft fortlaufend verstärken ließ, den Kampf nicht wagen. Unter dieser Voraussetzung hat dann der österreichische Gesandte in Versailles, Wenzel Anton Graf von Kaunitz, der unausweichlichen Auseinandersetzung mit einem hellsichtig auf den weltpolitischen Verhältnissen aufbauenden Plan vorgearbeitet. Er vertrat die Ansicht, daß einer Koalition, die Preußen zum Verderben werden solle, auch Frankreich angehören müsse und daß es entgegen dem ersten Augenschein durchaus auf die Seite Wiens gezogen werden könne. Aufgrund einer tiefdringenden Analyse war Kaunitz nämlich zu dem Schluß gekommen, daß der traditionelle Gegensatz zwischen Habsburg und Bourbon, der für sich schon infolge des Verfalls der kaiserlichen Stellung im Reich im 18. Jahrhundert an Schärfe verloren hatte, längst von dem großen überseeischen Konflikt zwischen England und Frankreich überlagert werde und daher keine unumstößliche Größe der europäischen Politik mehr sei. Freilich kam Österreich auf seinem Wege vorerst nicht so recht voran. Da gelang es England, auf der Grundlage von Subsidienzahlungen zur Sicherung Hannovers gegen Frankreich und Preußen russische Truppen zu gewinnen. Das aber alarmierte König Friedrich, der nun die im Österreichischen Erbfolgekrieg infolge innerrussischer Probleme zu seinem Glück nicht zustande gekommene Koalition England–Österreich–Rußland als tödliche Drohung vor sich sah. Daher schloß er am 16. Januar 1756 mit England die Konvention von Westminster, in der die Vertragschließenden für den Fall des Übergreifens der englisch-französischen Auseinandersetzungen auf den Kontinent eine Neutralisierung Deutschlands garantierten, womit der König nach seinen eigenen Worten den russischen Bären an die Kette gelegt zu haben meinte. Wenn darin schon eine Unterschätzung des russischen Kampfwillens lag, so hatte Friedrich vor allem in ganz fataler Weise verkannt, wie tief der Graben war, den der kolonial- und handelspolitische Konflikt zwischen Frankreich und England aufgerissen hatte. Kaunitz, seit 1753 österreichischer Staatskanzler, war der Weg bereitet. Denn in Versailles hatte man die Nachricht vom Abschluß der Konvention Friedrichs mit dem Todfeinde mit großer Erbitterung aufgenommen; die Treulosigkeit des preußischen Königs schien sich wieder einmal zu bestätigen.

Sehr bald, schon am 1. Mai 1756, kam es nach Verhandlungen der Österreicher mit dem Abbé Bernis, einem Günstling der »leitenden Mätresse« des Königs, Madame de Pompadour, zum Abschluß eines österreichisch-französischen Defensivbündnisses. Die Franzosen wollten zwar weder an einem Angriff auf Preußen mitwirken noch sich mit einer »destruction totale de la Prusse« (die das Machtgleichgewicht im deutschen Raume zerstört hätte) einverstanden erklären; im Falle eines preußischen Angriffs aber sollte Maria Theresia mit einem kleinen Kontingent französischer Truppen unterstützt werden. Natürlich war Kaunitz bestrebt, Frankreich noch enger an Österreich zu binden, während Friedrich der Große, über die diplomatischen Kriegsvorbereitungen seiner Gegner orientiert und durch Nachrichten über russische und österreichische Rüstungen alarmiert, beschloß, die übermächtige Koalition im Augenblick ihrer Entstehung anzugreifen. Nur so konnte er hoffen, die lebensgefährliche Umklammerung Preußens noch aufbrechen zu können. Sofort wollte er losschlagen, zumal seine Gegner, wie er erfahren hatte, infolge unzureichender österreichischer Rüstungen und der noch nicht abgeschlossenen Verhandlungen mit Frankreich den Angriffstermin auf das Jahr 1757 hatten verschieben müssen.

Doch konnte Friedrich seinen Vorsprung nicht nutzen. Wohl überschritt sein Heer Ende August 1756 nach zwei Anfragen betreffend die österreichischen Rüstungen (der dann noch eine dritte folgte) die sächsische Grenze, um die strategische Ausgangsposition für ein militärisches Vorgehen gegen Österreich einzunehmen; doch hatte er bis Mitte Oktober zu tun, bis Sachsen (das er für seinen »heimlichsten und erbittertsten Feind« hielt und ohne Kriegserklärung angegriffen hatte) kapitulierte. Die daraufhin vom König angeordnete Einreihung der Mannschaften der sächsischen Verbände in einer Stärke von 20.000 Mann in das preußische Heer sollte ihm kein Glück bringen; sie erwiesen sich als höchst unzuverlässig. Statt gegenüber der feindlichen Koalition in Vorteil zu kommen, leistete der König mit seiner sächsischen Invasion einen Beitrag zu deren Festigung. Denn nun schmolzen am Versailler Hof die Hindernisse dahin, die bisher noch einer Offensivallianz gegen Preußen entgegengestanden hatten, zumal die von Kaunitz als Siegespreis in Aussicht gestellten österreichischen Niederlande lockten und sich die Möglichkeit zu eröffnen schien, Hannover zu erobern. Am 1. Mai 1757 kam man mit dem Abbé Bernis zum Abschluß; damit verstand sich Frankreich nicht nur zur Rückgewinnung Schlesiens durch Österreich, sondern auch zur vollständigen Zertrümmerung Preußens. Befördert worden war das Offensivbündnis dadurch, daß die Engländer auf Initiative William Pitts kurz zuvor beschlossen hatten, zusammen mit Preußen Frankreich auch auf dem europäischen Kontinent nachdrücklich zu bekämpfen.

Schon am 2. Februar 1757 war es zum Abschluß eines österreichisch-russischen Offensivpaktes gekommen, der ebenfalls die Vernichtung Preußens zum Ziele hatte. Schweden (wo die Schwester Friedrichs des Großen und ihr Gemahl jetzt gegenüber den Ständen ohne Einfluß waren) sowie das Deutsche Reich vervollständigten den Ring der Gegner Preußens. Sie verfügten über eine Streitmacht von über 380.000 Mann, während der König von Preußen dem nur etwas mehr als 140.000 Mann entgegenzustellen hatte. Der König wußte, daß es um Sein oder Nichtsein gehen würde; er traf Verfügungen für den Fall des Eindringens seiner Feinde in die Mark und ordnete an, daß er, wenn er in Gefangenschaft geraten sollte, durch keinerlei Zugeständnisse auf Kosten des Staates befreit werden dürfe. Das Staatsinteresse sollte auch über der Person des Königs stehen.

Im Frühjahr 1757 rückten die preußischen Streitkräfte in zwei Heersäulen von Sachsen her in konzentrischer Bewegung nach Böhmen ein, um die Schlacht mit der hier versammelten Hauptmacht der Österreicher zu suchen und durch einen Erfolg deren Verbündete zu beeindrucken. Der kühne Plan war einer Zusammenarbeit zwischen dem Generaladjutanten des Königs, Hans Karl von Winterfeldt, dem Feldmarschall Graf Schwerin und dem König selbst entsprungen, der zunächst hatte in der Defensive verharren wollen. Die preußischen Armeen drängten den überraschten Gegner auf Prag zurück, wo es am 6. Mai zu einer blutigen Schlacht kam. Der Sieg der preußischen Waffen wurde mit 18.000 Toten (die Österreicher beklagten 15.000 Opfer) bezahlt. Der König verlor hier auch den 73jährigen Schwerin; er wurde bei dem Versuch, mit der Fahne in der Hand den wankenden rechten Flügel der Angriffstruppen voranzubringen, von fünf Kartätschenkugeln durchlöchert. Die Geschlagenen wurden in Prag eingeschlossen und belagert, während eine zweite österreichische Armee unter Feldmarschall Graf Daun heranzog, die Friedrich in der vorschnellen Hoffnung, einen zweiten Sieg zu erringen und damit den Belagerten jede Hoffnung zu nehmen, am 18. Juni bei Kolin (östlich von Prag) mit unzureichenden Kräften angriff und dabei unterlag. Am Ende in hoffnungsloser Lage, hat der König persönlich mit 40 Mann des Regiments Anhalt seine Truppen zu einem erneuten Vorgehen mitzureißen versucht, so daß ihm ein englischer Major zurief: »Aber Sir, wollen Sie die Batterie allein erobern?«

Die Konsequenzen der Niederlage waren schwerwiegend: Böhmen mußte geräumt werden. Ein Teil der preußischen Kräfte zog sich unter dem Befehl Friedrichs in Richtung Sachsen zurück; die andere Hälfte der Armee wurde der Führung des Prinzen August Wilhelm, des ältesten Bruders des Königs, anvertraut, der mit ihr Schlesien gegen die Österreicher decken sollte. Doch der Prinz versagte; er ließ sich vom Gegner das Gesetz des Handelns aufzwingen und langte schließlich unter schweren Verlusten im Raume Bautzen an. Der königliche Bruder, von der Nachricht vom Tode der geliebten Mutter tief erschüttert, drängte ihn mit verletzender Schärfe aus dem Heer. »Sie wissen nicht, was Sie wollen, noch was Sie tun. Sie werden stets nur ein erbärmlicher General sein. Kommandieren Sie einen Harem!« schrieb er ihm.

Inzwischen hatte die hannoversche Armee in Norddeutschland vor den Franzosen kapituliert (Juli 1757), die anschließend bis in die Altmark und ins Magdeburgische vordrangen, während die Schweden die Prignitz besetzten und die Russen siegreich in Ostpreußen einfielen (August). Friedensfühler Friedrichs in Richtung Frankreich blieben ohne Antwort. Das Fehlen der staatlichen Einkünfte aus den von feindlichen Heeren durchzogenen Provinzen begann sich schmerzhaft bemerkbar zu machen. Prinz Heinrich hatte nach der Schlacht von Kolin in Beziehung auf den königlichen Bruder, dessen militärischen Wagemut er stets kritisierte, an seine Schwester Amalie geschrieben: »Phaëton ist gefallen; wir wissen nicht, was aus uns werden soll.« Und als Anfang September bei Moys auf dem rechten Neiße-Ufer (im späteren Stadtkreis Görlitz) ein preußisches Korps durch die Österreicher aufgerieben worden (und General von Winterfeldt gefallen) war, ließ der britische Gesandte am preußischen Hof, Andrew Mitchell, seine Regierung in London wissen: »Der Untergang des Hauses Brandenburg ist wahrscheinlich; damit fällt die Freiheit der Menschheit zu Boden.« Der König war der Verzweiflung nahe, der Gedanke an den Freitod eine Versuchung. Aber er bewies schließlich Standhaftigkeit: Ihm war es nicht erlaubt, sich aus dem Leben wegzustehlen und damit den Staat seinem Unglück zu überlassen. Er durfte sich auch nicht durch billigen Verzicht, zu dem Prinz Heinrich und Voltaire rieten, herauszuretten suchen. Friedrich beharrte, ohne die nüchterne Einsicht in die militärische Lage zu verlieren.

Da zog eine zweite französische Armee unter dem Prinzen Soubise mit der Reichsarmee gegen Mitteldeutschland und zielte auf Sachsen, wo König Friedrich stand. Dieser raffte 20.000 Mann zusammen und griff den Gegner, der über 50.000 Mann verfügte, am 5. November 1757 bei Roßbach (im heutigen Kreis Merseburg) überraschend an. In einer Stunde waren die gegnerischen Truppen in alle Winde zersprengt. Die Kavallerie unter General Friedrich Wilhelm von Seydlitz hatte an diesem glänzenden Sieg einen hervorragenden Anteil. Der Preußenkönig war mit einem Schlag in ganz Deutschland populär, zumal er das Reich, das nach dem Geschmack der Zeit durch sein Bündnis mit Frankreich seiner Geschichte unwürdig geworden war, der Lächerlichkeit preisgab. Friedrich wurde in Thüringen als protestantischer Held nach der Art des Schwedenkönigs Gustav Adolf umjubelt. Aber es gab kein Verweilen. Nachdem schon infolge des Treffens von Moys die Lausitz hatte geräumt werden müssen, drohte Schlesien gänzlich verlorenzugehen. Im Eiltempo kam der König heran und wagte am 5. Dezember bei Leuthen (westlich von Breslau) mit 35.000 Mann den Kampf gegen eine doppelt so starke österreichische Armee unter Karl von Lothringen – und gewann. Dabei kam es zu einer besonders gelungenen Anwendung der von Friedrich entwickelten Methode der sogenannten schiefen Schlachtordnung, die das Zurückhalten des einen und die Verstärkung des anderen Flügels der Angriffsfront vorsah, um mit diesem das gegenüberliegende Frontstück des Feindes einzudrücken, zu umfassen und dann die ganze feindliche Linie aufzurollen.

Nach Napoleons Ansicht gelang dem König bei Leuthen ein Meisterstück, das allein genügt hätte, um seinen Namen unsterblich zu machen. In der Abenddämmerung des Schlachttages sangen die preußischen Soldaten den Choral: »Nun danket alle Gott!« Die Österreicher entwichen über die böhmische Grenze, und Schlesien war (bis auf Schweidnitz) wieder in preußischer Hand.

Überhaupt gab die Lage Preußens am Ende des Jahres 1757 wieder zu Hoffnung Anlaß. Die Russen waren – wenn auch ohne preußisches Verdienst – aus Ostpreußen abgezogen, und auf dem westlichen Kriegsschauplatz hatten die Engländer in der Erkenntnis der Gefahr, die ihrer kontinentalen Stellung mit dem Untergang Preußens drohte, für eine Besserung gesorgt. Sie hatten Herzog Ferdinand von Braunschweig zum Oberbefehlshaber der im Westen operierenden verbündeten Armee berufen, einen Schwager Friedrichs, der als ein selbständiger und standfester Feldherr dem König für den ganzen weiteren Verlauf des Krieges die westliche Flanke wirkungsvoll gedeckt hat. Im April 1758 schlossen die Engländer mit Preußen ein Abkommen, in dem diesem Subsidienzahlungen zugesichert wurden, wogegen der König versprechen mußte, nur im gegenseitigen Einvernehmen Frieden zu schließen. Die Erschöpfung der Staatsfinanzen setzte dem König enge politische Grenzen.

Im Jahre 1758 glaubte der preußische König wieder frei genug zu sein, um Wien unmittelbar bedrohen und somit möglicherweise einen Friedensschluß erzwingen zu können. Sein Weg sollte wie 1742 durch Mähren führen. Aber der Angriff scheiterte bereits an der Belagerung von Olmütz. Zudem war der König gezwungen, den Russen entgegenzutreten, die über Ostpreußen (das für den Rest des Krieges verlorenging) in die Neumark vorgedrungen waren; eine Vereinigung mit den Österreichern drohte. Bei

Zorndorf (im späteren Kreis Königsberg/Neumark) stellte Friedrich am 25. August das Heer der Zarin zur Schlacht. Die preußischen Soldaten mußten bis an die Grenze ihres Leistungsvermögens kämpfen; die Rettung brachten Seydlitz und die Kavallerie. Man wußte aber nicht, was der nächste Tag bringen würde, zumal es an Munition fehlte. Doch die Russen zogen wieder ab, und die Neumark war frei. Friedrich wendete sich nach der Lausitz, wo es eine preußische Armee unter dem Prinzen Heinrich zu entlasten galt. Er bezog bei Hochkirch (im jetzigen Kreis Bautzen) ein Lager, das den Österreichern, die die umliegenden Höhen besetzt hielten, zu Füßen lag. Das Verharren hier hatte zwar den Sinn, die beabsichtigte Marschrichtung Schlesien nicht zu verraten; das ändert aber nichts daran, daß der König, der Daun, die »dicke Exzellenz von Kolin«, wie er ihn nannte, erheblich unterschätzte, damit ein unkalkulierbares Risiko einging. Und Daun griff dann tatsächlich in den frühen Morgenstunden des 14. Oktober 1758 das preußische Lager an. Die Preußen unterlagen und verloren den größten Teil ihrer Artillerie; unter den mehreren tausend Gefallenen befand sich auch der zum Freundeskreis des Königs zählende Feldmarschall Jakob Keith, an den ein marmornes Epitaph hinter dem Altar der Kirche zu Hochkirch erinnert. Vor dem Überfall der Österreicher soll er in Beziehung auf diese zum König gesagt haben: »Lassen sie uns hier in Ruhe, so verdienen sie gehängt zu werden.« Darauf Friedrich: »Wir müssen hoffen, daß sie sich mehr vor uns als vor dem Galgen fürchten.«

Trotz dieses österreichischen Erfolges konnte die Lage Preußens am Ende des Jahres 1758 als halbwegs stabilisiert gelten. Um so mehr schmerzte Friedrich der Tod seiner Lieblingsschwester Wilhelmine, der Markgräfin von Bayreuth, die am Tage von Hochkirch gestorben war. »Nicht der Verlust einer Schlacht vermag einen Kriegsmann und Kapitän zu erschüttern«, so klagte Friedrich seinem Vorleser de Catt, »aber der Tod einer Schwester ist unwiderruflich.«

In einer großen Anstrengung, in einer offensiven Kriegführung, die die Grenzen der Kriegskunst der Zeit sprengte, hatten sich die preußischen Kräfte verbraucht. Mit dem Ende des Jahres 1759 sollten es 33 Generale sein, die im Kampf gefallen waren, während man auf österreichischer Seite lediglich den Schlachtentod des Generals Browne beklagte. Das Offizierskorps insgesamt hatte unersetzliche Verluste erlitten, und die Infanterie war nicht mehr die alte. Die materiellen Hilfsmittel drohten zu versagen. Der König, der von Koliken und Gichtanfällen gequält wurde und nur noch in der Heldendichtung Racines Trost fand, mußte sich mit dem Beginn des Jahres 1759 auf die Defensive beschränken.

Da auch die Österreicher, die ebenfalls an Erschöpfungserscheinungen litten, keinerlei Initiative zeigten, ruhte der Kampf in der ersten Hälfte des Jahres weitgehend. Erst als die unverändert kriegseifrigen Russen im Juli zur Oder vorstießen, kam wieder Bewegung ins Kriegsgeschehen. König

Friedrich trat ihnen entgegen, ohne ihre Vereinigung mit den Österreichern unter General Laudon verhindern zu können. Bei Kunersdorf, 15 Kilometer östlich von Frankfurt a. O., kam es am 12. August zum Kampf, in dem Friedrich seine Unterlegenheit an Kräften (53.000 zu 70.000 Mann) durch rücksichtslosen Einsatz seiner Truppen und seiner eigenen Person wettzumachen suchte. Aber alles war vergebens: Das blutige Ringen endete für die Preußen in einer militärischen Katastrophe; der König, der persönlich mit zwei Bataillonen den Rückzug seiner sich auflösenden Streitmacht zu dekken suchte und dabei in Gefangenschaft zu geraten drohte, wünschte sich den Tod herbei – »Kann mich denn keine verwünschte Kugel treffen!« hörte man ihn sagen. Er, der ständig Gift bei sich trug, hat wie nach Kolin daran gedacht, seinem Leben ein Ende zu setzen; seinem Kabinettsminister von Finckenstein sandte er bereits ein »Adieu für immer!«. Aber er raffte sich wieder auf. Es kam ihm zustatten, daß die durch starke Verluste geschwächten feindlichen Verbündeten, die zudem uneins waren, ihren Sieg nicht auszunutzen vermochten und der erwartete Stoß auf Berlin, der für Preußen der Todesstoß hätte sein können, ausblieb. Schwer fiel der Verlust der für die Versorgung der in Sachsen stehenden Truppen wichtigen Landeshauptstadt Dresden ins Gewicht. Friedensfühler Englands, das auf den nordamerikanischen und den indischen Kriegsschauplätzen ein entschiedenes Übergewicht über Frankreich gewonnen hatte, blieben seitens Österreichs auf russische Veranlassung unbeantwortet.

Das Jahr 1760 brachte für Friedrich trotz seiner Siege bei Liegnitz (15. August) und bei Torgau (3. November), trotz der hohen Menschenopfer (bei Torgau wurden fast 17.000 Preußen getötet oder verwundet) und obwohl er seine eigene Person in der rücksichtslosesten Weise den feindlichen Kugeln ausgesetzt hatte, keine Besserung der Lage. Es mußte ihm daher gelegen kommen, daß nicht nur Frankreich, das inzwischen Kanada und Ostindien verloren hatte und am Ende seiner Kräfte war, sondern auch Österreich und Rußland an einen Friedensschluß dachten; schließlich kam es aber nicht zur Eröffnung von Verhandlungen, da selbst England, wo der Stern Pitts im Sinken war, Preußen territoriale Opfer zumutete, Friedrich sich dazu jedoch keinesfalls verstehen wollte. Mit beschränktesten Mitteln (in das Offizierskorps fanden nun auch Bürgerliche, namentlich Studenten Aufnahme, um freilich nach Kriegsende wieder entlassen zu werden), unfähig zu jeder militärischer Bewegung, suchte sich der König 1761 in Schlesien zu halten, eingeschlossen in der befestigten Feldstellung von Bunzelwitz (im späteren Kreis Schweidnitz), wo er selbst teilweise in einem Bauernhäuschen, teilweise in einem Zelt kampierte.

So eng Friedrich in dieser Zeit mit Mannschaften und Offizieren zusammenlebte, so wenig hatte das doch etwas mit Kameradschaft zu tun. In den glanzvollen Zeiten von Roßbach und Leuthen war er dem immerhin nahe gewesen; aber nun lebten viele aus seiner militärischen Umgebung nicht mehr, und der Mannschaftsersatz war ein derart unzureichender, daß Friedrich nach der Katastrophe von Kunersdorf niedergeschlagen erklärte, sich vor den eigenen Truppen mehr zu fürchten als vor dem Feinde. Unter den Offizieren war angesichts der kühnen, das Äußerste wagenden, auf Schlachtenentscheidung drängenden Kriegführung des Königs schon immer räsoniert worden. Überdies blieb ihnen »sein innerstes Wesen, seine Bildungswelt, seine geheime Verachtung des blutigen Kriegshandwerks immer fremd, unverständlich, unheimlich« (G. Ritter). Aber es umgab ihn eine geheimnisvolle, sich mehr und mehr verdüsternde Gloriole, die zeitweilig selbst feindliche Feldherren zu bannen schien. Im Winter lebte er in Breslau, hoffend auf Türken und Tataren, die den Russen und den Österreichern in den Rücken fallen sollten, beschäftigt mit militärischer und diplomatischer Korrespondenz sowie Büchern, die ihm aus Berlin geschickt worden waren. Mit den Hoffnungen wechselten Todesgedanken.

An den Marquis d'Argens, den Direktor der Literaturklasse der Berliner Akademie, schrieb er am 13. Dezember 1761: »Nach dem, was ich erlebt habe, bin ich auf alles gefaßt und wundere mich über nichts mehr. Ich wohne hier inmitten von Trümmern und Ruinen. Einige Zimmer in meinem Hause sind wieder in Stand gesetzt, in den anderen ist alles auf den Kopf gestellt . . .«

Da starb am 5. Januar 1762 die russische Zarin Elisabeth. Die Situation Friedrichs war von Grund auf gewendet. Denn der Neffe und Nachfolger Elisabeths, Peter III., war ein enthusiastischer Bewunderer des Königs. Am 5. Mai schloß Rußland unter Verzicht auf jegliche Eroberung Frieden mit Preußen, und Schweden folgte diesem Beispiel. Aber zugleich zerbrach das englisch-preußische Bündnis. England, das sein handels- und kolonialpolitisches Ziel erreicht hatte, wünschte Frieden mit Österreich, dem Preußen durch einen Verzicht auf Schlesien die Wege ebnen sollte, was Friedrich aber entschieden ablehnte. War Kanada nach einem Worte des kurz zuvor zurückgetretenen Pitt durch Fesselung der Franzosen in Deutschland erobert worden, so mußte sich der preußische König hinfort ohne englische Gelder – etwa durch eine bedenkliche Münzverschlechterung – behelfen. Dafür kam er zu Rußland in ein Bündnisverhältnis, das aber mit der Absetzung Zar Peters und dessen gewaltsamem Tod ein jähes Ende fand. Immerhin blieb Petersburg aber neutral. Die preußische Stellung in Schlesien und Sachsen konnte – teilweise unter Deckung der Friedrich zu Hilfe eilenden, bald aber wieder abberufenen Russen – halbwegs stabilisiert werden.

Nun war Österreich am Ende seiner Kraft; es stand vor dem finanziellen Ruin. Wien streckte unter Vermittlung Sachsens, das durch das Kriegsgeschehen arg geplagt worden war, Fühler zu König Friedrich aus. Am 15. Februar 1763 wurde im sächsischen Lustschloß Hubertusburg (zwischen Leipzig und Meißen) Frieden geschlossen. Der territoriale Stand, der zu Beginn des Krieges geherrscht hatte, fand seine Bestätigung. Preußen hatte Schlesien behauptet.

Wie war ein solcher Ausgang möglich geworden? Friedrich der Große hatte durch eine äußerste Konzentrierung der Kräfte seines Landes einer Welt von Feinden widerstanden. Die Kraftlinien des preußischen Staates waren in seiner Person zusammengelaufen; Kriegführung und Politik hatten eine unauflösliche Einheit gebildet. Keiner seiner Gegner war zu einer solch rationellen Kraftentfaltung fähig; bei ihnen mußten Divergenzen und Gegensätze zwischen Personen und Instanzen ausgeglichen werden. Dazu kamen die jede Koalition schwächenden Unterschiede der Interessen der an ihr beteiligten Mächte. Hier liegt einer der Gründe dafür, daß Friedrichs Gegner manchen ihrer Siege nicht auszunutzen vermochten. Und trotz der schwersten Belastungen und der furchtbarsten Schläge versagten der preußische Staat und sein Heer nicht, wie die schwergeprüften preußischen Untertanen der Sache des Königs treu blieben. Die brandenburgisch-preußische Staatsschöpfung hatte sich bewährt.

Aber hinter allem stand doch die geistige Kraft des Großen Königs. »Einen zerbrochenen König hätte auch der ... Umschwung der Dinge in Rußland nicht wieder emporgetragen« (W. Andreas). Durchdrungen von der Pflicht zur Aufopferung für den Staat, gab er sich in die Hände des altrömischen Stoizismus. »Die Gedankenwelt des Einsamen, der sich ganz allein dem Schicksal gegenüber sah, weil sein Gott in die irdischen Dinge nicht eingreift und kein Jenseits ihm winkt, war«, wie Willy Andreas schreibt, »voll Größe und Härte, sie hob ihn über den Tod und die Vernichtung der eigenen Existenz weit hinaus, sie nährte in ihm jene letzte innere Unabhängigkeit und Unbeugsamkeit, die Schicksalsträchtigkeit, den Schicksalsglauben, die sein Heldentum umwittern.«

Ergraut, abgemagert, gebeugt und mit verschlossenen, scharf heraustretenden Gesichtszügen, so kehrte der König heim. Obwohl erst fünfzigjährig, war er schon fast ein Greis. Nur die faszinierenden blauen Augen hatten die alte Leuchtkraft behalten. Ohne Gepränge wurde der ersehnte Frieden begrüßt. Der König verbat sich jede Huldigung; den in Berlin bereitstehenden Prunkwagen ließ er stehen und fuhr auf Nebenstraßen zum Schloß. Die Kraftquellen des Staates waren in erheblichem Maße überfordert worden; ein »Retablissement« mußte erfolgen, das alle Kraft, die Friedrich verblieben war, in Anspruch nehmen sollte.

In seinem politischen Testament von 1752 schrieb König Friedrich, die Kurmark, Pommern, Magdeburg und Halberstadt sowie Schlesien seien das Hauptfeld seiner Tätigkeit gewesen, und zwar aus folgendem Grunde: »Sie bilden ein zusammenhängendes Gebiet, sind das Herz des Staates und lassen sich militärisch behaupten, während die anderen Provinzen entfernt liegen und in bestimmten Fällen nicht verteidigt werden können.« Die äußerste Zusammenfassung aller zu Gebote stehenden Kräfte war also nicht nur das Bestreben des Feldherrn, sondern auch des Staatsmannes Friedrich, ja das militärische Entstehungsprinzip Brandenburg-Preußens prägte ganz folgerichtig auch seine innere Politik. Hatte sein Vater noch Außenposten wie Jülich und Berg erwerben wollen, so drängte der Sohn in kühler Rationalität auf Kontiguität der Provinzen. Eine weitere Zentralisierung der Staatsverwaltung bildete dazu eine inner Entsprechung.

Bei einer abermaligen Straffung des von seinem Vater zur Reife gebrachten absolutistischen Regierungssystems kam es Friedrich dem Großen naturgemäß vor allem auf die Zentralinstanz an; daneben hat er durch eine Neugestaltung und Übertragung des ursprünglich nur in der Mark Brandenburg beheimateten Landratsamtes auf Kleve, Ostpreußen, Schlesien und Westpreußen auch zu einer gleichförmigeren Organisation der Kreis- und Lokalverwaltung beigetragen.

Im Generaldirektorium traten neben die vier Provinzialdepartements reine Fachdepartements, in denen sich der bisher erreichte Grad der Vereinheitlichung des Staates und das Maß des Fortschritts auf dem Wege zu einer modernen Ressortbildung ausdrückten. Diese neuen Departements hatten Angelegenheiten zu erledigen, denen der König vor allem Aufmerksamkeit zuwenden mußte. So entstanden Departements für Handel und Gewerbe (1740), Heeresverwaltung (1746), Akzise und Zölle (1767), Bergwerks- und Hüttenwesen (1768) und Forsten (1770). Eine wesentliche Neuerung gegenüber den Zeiten Friedrich Wilhelms I. bestand darin, daß diese Fachdepartements, die doch gerade die wichtigsten Angelegenheiten zu bearbeiten hatten, ohne Berücksichtigung des kollegialischen Geschäftsganges des Generaldirektoriums dem König unmittelbar unterstellt waren und damit die Verantwortung aller Minister für alle Angelegenheiten der großen Zentralbehörde illusorisch wurde. Nach dem Siebenjährigen Krieg entstanden zudem Zentralbehörden, die von vornherein in keinerlei Verbindung mit dem Generaldirektorium mehr standen und unmittelbar dem König verantwortlich waren, also Immediatbehörden, so die Regie, die Generalpost- oder die Generaltabakadministration.

Der König zog also wichtige Materien, entsprechend einer gesteigerten monarchischen Selbstregierung, unmittelbar an sich. Während Friedrich Wilhelm I. dafür gesorgt hatte, daß die von ihm im Kabinett bearbeiteten Vorgänge der Staatsverwaltung im Generaldirektorium aktenkundig waren, überging Friedrich der Große die Zentralbehörde vielfach. Im Unterschied zu seinem Vater war er kein Systematiker; es ging ihm allein um eine unverzügliche, effektive Verwirklichung seiner Entscheidungen, wobei er auf die seit der Zeit des Großen Kurfürsten geschaffene institutionelle Einheit der Behördenorganisation keine Rücksicht nahm. Die oberste Aufsicht über die Staatsverwaltung verlagerte sich vom Generaldirektorium in das Kabinett des Königs, so daß nur von hier aus noch ein Gesamtbild von den Funktionen des Staates gewonnen werden konnte.

König Friedrich hat diese aus der Einzelsituation heraus praktizierte, ja geradezu improvisierende Regierungsweise noch viel weiter getrieben. Er verkehrte auch mit unteren Behörden, besonders solchen der Provinzialebene, unmittelbar; regelmäßige Berichte der Kammern an den König zeigen, daß das nicht nur gelegentlich geschah. Bei der Erledigung eiliger und schwieriger Angelegenheiten unterstellte Friedrich sogar einzelne Beamte oder Räte aus den zuständigen Departements unmittelbar dem Kabinett. Er wandte sich auch an einzelne Minister und verlieh ihnen umfassende Vollmachten, die selbst vor den Zuständigkeiten der Kollegen nicht haltmachten. In diesem Sinne wurde Schlesien von einem unmittelbar dem König verantwortlichen Provinzialminister regiert, während ansonsten die übliche Behördenorganisation Anwendung fand. Es kam zu einer starken Abwertung des Generaldirektoriums.

Dem König genügte das kollegialische System, das mangelnde Verantwortungsfreudigkeit der Beamten und Schwerfälligkeit der Behörden mit sich gebracht hatte, nicht mehr. Die Staatsverwaltung hatte an Umfang zugenommen, ihre Materien waren komplizierter geworden, und die Kriegszeiten hatten zusätzliche Belastungen gebracht. Doch fehlte Friedrich das Verwaltungstalent, das zu einer Reform der Behördenorganisation nötig gewesen wäre; sein Beitrag zu deren Fortbildung bestand in einer »eigentümlichen Verbindung von straffer Zentralisation und stärkerer Dezentralisation« (L. Tümpel). Die Kabinettsregierung hatte sich vom System des Verwaltungsaufbaus gelöst. Es handelte sich um eine Überspitzung der monarchischen Selbstregierung, mit der der Höhe- und Umkehrpunkt in der Entwicklung des europäischen Absolutismus erreicht worden war. Denn der Zeitpunkt konnte nicht mehr fern sein, zu dem auch der begabteste Herrscher nicht mehr die Arbeitskraft und den Überblick aufbringen würde, die ein solches gesteigertes Autokratentum erforderte.

Das von Friedrich ins Werk gesetzte Retablissement und die Aufrechterhaltung der militärischen Bereitschaft erforderten erhebliche Finanzmittel. Um sie herbeizuschaffen, wurden die Zoll- und Akzisetarife erhöht sowie ein Tabak- und Kaffeemonopol eingeführt. Hinzu trat die Regie, eine staatliche Sonderverwaltung für Zölle und Akzise, die der König französischen Einnehmern übertrug, die ihm direkt unterstellt waren. Diese Einrichtung, mit der er sich die Rigorosität des französischen Abgabenwesens zunutze machen wollte, ist wohl hinsichtlich des Ertrages der prinzipiell wohlfahrtsstaatlich orientierten preußischen Steuerverwaltung überlegen gewesen; sie hat aber im Lande viel Unwillen erregt. Der königlichen Dispositionskasse brachte sie jedoch einen ansehnlichen Einnahmezuwachs.

Sehr viel mehr Bedeutung als dieser Fiskalismus hatte die Gewerbepolitik. Die Manufakturverarbeitung von Leinen, Wolle und Seide wurde energisch gefördert. Auch der Verhüttung von Eisen widmete man Aufmerksamkeit; die Stadt Königshütte in Oberschlesien war nach König Friedrich benannt. Das Ziel war eine positive Handelsbilanz, die sich schließlich auch eingestellt hat. Der Sicherung und Hebung der Steuer- und Zolleinnahmen dienten zudem im Zusammenhang einer planvollen Bevölkerungspolitik betriebene Meliorationen sowie Kanalbauten, auch eine Oderregulierung. Friedrichs Wirtschaftspolitik war konservativ; sie hielt sich im Rahmen des Merkantilismus. Ob sich der König mit weiterführenden ökonomischen Ideen, etwa mit der Lehre der Physiokraten, beschäftigt hat, wissen wir nicht.

Hatte in der Pflege der Justiz neben der der geistlichen Angelegenheiten die wichtigste Aufgabe des deutschen Fürstenstaates der frühen Neuzeit gelegen, so war das Rechtswesen beim Aufbau des monarchischen Absolutismus in den Hintergrund getreten, da es für die zunächst zu lösende Machtfrage von nur zweitrangiger Bedeutung war. Besonders während der Regierung Friedrichs des Großen gelangte man aber zu der Ansicht, daß durch eine Erneuerung des Justizwesens, die die Gerichtsverfahren erheblich vereinfachte, wertvolle Kräfte des Staates und der Untertanen vor Vergeudung bewahrt werden konnten. Zudem mußten dem aufklärerischen Vernunftdenken des Königs die im Lande herrschenden unübersichtlichen, teilweise noch aus dem Mittelalter überkommenen, inhumanen Rechtsverhältnisse als unerträglich erscheinen. Friedrich schaffte bereits am dritten Tage seiner Regierung die seinerzeit noch wie selbstverständlich zur Rechtsfindung gebrauchte Folter ab, schränkte die Todesstrafe in ihrer Anwendung ein, humanisierte ihren Vollzug und proklamierte den Grundsatz der Proportionalität von Verbrechen und Strafe.

Die preußische Justizreform hatte noch zur Zeit Friedrich Wilhelms I. unter Leitung von Samuel von Cocceji begonnen; in der Ära Friedrichs bewirkte sie eine Hebung des Richter- wie des Advokatenstandes und brachte eine zeitgemäße Gerichtsorganisation hervor, die die Gerichte, analog dem Aufbau der Verwaltung, durch einen einheitlichen, nach außen hin abgeschlossenen und zentralisierten Instanzenzug miteinander verband. Hinzu trat die Erarbeitung einer einheitlichen Zivilprozeßordnung, die 1781 in Gestalt des »Corpus Juris Fridericianum« in Kraft trat und eine wesentliche Beschleunigung und Verkürzung der Prozesse erzwang. Bestrebungen, ein für das ganze Königreich verbindliches Recht zu schaffen, sind erst nach dem Tode Friedrichs zu einem Ergebnis gelangt; aufgrund der Reformarbeit von Cocceji, Johann Heinrich von Carmer und Karl Gottlieb Svarez erschien 1794 das »Allgemeine Landrecht für die preußischen Staaten«, das die Forderung des Großen Königs nach »deutlichen« Gesetzen in vorbildlicher Weise erfüllte. Es wurde »ein getreues Spiegelbild des friderizianischen Preußen mit allen seinen Widersprüchen zwischen Absolutismus und Menschenrechten, Gleichheitsidee und ständischen Privilegien« (Th. Schieder).

Im übrigen mußten sich der König und seine Reformjuristen mit der aufklärerischen Forderung nach der »Trennung von Justiz und Verwaltung«, d. h. mit der Frage der »Kammerjustiz«, auseinandersetzen. Diese betraf in Preußen die Verwaltungsjurisdiktion des Generaldirektoriums sowie der Kriegs- und Domänenkammern. Die Rechtssphäre des modernen monarchischen Verwaltungsrechts stand aber im Gegensatz zum gemeinen Recht der ordentlichen Gerichte im Dienste der Staatsräson und des preußisch-absolutistischen Wohlfahrtsstaatsprinzips. Wenn sie der König daher nicht aufgeben konnte, so hat er doch andererseits versucht, dem Rechtszweck des Staates Genüge zu tun. Zwar kam es 1749 zu einer Abgrenzung zwischen beiden Jurisdiktionen, derzufolge alles, was »statum oeconomicum et politicum« berühre, die Kammern, alles Private dagegen die Regierungen, also die ordentlichen Gerichte, zu beschäftigen habe. 1782 wurde aber mit der Begründung der Kammerjustizdeputationen, die nach der Art der ordentlichen Gerichte arbeiteten, auch auf dem Gebiete der Verwaltungsgerichtsbarkeit den Privatpersonen Rechtsschutz zuteil. Es kam also nicht zu einer Trennung von Justiz und Verwaltung. Der König machte sich nicht die zeitgenössische Vorstellung von der Zweckfreiheit des Rechts zu eigen; er erstrebte vielmehr eine Balance zwischen der Idee von der Herrschaft des Rechts und dem Prinzip der Staatsräson, das mit wohlfahrtsstaatlichen Elementen erfüllt war.

König Friedrich ist niemals den Verdacht losgeworden, daß sich hinter dem von den ordentlichen Gerichten hochgehaltenen Grundsatz der Rechtsgleichheit oft eine reine Klassenjustiz verberge. Dieser Argwohn hat ihn entgegen seinem Grundsatz, daß in den Gerichten das Gesetz sprechen und der Monarch schweigen müsse, dazu veranlaßt, in den Prozeß gegen den Müller Arnold einzugreifen, der aber ganz unverdientermaßen in den Genuß der rigorosen königlichen Intervention gekommen ist. Fest steht jedoch, daß die preußische Justiz vor Cocceji den Adel bei der Aneignung von Kammergut und der Schädigung des Bauernstandes begünstigte und damit die Durchsetzung des königlichen Grundsatzes der »Conservation der Untertanen« behinderte. Diesem hat aber Friedrich der Große noch weit mehr Beachtung geschenkt als sein Vater. Indessen waren die Jahre seiner Regierung die große Zeit des preußischen Adels, der in Heer und Verwaltung zum ersten Träger eines monarchischen Staatsbewußtseins wurde. Die Rücksichtnahme auf ihn hat den König in seiner Fürsorge für die Bauern bei der Unterbindung des Bauernlegens verharren lassen. Schon bei der Beseitigung der ungemessenen Frondienste ist er im wesentlichen nicht über die Domänen hinausgegangen; wo ihm der Adel nicht entgegenkommen wollte, haben sich seine Bemühungen im Sande verlaufen.

Insgesamt stellte der friderizianische Staat ein »eigentümliches System der politisch-ökonomischen Arbeitsteilung zwischen den verschiedenen Ständen« dar, wie Otto Hintze sagt. Dem Adel war für seine Offiziersdienste neben der Steuerfreiheit in vielen Provinzen ausschließlich der Besitz von Rittergütern vorbehalten; die Bauern wurden in der geschilderten Weise geschützt, da sie die einfachen Soldaten stellten und die Kontribution erbrachten; den Bürgern durfte außerhalb der Stadt im Gewerbe und im

Handel keine Konkurrenz gemacht werden, auch waren sie meist vom Heeresdienst befreit und wurden nach Möglichkeit vor Schikanen der Beamten und Soldaten bewahrt, weil sie die ertragreiche Akzise zahlten; die Armee aber, für die alle arbeiteten, war ein wichtiger Konsument. »Die Ständeordnung, die ganze gesellschaftliche Gliederung wurde dem Staatszwecke dienstbar gemacht.« Der Staat hatte die Gesellschaft »gleichsam in sich verschlungen« (O. Hintze). Es gab eine Art allgemeiner Staatsbürgerpflicht, der, wie dann im Allgemeinen Landrecht bereits angedeutet, in absehbarer Zeit ein allgemeines Staatsbürgerrecht folgen mußte.

Während Friedrich der Große sein innenpolitisches Werk vollendete, blieb der preußische Staat außenpolitisch gefährdet. Mit Österreich konnte er nicht auf einen befriedigenden Nenner kommen, obwohl Friedrich bei zwei Begegnungen mit Kaiser Joseph II., der ihn bewunderte, in den Jahren 1769 und 1771 den Versuch einer Verständigung gemacht hat; man vermochte in Wien mit dem preußischen Emporkömmling und Rechtsbrecher nicht wirklich im Frieden zu leben; und nach dem Tode Maria Theresias im Jahre 1780 ist das gegenseitige Verhältnis sogar noch schlechter geworden. Auch Frankreich, mit dem der König doch einst verbündet gewesen war, kam man nicht näher. So blieb Rußland, mit dem Preußen am 11. April 1764 ein Defensivbündnis geschlossen hatte. Das russische Bündnis sollte Preußen die Ruhe und die Sicherheit geben, die es zu seinem Retablissement benötigte. Dabei war sich Friedrich über die Gefahren im klaren, die Europa einmal aus dem russischen Expansionsdrang erwachsen konnten. Auch gegenwärtig war die Verbindung mit Rußland nicht ohne Risiken. Denn seit 1768 führte die Zarin Katharina Krieg mit der Türkei und forderte durch die dabei errungenen Erfolge Österreich derart heraus, daß mit einem Zusammenstoß zwischen den beiden Ostmächten zu rechnen war, in den Preußen als Verbündeter Rußlands mit hineingezogen zu werden drohte. Der König mußte auf Abhilfe sinnen.

Friedrich der Große brachte eine territoriale Reduzierung Polens von den Rändern her in Vorschlag, mit der Österreich (durch Besetzung der Zips 1769) bereits den Anfang gemacht hatte; Gewinne in Polen sollten Rußland dazu bewegen, auf die Moldau-Fürstentümer, die es im Kriege mit der Türkei zu gewinnen hoffte, zu verzichten. Nach unmißverständlichem Winken mit der Möglichkeit einer Annäherung an Österreich (wozu auch die beiden Begegnungen Friedrichs mit Joseph II. gedient hatten) erörterte Prinz Heinrich die Angelegenheit zweimal mit der Zarin Katharina in St. Petersburg, und dann kam es zu einer Übereinkunft zwischen Rußland, Preußen und Österreich: Preußen, dem die Russen zunächst nur das Ermland zudachten, fiel 1772 außer diesem ostpreußischen Gebietsstreifen Westpreußen einschließlich des Netzedistrikts zu, während Danzig und Thorn noch bei Polen verblieben. Während die Adelsrepublik das Opfer einer jahrhundertelangen Fehlentwicklung zu werden begann (vorerst umfaßte sie noch ein Gebiet von der Größe Frankreichs), war die Gefahr eines Krieges gebannt, in dem Preußen nichts zu gewinnen gehabt hätte. 1774 schlossen die Russen mit der Türkei Frieden. »Friedrich hatte sich wahrhaft als Herr einer Großmacht erwiesen« (F. Wagner).

Zur Bewahrung des Friedens kam der Erwerb des alten Deutsch-Ordenslandes an der Weichsel, mit dem zwischen den mittleren preußischen Provinzen und Ostpreußen eine territoriale Verbindung gewonnen worden war. Das Land selbst, in der polnischen Zeit vernachlässigt, ist zum Gegenstand einer ganz besonderen landesherrlichen Fürsorge des Königs geworden. Die Schwerpunkte lagen dabei auf der Hebung der Landwirtschaft, die auch eine Besserung der Lage der Bauern mit sich brachte, und auf der Volksbildung, die bei aller verbleibenden Unzulänglichkeit durch die Begründung von Lehrerseminaren gefördert wurde. Daneben steht ein Kolonisationswerk, das zur Ansiedlung von etwa 11.000 Personen, darunter vor allem Handwerkern, die das Land entbehrte, führte. 50 neue Dörfer entstanden. Man hat den Aufbau Westpreußens mit dem Retablissement Ostpreußens unter Friedrich Wilhelm I. verglichen.

Unterdessen wartete man in Wien auf eine Gelegenheit, die Gewichtseinbuße wieder auszugleichen, die man durch den Verlust Schlesiens erlitten hatte. Da erlosch 1777 mit dem Tode des Kurfürsten Maximilian III. Joseph in München die altbayerische Linie des Hauses Wittelsbach. Kaiser Joseph II. besetzte daraufhin im Einvernehmen mit dem Erben, dem Kurfürsten Karl Theodor von der Pfalz, unverzüglich Teile des bayerischen Kurstaates, insbesondere Niederbayern. Friedrich der Große war durch diesen Griff Habsburgs nach Bayern auf das höchste herausgefordert; der Kaiser meinte jedoch, Preußen werde nichts unternehmen, da Rußland abermals durch einen Krieg mit der Türkei in Anspruch genommen war. König Friedrich entschloß sich aber dennoch dazu, seine Truppen (im Bündnis mit Sachsen) marschieren zu lassen; im Sommer 1778 standen sich die alten Gegner in Böhmen wieder gegenüber. Der König verwünschte »die insipide Campagne«. Aber es kam nicht zum Kampf. Frankreich, derzeit im Bunde mit der amerikanischen Unabhängigkeitsbewegung, kam ein Krieg auf dem europäischen Kontinent ungelegen, und Rußland trat wenigstens diplomatisch für Preußen ein. Kaiser Joseph sah sich – auch auf Drängen seiner Mutter hin – zum Einlenken genötigt. So kam es unter russisch-französischer Vermittlung 1779 zum Frieden von Teschen, der Österreich wohl das Innviertel zusprach, ihm im übrigen aber die Erfüllung seiner bayerischen Wünsche versagte. Friedrich erhielt für den zu erwartenden Fall des Aussterbens der fränkischen Hohenzollern die Nachfolge seines Hauses in Ansbach und Bayreuth bestätigt.

Die außenpolitischen Aktivitäten des Kaisers gewannen nach dem Tode der Mutter im Spätherbst 1780 an Umfang. Er versuchte im Reich den habsburgischen Einfluß drastisch zu verstärken und erregte damit die Sorge namentlich der kleineren Reichsstände. Der Plan einer reichsständischen Union zur Aufrechterhaltung der Reichsverfassung kam auf, den Pfalz-Zweibrücken und Baden 1783 auch Berlin zur Kenntnis brachten. Hier traf er auf offene Ohren, da Preußen seinen Rückhalt bei Rußland verloren hatte; die Zarin fand in den achtziger Jahren für ihre türkischen Expansionswünsche bei Österreich mehr Verständnis als bei Preußen.

Vollkommen isoliert, griff Friedrich in Ermangelung besserer Bündnismöglichkeiten nach den reichsständischen Bundesplänen. Diese wurden dadurch kräftig gefördert, daß Österreich an seiner Reichspolitik festhielt und namentlich von seinen bayerischen Ambitionen nicht lassen wollte. Der Kaiser verfolgte im Einverständnis mit Kurfürst Karl Theodor den Plan, diesen mit den österreichischen Niederlanden auszustatten, wobei er den Titel eines Königs von Burgund hätte annehmen können, dafür aber die habsburgische Territorialmasse um Bayern zu erweitern. Rußland unterstützte Kaiser Joseph darin, während sich Friedrich der Interessen des Erben Karl Theodors, des Herzogs Karl von Zweibrücken-Birkenfeld, annahm. So hat König Friedrich am 24. Oktober 1784 eigenhändig einen Entwurf eines Bundesvertrages niedergeschrieben. Im Juli 1785 wurde der Bund zwischen Preußen, Sachsen und Hannover geschlossen; 14 weitere Fürsten traten hinzu, so auch Karl August von Weimar, Karl von Pfalz-Zweibrücken und Friedrich Karl von Erthal, der Kurfürst von Mainz. Der Bund hat geleistet, was er leisten sollte: Der Kaiser wurde zum Verzicht auf seine reichspolitischen Pläne gezwungen; eine kriegerische Bewährungsprobe hat die Allianz niemals ablegen müssen.

Das Leben Friedrichs des Großen ging darüber zur Neige. Die meiste Zeit des Jahres lebte und arbeitete er in Potsdam, von April bis November in Sanssouci, in der übrigen Zeit im Stadtschloß, unterbrochen nur vom sogenannten Karneval, der Zeit zwischen Weihnachten und seinem Geburtstag, dem 24. Januar, die er in Berlin verbrachte. Danach kehrte er stets mit dem Gefühl der Erleichterung nach Potsdam zurück, wo er frei von allen Zwängen leben konnte, umgeben von seinen Windspielen, in einem vernachlässigten blauen Uniformrock mit roten Aufschlägen und Kragen. Er genoß hier seine Einsiedelei, in der die schriftstellerische Arbeit, die Wissenschaften und die Künste seine liebsten Gefährten waren; oft suchte er die Stille seiner im Park von Sanssouci gelegenen Gemäldegalerie. Aber er war nicht ständig am Orte; immer wieder brach er zu Truppenbesichtigungen und Revuenreisen in die verschiedenen Provinzen seines Staates auf. So blieb der Einsiedler von Potsdam doch mit seinen Untertanen in ständiger Berührung. Nur in der Zeit zwischen Mitte Juni und Mitte August, die er seine Ferien nannte, war er andauernd in Sanssouci oder im nahegelegenen (erst nach dem Hubertusburger Frieden entstandenen) Neuen Palais und verbrachte hier stille Sommertage.

Freilich suchte König Friedrich in Potsdam auch intime Gesellschaft. War er doch ein ausgesprochen geselliges Temperament. Er beklagte das

Hinsterben alter Freunde. Für die (jetzt, in den späten Tagen nur noch mittägliche) Tafelrunde gab es genügend Zeit. Wohl konnte der »alte Fritz« bitter, kalt und sarkastisch sein, wohl hatte man seine Spottlust zu fürchten, die einst Madame de Pompadour so sehr gegen ihn aufgebracht hatte, ja, er war insbesondere seit den schweren Jahren des Siebenjährigen Krieges von einer gewissen Menschenverachtung erfüllt; aber ebensosehr konnte er sich gewinnend, lächelnd, charmant, freudig, humorvoll zeigen und sich auf seinen Gesprächspartner einstellen. »Es läßt sich nicht beschreiben«, so notierte der Marchese von Lucchesini in seinem Tagebuch im Hinblick auf die Mahlzeiten im engsten Kreise, »mit welcher Freundlichkeit und Liebenswürdigkeit die Tischgenossen behandelt werden; jeder Zwang ist verbannt, es herrscht nur der Unterschied des Geistes und des Wissens.« Allerdings riß der König oft das Wort ganz an sich, so daß manche seiner Tischreden, wiewohl sanft und ansprechend vorgetragen, zu gesprochenen Abhandlungen wurden.

Wo lag das wahre Wesen des Königs? Es ist in diesem Zusammenhang bemerkenswert, daß trotz mancher unpopulärer staatlicher Maßnahmen nach 1763 wie der Regie, des Tabak- und des Kaffeemonopols die Beliebtheit Friedrichs des Großen in den niederen Volksschichten groß und beständig war, während in den gebildeten Klassen manche Kritik und mancher Unwille spürbar waren und auch unter Beamten und Offizieren der König durch Voreingenommenheit und Härte Murren hervorrief. Überall, wo die zusammengesunkene, hinfällig gewordene Gestalt des Königs mit dem durchdringenden Blick in der Menge erschien, kam Begeisterung auf. In seiner Würde, die keines äußerlichen Schmuckes bedurfte, die von der geistigen Faszination einer großen Lebensleistung erfüllt war, war etwas von einem Vater des Vaterlandes an ihm. Wie es in den Denkwürdigkeiten des Generals von der Marwitz heißt, wußte jedermann, »daß dieser Alte auch für ihn arbeitete, daß er sein ganzes Leben an diese Arbeit gesetzt und sie seit 45 Jahren noch nicht einen einzigen Tag versäumt hatte!« Und jedermann sah »die Früchte seiner Arbeit nah und fern, rund um sich her«. Wenn etwa an der Bittschriftenlinde am Potsdamer Stadtschloß jede Eingabe entgegengenommen wurde, so gab das gerade dem einfachen Menschen Zutrauen in die Gerechtigkeit des Königs. Er war, obwohl ihn seine geheimnisvolle Größe von allen anderen abhob und obwohl er aus der Stille seines Kabinetts heraus regierte, dem Volke erreichbar. In Sanssouci zog nur für die Nacht eine Wache auf, bestehend aus einem Unteroffizier und sechs Grenadieren; am Tage blieb der König ohne jede Bedeckung, und die Türen des Schlosses waren geöffnet. Ein Tischgast des Königs bemerkte einmal etwa 60 Bauern, die eine Bittschrift überreichen wollten, ohne aufgehalten zu werden.

Bezeichnend ist, daß sich im Volke eine Fülle von Anekdoten um die Person Friedrichs des Großen rankte. Wie Reinhold Schneider bemerkt hat, fühlte das Volk die Mitte seines Lebens; »es fühlte vor allem, daß bei aller Kälte und Härte ein Herz pochte unter der Tat, daß ein Schicksal dieser Art nur von einem starken Herzen angetrieben werden kann. Und es erkannte die höchste Tugend des Königs: den Sinn für Gerechtigkeit, der ... innerhalb der Landesgrenzen eine Einschränkung nicht zuließ.« Mochte man sich, Verwandte und Freunde eingeschlossen, von ihm abwenden – »das Volk fühlte die Stärke seines inneren Lebens, verstand ihn und hing ihm an. Und so kann man vielleicht sagen, daß das Volk sich seinen König gedichtet hat; daß es aber den Stoff dieser Dichtung ausschließlich der gegensätzlichen Fülle und Genialität seiner Natur und der inneren Wahrhaftigkeit seines Königtums verdankte.«

Tatsächlich konnte sich das Maskenhafte des Altersgesichts des Königs lösen und menschliche Bewegung verraten. »Sein Auge, durch angestrengte Arbeit im Kabinett und die Mühsale des Krieges stechend geworden, verklärte sich in Milde«, so hielt der österreichische General von Ligne fest, »wenn er einen edlen Zug, etwas Erhebendes oder Rührendes vernahm oder erzählte.«

Friedrich fehlten weitgehend die sinnlichen und die weichen Züge; Geistigkeit, Härte und auch manche Verhärtung standen im Vordergrund und verdeckten eine starke Emotionalität, sein Herz. Ja, oft machte er sich eine gewisse stoische Starre geradezu zur Pflicht; um die starken Stimmungsschwankungen, unter denen er litt, zu bemeistern, eiferte er dem altrömischen Ideal der stoischen Weisen nach. Aber immer wieder brach sich das Gefühl Bahn.

Als im Jahre 1767 der jüngere Prinz Heinrich, ein Sohn seines von ihm einst so hart behandelten Bruders August Wilhelm, erst 19jährig, plötzlich verstarb, schrieb er: »Wenn ich denke, daß dieses Kind das beste Herz der Welt hatte, angeborenes Wohlwollen besaß und für mich Freundschaft empfand, so treten mir unwillkürlich Tränen in die Augen und ich muß den Verlust des Staates und meinen eigenen tief beklagen. Ich bin niemals Vater gewesen, aber ich bin überzeugt, daß kein Vater seinen einzigen Sohn anders betrauert, als ich dieses liebenswürdige Kind.«

Auf den Thron folgen sollte König Friedrich der von ihm gar nicht geschätzte ältere Bruder des Verstorbenen, Prinz Friedrich Wilhelm. Bei seinem letzten Aufenthalt in Schlesien im Jahre 1785 sagte der alte König dem Provinzialminister Graf Hoym: »Ich werde Ihm sagen, wie es nach meinem Tode gehen wird: es wird ein lustiges Leben am Hofe werden, mein Neffe wird den Schatz verschwenden, die Armee ausarten lassen. Die Weiber werden regieren, und der Staat wird zugrunde gehen. Dann trete Er auf und sag' dem König: ›Das geht nicht! Der Schatz ist dem Lande und nicht Ihnen!‹ Und wenn mein Neffe auffährt, da sage Er ihm: ›*Ich* habe es so befohlen!‹ Vielleicht hilft es, denn er hat kein böses Herz ...«

In den frühen Morgenstunden des 17. August 1786 starb der Große

König im Schloß Sanssouci in den Armen seines Kammerhusaren an der Familienkrankheit, der Wassersucht. Das Wissen um das Gefährdetsein der Fundamente des preußischen Staates und die Sorge um dessen nur bedingte Großmachtexistenz hatten ihn niemals verlassen.

König Friedrich Wilhelm II.

# König Friedrich Wilhelm II. von Preußen

* 25. 9. 1744 in Berlin
† 16. 11. 1797 im Marmorpalais bei Potsdam
*Eltern:* August Wilhelm, Bruder Friedrichs des Großen (1722–1758)
Luise von Braunschweig-Wolfenbüttel (1722–1780)
*Grabstätte:* Dom zu Berlin

1. ⚭ 14. 7. 1765, ⚮ 1769 mit ELISABETH von Braunschweig-Wolfenbüttel
* 8. 11. 1746
† 18. 2. 1840
*Grabstätte:* Dom zu Berlin

2. ⚭ 14. 7. 1769 (Charlottenburg bei Berlin) mit FRIEDERIKE LUISE von Hessen-Darmstadt
* 16. 10. 1751 in Prenzlau
† 25. 2. 1805 in Berlin
*Grabstätte:* Dom zu Berlin

Mit dem Regierungsantritt König Friedrich Wilhelms II. im Jahre 1786 wich eine schwere Last von Staat und Volk. Der äußersten Anspannung aller Kräfte, die seit 1713 das preußische Leben beherrscht hatte, folgte ein Nachgeben in der Anforderung, ein Nachlassen der bisher so unerbittlichen Staatsleitung. Die von König Friedrich eingerichtete französische Regie verschwand; das Tabak- und das Kaffeemonopol wurden umgehend aufgehoben, die Ein- und Ausfuhr von Getreide erleichtert. Die private Wirtschaft erfreute sich eines merklichen Aufschwungs. Während die Disziplin in Heer und Beamtenschaft manches von ihrer Schärfe verlor, die einseitig militärische Prägung des friderizianischen Preußen verblaßte, traten Kunst und Wissenschaft in ein helles Licht. Dabei warf der König den von seinem Onkel gepflegten kühlen, in Konventionen erstarrten französischen Traditionalismus weit von sich und bereitete der gemütvollen neuen deutschen Literatur die Wege, deren Heraufkommen der Große König wohl noch geahnt, aber nicht mehr wahrgenommen hatte. Freilich lieferte die leblos und pedantisch gewordene Berliner Aufklärung den Jungen noch harte Rückzugsgefechte, und die Akademie wurde wohl vom Monopol des Französischen, nicht aber dem des Aufklärertums befreit. Der König schloß 1787 das kaum noch besuchte französische Komödienhaus am Gendarmenmarkt in Berlin und übergab es seiner neuen Bestimmung als »Nationaltheater« mit den denkwürdigen Worten: »Wir sind Teutsche und wollen es bleiben.«

Noch nachhaltiger setzte sich der neue König für die zeitgenössische deutsche Musik ein; er sorgte dafür, daß die Starre der förmlich und leblos gewordenen friderizianischen Musikpflege durchbrochen wurde. Während er die Hofkapelle auf einen im damaligen Europa einmaligen Stand brachte, entstand unter dem Thüringer Carl Friedrich Fasch, der aus diesem Orchester hervorgegangen war, die Berliner Singakademie. Die Herrschaft der italienischen Barockoper, die die Berliner am Ende gleichgültig gelassen hatte, fand ihr Ende; an ihre Stelle traten Werke wie Glucks »Iphigenie auf Tauris«, die 1795 in Berlin erstmals mit deutschen Sängern und in deutscher Sprache gegeben wurde, oder auch Mozarts »Entführung aus dem Serail«, die der Komponist im Frühjahr 1789 in Anwesenheit des Königs im Nationaltheater selbst dirigierte. Friedrich Wilhelm war ein guter Cellist und hatte in Charlottenburg mit Mozart zusammen musiziert; Beethoven spielte ihm im Marmorpalais in Potsdam aus seinen Werken vor und widmete ihm seine Sonaten für Cello und Klavier F-Dur op. 5, Nr. 1 und 2.

Nimmt man noch hinzu, daß Berlin jetzt an mehreren Stellen durch anmutige Kolonnaden geschmückt wurde, sich die hier vom König geförderten Wohnhäuser, die sogenannten Immediatbauten, immer behaglicher ausnahmen und in der Gestalt des Brandenburger Tores von Carl Langhans der militärische Charakter des preußischen Staates ins Ästhetische gewendet worden war, dann wird deutlich, daß man sich in Preußen der Früchte des harten Tagwerks der vergangenen Jahrzehnte und der entbehrungsreichen Kriegszeiten zu freuen begann. Dem asketischen Ideal des Soldatenstaates mochten die Regierenden wie die Untertanen keine Opfer mehr bringen – es machten sich die Sehnsucht nach sinnlichem Reiz, Harmonie und geistigem Spiel in Poesie, Musik und bildender Kunst sowie der Drang nach Lebensgenuß geltend. Damals mag es gewesen sein, daß die Stadt und die Schlösser von Potsdam mit preußischem Geist Charme zu verbinden begannen.

König Friedrich Wilhelm II. war der erste, der der Härte des bisherigen preußischen Pflichtbegriffes nicht genügte – ja nicht zu genügen vermochte. Er war ein weicher, gutmütiger, ritterlicher, aber innerlich haltloser Genußmensch, der, ungeachtet aller guten Absichten, zu einem planvollen Regiment nicht die Kraft aufbrachte. Zudem war der stattliche, hochgewachsene Mann, der in späteren Jahren zu Körperfülle neigte, ohne ausgesprochene politische und militärische Talente. Ein nicht geringer Teil der begrenzten Spannkraft, die ihm zu Gebote stand, wurde von seinem galanten Lebenswandel aufgezehrt. In zweiter Ehe mit Friederike von Hessen, der Mutter des Thronfolgers, verheiratet, ist sein ganzes Leben von Verhältnissen zu anderen Frauen begleitet gewesen. Die ernsthafteste Beziehung bestand zu Wilhelmine Enke, der Tochter eines Waldhornisten der königlichen Hofkapelle; Friedrich Wilhelm lernte sie als halbes Kind kennen, war um ihre Erziehung und Bildung besorgt und ließ sie 1794 zur Gräfin Lichtenau erheben. Diese Frau, die bemerkenswerte geistige Gaben besaß und ein gutes Urteilsvermögen auch in politischen Dingen entwickelte, ist dem Prinzen und späteren König, dem sie von Herzen zugetan war, eine kluge Ratgeberin und eine wertvolle Stütze seiner schwachen Natur gewesen; für sich hat sie nichts gewollt, und ihr Einfluß auf den König ist daher auch nicht zum Nachteil des Staates ausgeschlagen. Ihr königlicher Freund hat ihr sein Leben lang seine Anhänglichkeit bewahrt, wenn er auch die erotische Beziehung zu ihr aufgegeben zu haben scheint. Er arrangierte eine Scheinhochzeit mit seinem Kammerdiener Rietz. Das frühklassizistische Palais des Paares in Potsdam, das keine Geringeren als Johann Boumann und Langhans errichteten und mit einem von Gottfried Schadow entworfenen Relief schmückten, zeigt einen erlesenen Geschmack. Schadow, der die »Liederlichkeit« der Regierungszeit Friedrich Wilhelms sarkastisch glossierte, schuf auch das für die Dorotheenstädtische Kirche zu Berlin bestimmte Wandgrab des Grafen von der Mark, eines früh verstorbenen Sohnes Wilhelmine Enkes und des Königs. Es ist ein von jeder Pose freies Werk, das die Gestalt des toten Knaben in einer erschütternden Natürlichkeit zeigt.

Seinen späteren Geliebten war der König, um wenigstens den Schein von Sitte und Gesetz zu wahren, zur linken Hand angetraut, wobei sich das Konsistorium auf jenes fragwürdige Gutachten berief, mit dem Melanchthon die im Reformationszeitalter erst recht anstößige Doppelehe des Landgrafen Philipp von Hessen gerechtfertigt hatte. In einer solchen morganatischen Ehe war er mit Julie von Voß, der noch mädchenhaften und bald zur Gräfin Ingelheim erhobenen Nichte der Oberhofmeisterin gleichen Namens, und, nach ihrem frühen Tode, mit der Gräfin Sophie von Dönhoff verbunden. Diese, eine charaktervolle Frau, die der König zur Mutter des späteren Generals und Ministerpräsidenten Graf Brandenburg machte, hat politisch Einfluß zu nehmen gesucht und ist daher schließlich vom Hofe verstoßen worden.

Im Bayerischen Erbfolgekrieg hatte der damalige Prinz von Preußen den aus dem Thüringischen gebürtigen und in preußische Dienste getretenen Offizier Hans Rudolf von Bischoffwerder kennengelernt. Dieser faßte zu ihm eine ausgesprochene Zuneigung und suchte hinfort, ihm mit Rat und Tat zur Seite zu stehen und damit dem Lande nach bester Überzeugung zu dienen. Von Bedeutung war hierbei, daß Bischoffwerder dem Orden der Rosenkreuzer angehörte, einer Geheimen Gesellschaft, die dem aufklärerischen Zeitgeist im Sinne eines positiven Christentums widerstrebte. Jener erwähnte Verzicht Friedrich Wilhelms auf seine intime Verbindung mit Wilhelmine Enke ist ein Werk Bischoffwerders und der Rosenkreuzer gewesen, denen der Prinz seit 1781 selbst angehörte. Nach seiner Thronbesteigung machte es auf die Bevölkerung einen großen Eindruck, als mit ihm erstmals wieder ein preußischer König nach der langen Regierungszeit des skeptischen großen Friedrich einen öffentlichen Gottesdienst besuchte. Die Mittel, mit denen Bischoffwerder und die Rosenkreuzer den Prinzen von Preußen und späteren König zu sittsamer Lebensart und pflichtorientiertem Wandel anzuhalten sich bemühten, entbehrten nicht der Skurrilität. In spukhaften Séancen, die in dem Schlößchen Belvedere im Charlottenburger Schloßpark und möglicherweise auch auf Bischoffwerders Sitz Marquardt, nordwestlich von Potsdam, abgehalten wurden, suchte man den beeindruckbaren Monarchen etwa dadurch zu erschrecken, daß man den Großen Kurfürsten erscheinen ließ, der ihm kräftig die Leviten laß. Freilich sind bei Bischoffwerder, der, seit 1789 Generaladjutant des Königs, zu dessen Günstling aufstieg, keine unsauberen Motive zu erkennen.

Bedenklicher schon war das Wirken des Theologen Johann Christoph Wöllner, eines weiteren in der Gunst des Königs stehenden Rosenkreuzers, den Friedrich der Große in seinem Argwohn einen »betriegerischen und intriganten Pfaffen« genannt hatte. Er hat sich im Gedächtnis der Nachwelt durch das von ihm entworfene Religionsedikt des Jahres 1788 einen zweifelhaften Ruf erworben. Im ersten Teil ein Toleranzpatent im Sinne des Großen Königs, band es in einem zweiten Teil die lutherische Landeskirche in dogmatischer Weise an die Bekenntnisschriften der Reformation. Das Entscheidende war, daß diese Bestimmung auf das engherzigste ausgeführt wurde und infolgedessen freiere Richtungen in der Kirche wie in der Schule keinen Platz mehr hatten und Heuchelei an ihre Stelle trat. Der aufklärerisch gesinnte Leiter des geistlichen und Schuldepartements, Karl Abraham Freiherr von Zedlitz, der Vater des Abiturs, wurde aus seinem Amte entfernt und durch Wöllner selbst ersetzt; Kant im fernen Königsberg mußte geloben, hinfort nichts mehr über Religion zu lehren oder zu veröffentlichen.

Obwohl dem König an sich Kleinliches fremd war, worauf auch die gegenüber früher deutlich gehobene Stellung des preußischen Judentums im Geschäftsleben, in der Literatur und in der Gesellschaft hindeutet, geht das Klima der geistigen Bedrückung in seiner Regierungszeit nicht nur auf das Konto der Rosenkreuzer; man muß sogar sagen, daß Friedrich Wilhelm in dieser Beziehung »nicht der Geschobene, sondern der Schiebende« war (O. Hintze).

Liberalen Tendenzen ungünstig zeigte sich in diesen Jahren die abschrekkende Wirkung, die die Französische Revolution auf die Regierenden des alten Europa ausübte. Dieser Stimmung entsprang auch eine Revision des erstmalig 1791 gedruckten Allgemeinen Landrechts; ihr fiel der schon von Cocceji verfochtene und von Friedrich dem Großen akzeptierte Grundsatz zum Opfer, daß bei zivilen Gerichtsverfahren königliche Machtsprüche ausgeschlossen sein sollten.

Da der preußische Staat von den »drei großen Hohenzollern« auf die Alleinregierung des Monarchen abgestellt worden war, Friedrich Wilhelm II. aber nicht die Statur hatte, um dem darin liegenden hohen Anspruch zu genügen, mußte das königliche Kabinett, das ja die ganze Staatstätigkeit zu leiten hatte, sehr schnell entlastet werden. Daher wurde noch im Jahre 1786 auf Veranlassung Wöllners durch eine Instruktion verordnet, daß alle Neuerungen, die hinsichtlich der Zentralverwaltung seit der Begründung des Generaldirektoriums im Jahre 1723 erfolgt waren, rückgängig zu machen seien, was vor allem bedeutete, daß die kollegialische Organisation des obersten Staatsorgans wieder voll beachtet werden sollte. Man beschloß also, durch einen Rückgriff auf alte Muster, der vor allem zur Wiedereinführung der Plenarsitzungen des Generaldirektoriums führen mußte, die Zentralisation der Staatsverwaltung vom Kabinett wieder auf die alte Großbehörde zurückzuführen, statt, wie es im Zuge der Zeit gelegen hätte, ein Premierministersystem einzurichten.

Es erwies sich denn auch, daß infolge des Eigengewichtes der großen Wirtschaftsverwaltungen und angesichts der beträchtlichen Vergrößerung des Staatsgebietes seit 1740 eine Rückkehr zum umständlichen Kollegialprinzip nicht mehr möglich war. Sie wurde daher in der Form einer »näheren Anweisung« des Königs zu der genannten Instruktion von 1786 im wesentlichen wieder aufgegeben. So blieb es bei der Fiktion der Regierung des Königs aus dem Kabinett. Nur hinsichtlich seiner umfangreichen militärischen Aufgaben konnte der Monarch entlastet werden: 1787 wurde ein Oberkriegskollegium eingerichtet, das durch Eintritt des Präsidenten und des Departementschefs als Minister in das Generaldirektorium mit der obersten Finanzbehörde verbunden war. Mit dem Heerkönigtum der Hohenzollern sollte es, so sehr diese auch in Zukunft noch etwas davon zu retten suchten, ein für allemal vorbei sein. Aber auch sonst hatte die monarchische Selbstregierung keine Zukunft mehr. Vorerst wurde aber noch mit Hilfe von einflußreichen Günstlingen wie Bischoffwerder und dank des Fleißes im stillen arbeitender Kabinettssekretäre der Schein gewahrt.

Auch in der auswärtigen Politik Preußens gab den Ton schließlich Bischoffwerder an; den Grafen Hertzberg, der nach jahrelanger entsagungsvoller Arbeit als Kabinettsminister Friedrichs des Großen zu einer selbständigen politischen Rolle zu gelangen suchte, schob er Anfang der neunziger Jahre beiseite. Bischoffwerders Anliegen war eine Verständigung mit Österreich, zu der nach dem Tode Josephs II. am 20. Februar 1790 der Weg frei wurde. Als gemeinsames Ziel beider Mächte stand ihm eine Intervention in Frankreich zum Zwecke einer Auslöschung der auf ganz Europa ausstrahlenden Revolution vor Augen. Auf die Konvention von Reichenbach vom 27. Juli 1790, die Friedrichs Deutschen Fürstenbund von 1785 überflüssig machte und eine bis in die Zeit Bismarcks andauernde preußisch-österreichische Partnerschaft einleitete, folgte das sogenannte Präliminarbündnis vom 25. Juli 1791, in dem man eine Koalition zur Rettung der französischen Königsfamilie in Aussicht nahm, die soeben vergeblich einen Fluchtversuch unternommen hatte. Obwohl die in dieselbe Richtung gehende Erklärung von Pillnitz vom 27. August (erlassen in der Sommerresidenz der Kurfürsten von Sachsen im heutigen Stadtkreis Dresden) sehr zurückhaltend ausgefallen war, machten Preußen und Österreich mobil; aber erst auf eine französische Kriegserklärung vom 20. April 1792 hin begann der Koalitionskrieg gegen Frankreich.

Daß die Verbündeten ihr Kriegsziel auch nicht andeutungsweise erreichten, war nicht zuletzt auf Preußen zurückzuführen. Die preußische Führung des Koalitionskrieges war zunächst unzulänglich, die preußischen Truppen zeigten unübersehbare Mängel, und vor allem interessierte sich die preußische Politik bald mehr für Polen als für Frankreich. Denn während die Koalition, der seit 1793 auch England angehörte, im Kampfe mit dem revolutionären Frankreich stand, schickte sich die Zarin Katharina II. dazu an, eine vollständige Aufteilung der Adelsrepublik zu betreiben. Daran wollte aber Preußen möglichst reichlichen Anteil nehmen, was auch militärische Kräfte erforderte. Tatsächlich gewann Preußen im Zuge der Zweiten Teilung Polens im Herbst 1793 Danzig und Thorn sowie die Palatinate Posen, Gnesen, Kalisch und einige andere Gebiete, woraus die neue Provinz »Südpreußen« gebildet wurde. Aus der Dritten Teilung vom Januar 1795 fielen ihm im wesentlichen litauische Gebiete zu, die als Provinz »Neuostpreußen« ihre verwaltungsmäßige Einheit fanden.

Doch hatte der politisch-militärische Einsatz im Westen und im Osten den von Friedrich dem Großen hinterlassenen Staatsschatz bald aufgezehrt, und auch der Staatskredit war schnell erschöpft. Preußen konnte den Krieg gegen Frankreich nur mit Hilfe englischer Subsidien fortführen und war damit in die unwürdigen Verhältnisse der Zeit vor 1713 zurückgefallen. Schließlich blieb ihm nichts anderes übrig, als Frieden mit Frankreich zu suchen. Nach anfänglichem Widerstreben König Friedrich Wilhelms II., mit den »Königsmördern« zu unterhandeln, kam es zum Friedensschluß von Basel, der am 15. April 1795 ratifiziert wurde; Preußen gab das linke Rheinufer vorbehaltlich eines Friedens mit dem Reich preis und setzte für die Fortdauer des Krieges eine Neutralisierung Norddeutschlands durch.

Der König hatte 1794 sowohl in Frankreich als auch in Polen bei seinen Truppen geweilt, war aber seitdem herzleidend und hat sich davon trotz einer Kur in Pyrmont nicht mehr erholt. Die Wassersucht erschwerte sein Leiden, und am 16. November 1797 ist er, bis zuletzt von der Gräfin Lichtenau aufopfernd gepflegt, in Berlin, erst 53jährig, gestorben. Die Trauerfeier im Berliner Dom schloß mit einem Vorgang von nicht geringer Symbolkraft. Vor dem Altar stand auf einer versenkbaren Plattform der Sarg des verstorbenen Königs. Auf ein Zeichen hin, daß der Mechanismus in Gang gesetzt werden solle, trat Bischoffwerder mit einer Fackel in der Hand auf die Plattform – und unter großem Eindruck auf die Anwesenden versank mit den sterblichen Überresten des Monarchen sein Günstling.

Nicht nur zwei Personen, ein Toter und ein Lebender, waren abgegangen. Das ziel- und kraftlose Wirken der Regierung König Friedrich Wilhelms II. hatte die Grenzen des Absolutismus im allgemeinen und die des preußischen Machtstaates im besonderen deutlich genug gemacht. Schon die kurz nach Regierungsantritt den Untertanen erwiesenen Wohltaten hatten große Löcher in die Staatskasse gerissen; bald mußten die Preise für Massenverbrauchsgüter wie Mehl, Zucker, Salz und Bier erhöht werden, und am Ende hat sich der König gar dazu entschlossen, das ehedem so verhaßte Tabakmonopol abermals einzuführen (während es sein Nachfolger auf allgemeinen Unmut hin wieder aufgeben mußte). Die territorialen Erwerbungen seiner Regierung haben den Staat mit einer großen Zahl von polnischen Untertanen belastet und sind infolge des geringen Entwicklungsstandes der erworbenen Gebiete von nur begrenztem Wert gewesen. Einzig die Markgrafschaften Ansbach und Bayreuth, die der letzte Markgraf 1791 an Preußen abgetreten hatte und die daraufhin in den preußischen Staatsverband einverleibt worden waren, versprachen sich als wertvoller Gewinn zu erweisen.

# Die Nachkommen König Friedrich Wilhelms II.

## AUS DER EHE MIT ELISABETH VON BRAUNSCHWEIG-WOLFENBÜTTEL

1. Friederike
 * 7. 5. 1769
 † 6. 8. 1820
 ⚭ 29. 9. 1791 mit Herzog Friedrich von York
 * 16. 8. 1763
 † 5. 1. 1827

## AUS DER EHE MIT FRIEDERIKE LUISE VON HESSEN-DARMSTADT

1. Friedrich Wilhelm, der spätere König
 * 3. 8. 1770
 † 7. 6. 1840

2. Wilhelmine
 * 31. 8. 1772
 † 14. 6. 1773

3. Ludwig
 * 5. 11. 1773
 † 28. 12. 1796
 ⚭ 26. 12. 1793 mit Prinzessin Friederike von Mecklenburg-Strelitz
 * 2. 3. 1778
 † 29. 6. 1841

4. Wilhelmine
 * 18. 11. 1774
 † 12. 10. 1837
 ⚭ 1. 10. 1791 mit Wilhelm I., König der Niederlande
 * 24. 8. 1772
 † 12. 12. 1843

5. Auguste

* 1. 5. 1780

† 19. 2. 1841

⚭ 13. 2. 1797 mit Landgraf (dem späteren Kurfürsten) Wilhelm II. von Hessen-Kassel

* 28. 7. 1777

† 20. 11. 1847

6. Heinrich, Großmeister der preußischen Johanniter

* 30. 12. 1781

† 12. 7. 1846

7. Wilhelm

* 3. 7. 1783

† 28. 9. 1751

⚭ 12. 1. 1804 mit Landgräfin Marie Anna von Hessen-Homburg

* 13. 10. 1785

† 14. 4. 1846

# Die jüngere Linie der fränkischen Hohenzollern 1603–1791

Mit dem Aussterben der älteren markgräflichen Linie im Jahre 1603 trat der fränkische Territorialbesitz des Hohenzollernhauses wieder in zwei Bestandteile auseinander. Aufgrund des Geraer Hausvertrages von 1598 und gemäß Bestimmung durch das Los gelangte das obergebirgische Fürstentum an Markgraf Christian, einen nachgeborenen Sohn des brandenburgischen Kurfürsten Joachim Friedrich, während das untergebirgische Fürstentum Ansbach seinem jüngeren Bruder Joachim Ernst zufiel.

Joachim Ernst war ein eitler, stark emotional handelnder, ja cholerischer Mann, der in seiner Regierung, politisch unselbständig, wie er war, über eine gewisse Zaghaftigkeit nie hinaus gelangte. Aber auch im Militärischen, das nach Lehrjahren bei Moritz von Oranien in den Niederlanden zu seinem eigentlichen Beruf geworden war, blieb er ohne Erfolge. Im Inneren seines Landes von Schulden bedrängt (da das Vermögen des Vorgängers nach Brandenburg gegangen war), immerhin aber gegen den Widerstand der Stände um seine jüdischen Untertanen besorgt (Schutzprivilegien ab 1609), lehnte er sich in den äußeren Beziehungen an die kurpfälzische Politik und ihren Leiter, Christian von Anhalt, an, der sein Oheim war. So konnte am 14. Mai 1608 im Konventssaal des ehemaligen Benediktinerklosters Auhausen im Wörnitztal (bei Nördlingen), das über eine Schutzvogtei der Markgrafen von Ansbach an diese gekommen war, die evangelische Union abgeschlossen werden. Am 25. Februar 1625, also mitten im Dreißigjährigen Krieg, an dem er als General der Union aktiv teilgenommen hatte, ist Markgraf Joachim Ernst, erst 42jährig, an einem Schlaganfall in Ansbach gestorben. Die Vormundschaft über den knapp neunjährigen Erbprinzen Friedrich hatte er Christian von Anhalt zugedacht, der sie aber, infolge der Katastrophe der Union der Reichsacht verfallen, dem Kulmbacher Markgrafen Christian überlassen mußte.

Dieser hatte 1604 seine Residenz von der Kulmbacher Plassenburg nach Bayreuth verlegt, hier das seit dem 15. Jahrhundert bestehende, zu einem unübersichtlichen Gebäudekomplex zusammengewachsene, heute sogenannte Alte Schloß bezogen und ein Gymnasium begründet. Arg litten beide Markgrafschaften unter dem Deutschland nach der Art eines Steppenbrandes verwüstenden Dreißigjährigen Krieg. Erlangen, Neustadt a. d. Aisch und Bayreuth gingen in Flammen auf, während die ansbachischen Lande ebenfalls von kaiserlichen und schwedischen Truppen gequält wurden; die oberhalb des mittelfränkischen Weißenburg gelegene Festung Wülzburg war seit Ende 1631 bis zum Friedensschluß der kaiserliche Hauptstützpunkt im südlichen Franken, Ansbach wurde wiederholt ausgeplündert und gebrandschatzt. Durch den Beitritt zum Prager Frieden von 1635 konnte Markgraf Christian, der nach der Schlacht von Breitenfeld der Sache Gustav Adolfs beigetreten war, die Not seines Landes mildern.

Die Regentschaft in der Nachfolge Joachim Ernsts von Ansbach, dessen Grab in der Klosterkirche zu Heilsbronn von Reitern des kaiserlichen Generalissimus Tilly 1631 geplündert wurde, stand angesichts des Ausgeliefertseins an die kriegführenden Mächte bald unmittelbar vor dem Zusammenbruch; der Hof der Markgräfin-Mutter flüchtete über Nürnberg, Crailsheim und Kitzingen nach Frankfurt a. M. Zu allem Überfluß gestaltete sich die jegliche Hoffnungen der evangelischen Sache vernichtende Schlacht von Nördlingen im Jahre 1634 für die Markgrafschaft Ansbach noch in einer ganz besonderen Weise als schicksalshaft: Erbprinz Friedrich, soeben großjährig geworden und mit Recht von mancher Hoffnung begleitet, wurde nach der Schlacht, an der er als Oberst des Prinzen Bernhard von Weimar teilgenommen hatte, als vermißt gemeldet; sein Verbleib konnte niemals aufgeklärt werden. Der nächstjüngere Bruder, den eine Kavalierstour nach Frankreich unter der Leitung des Staatsrechtlers Limnaeus den Kriegsgreueln entziehen sollte, war im Februar 1633 nach einer heftigen Erkrankung in Blois gestorben. 1639 kam sein Bruder Albrecht zur Regierung eines Landes, das vorübergehend unter kaiserlicher Sequestration gestanden hatte und auch nach dem Beitritt seiner Mutter zum Prager Frieden nicht zur Ruhe gekommen war.

Markgraf Albrecht V., den die Zeitgenossen auch den »Rechtschaffenen« nannten, ist, bescheiden und sparsam, um die Wiederherstellung der Landeskultur der Markgrafschaft Ansbach bemüht gewesen und hat sich, um alle seine Kräfte diesem Werk widmen zu können, von der auswärtigen und der Reichspolitik fast völlig zurückgehalten. Er verstand es mit großer Umsicht, die Auswirkungen des fortschwelenden Krieges auf sein Territorium in Grenzen zu halten. Im weiteren hat er mit einer großzügigen Kreditpolitik Landwirtschaft und städtisches Gewerbe zu sanieren verstanden und als orthodoxer Lutheraner durch Ansiedlung österreichischer Glaubensflüchtlinge einen weiteren Ausbau der Wirtschaftskraft des Landes betrieben. Große Stütze und Hilfe war ihm Limnaeus, der 1663 als Geheimer Rat und Kämmerer hochgeehrt in Ansbach gestorben ist. Eine von ihm 1631 verfaßte »Instruction« wurde für Markgraf Albrecht zum Maßstab seines vorabsolutistischen landesherrlichen Regiments, das auf diese Weise auch mit dem westeuropäischen Gedankengut des Neustoizismus und seinem entkonfessionalisierten Staatsbegriff verbunden wurde, den der gelehrte und lebenslustige Jurist durch den Niederländer Justus Lipsius vermittelt bekommen hatte.

Der ebenfalls genußfreudige Markgraf, bald ein Mann von großer Körperfülle, starb am 22. Oktober 1667 im Alter von 46 Jahren an den Pocken, mit denen er sich beim Besuch im Krankenzimmer seiner Kinder infiziert hatte. Seine letzte Ruhe fand er in der von ihm geschaffenen Fürstengruft unter dem Chor der Pfarrkirche St. Johannis zu Ansbach; die Sarkophage der seitdem nicht mehr in Heilsbronn bestatteten Ansbacher Hohenzollern befinden sich seit 1972/73 in der Gruft unter der Schwanenritterkapelle von St. Gumbert, der früheren Stifts- und Hofkirche.

In Bayreuth war Markgraf Christian am 30. Mai 1655 gestorben. Ihm war sein minderjähriger Enkel Christian Ernst gefolgt, der zunächst unter der Vormundschaft Albrechts von Ansbach und des Großen Kurfürsten von Brandenburg gestanden hatte. Markgraf Christian Ernst hat einen großen Teil seiner Lebenskraft dem Dienste im kaiserlichen Heer gewidmet und gegen Frankreich, dessen Truppen 1689 auch Franken heimsuchten, sowie die Türken gekämpft. Seinem Lande führte er durch die Aufnahme französischer Emigranten wertvolle Kräfte zu. In Erlangen entstand ein neuer Stadtteil für sie (Neustadt-Erlangen); aber auch in Bayreuth, Neustadt a. d. Aisch, im benachbarten Wilhelmsdorf, Münchaurach (bei Höchstadt), Baiersdorf, Kulmbach, Hof, Naila und Wunsiedel fanden die durch Ludwig XIV. vertriebenen Hugenotten neue Heimstätten. Die Refugiés machten in den gewerbeschwachen markgräflichen Landen die Strumpfwirkerei sowie die Seiden- und Hutfabrikation und andere Erwerbszweige heimisch.

Die lange Regierungszeit des Markgrafen Christian Ernst – er starb am 20. Mai 1712 – ist auch für die Regierung seines Sohnes Georg Wilhelm (1712–1726) und dessen Nachfolger Georg Friedrich Karl (1726–1735), der einer jüngeren Linie des Bayreuther Hauses angehörte, maßgeblich geworden. Georg Wilhelm, ruhelos auf glanzvolle Repräsentation seiner in der Machtausstattung doch begrenzten Stellung bedacht, steht auch für die bizarren Züge des Fürstentums seiner Zeit. Er erbaute sich östlich von Bayreuth das Schloß Eremitage, wo er zusammen mit seiner Gemahlin Sophie (aus dem Hause Sachsen-Weißenfels), die von den Zeitgenossen wegen ihrer Leichtlebigkeit als fränkische Laïs bezeichnet wurde, die Sommerzeit verbrachte. Dort pflegten das markgräfliche Paar und die Hofgesellschaft als Eremiten verkleidet zu sein, in »Zellen« des Schlosses oder in im Park stehenden Blockhütten zu hausen und sich nach dem Geschmack der Zeit in der Illusion eines Hirten- und Schäferlebens zu wiegen. Es war dies eine Maske, hinter der sich barocke Sinnenfreude verbarg. Im Schloß Eremitage begegnete man aber auch einer Darstellung des Ordenskreuzes »De la Sincérité« (»Von der Wahrhaftigkeit«), des später von der Krone Preußens übernommenen Roten Adlerordens.

In Ansbach war 1667 auf Albrecht V. der noch nicht volljährige Markgraf Johann Friedrich gefolgt, für den eine vormundschaftliche Regierung eingerichtet werden mußte, der der Große Kurfürst vorstand. 1672, mit Vollendung seines 18. Lebensjahres selbst zur Regierung gelangt, hat er in vielem den Kurs der Regierung seines Vorgängers weiterverfolgt. Hierzu zählte auch eine intensive Gewerbepolitik mit merkantilistischen Zügen, der die Ansiedlung hugenottischer Flüchtlinge vor allem in Schwabach (und nicht in Ansbach, wo sich die lutherische Geistlichkeit dagegen sperrte) dienen sollte. Jedoch war der junge Markgraf allzuoft von den Regierungsgeschäften abgehalten und hat auch im Gegensatz zum Vater eine haushälterische Ökonomie vermissen lassen. Häufige Reisen, ein aufwendiger Hofstaat sowie geistige und künstlerische Liebhabereien – der Aufbau einer umfassenden Bibliothek, die Begründung einer Hofkapelle, die Veranstaltung von Opernaufführungen und die Einrichtung einer markgräflichen Kunstkammer – verschlangen bedeutende Summen und erzeugten mit der Zeit einen beträchtlichen Schuldenberg. Als Markgraf Johann Friedrich, der auch ein nicht untalentierter Schriftsteller war, am 22. März 1686, kaum 32jährig, den Pocken erlag, bestellte man die für die Hofgesellschaft bestimmte modische Trauerkleidung eigens aus Paris – und beauftragte nach dem Leichenbegängnis einen Hofjuden damit, die nur einmal getragenen Gewänder in Leipzig so teuer wie möglich wieder zu veräußern.

Auf den Tod Johann Friedrichs folgte abermals eine vormundschaftliche Regierung unter der obersten Leitung des Großen Kurfürsten und – nach dessen Ableben – des Kurfürsten Friedrich III. 1694 übernahm Markgraf Georg Friedrich der Jüngere, erst 16jährig, die Regierung. Er war ein Kavalier von ansprechendem Äußeren, bemerkenswerten Geistesgaben sowie von guten Sitten, aber von großer Unruhe und Durst nach kriegerischem Ruhm erfüllt. Er befand sich ständig auf Reisen und nahm an den Feldzügen des Kaisers gegen Frankreich teil. Tauchte er einmal in Ansbach auf, suchten ihn seine Geheimen Räte händeringend davon zu überzeugen, daß er seinem Lande eher zu Hause als etwa in Italien dienen könne. Auch empfanden sie, daß die Repräsentation des Staates nach innen und nach außen empfindlich leide, und fürchteten, der abenteuerliche Wandel des Fürsten könne diesem vor der Zeit das Leben kosten. Endlich mußten sie um den schon vom Vorgänger außerordentlich strapazierten Staatsetat besorgt sein.

Aber alles war vergebens! Zu den ständigen Reisen des Markgrafen kamen enorme Aufwendungen für das höfische Kulturleben, mit denen Ansbach seinen unter Johann Friedrich erworbenen Ruf, ein Musenhof zu sein, zu rechtfertigen suchte; insbesondere für die Musik war dem jungen Markgrafen keine Ausgabe zu hoch. Bei einer solchen Bedenkenlosigkeit im Geldausgeben bewegte man sich unaufhaltsam auf einen Staatsbankrott zu. Die Stände, die von dem jungen Herrn trotz seiner häufigen Abwesenheit beiseitegeschoben werden konnten, waren so machtlos wie die sorgengeplagten Geheimen Räte. Da traf den Markgrafen als General der Kavallerie der kaiserlichen Armee am 28. März 1703 bei dem oberpfälzischen Schmidmühlen an der Vils eine bayerische Musketenkugel, der er am nächsten Tag erlag.

Auf Georg Friedrich den Jüngeren folgte dessen Stiefbruder Wilhelm

Friedrich. Wie jener Soldat, zeigte er wohl eine reine Gesinnung, war aber menschenscheu, zaghaft und ohne politisches Talent. Wie in den auswärtigen Beziehungen von seinem hohenzollernschen Nachbarn, mit dem er das Condirektorium des fränkischen Reichskreises ausübte, wurde er innerhalb der Landesgrenzen, ja sogar am eigenen Hof hoffnungslos überspielt; im Mittelpunkt der höfischen Kabale stand der Generalsuperintendent, Oberhofprediger und markgräfliche Beichtvater Händel, der es schließlich wagte, den Markgrafen von der Kanzel herab unverhüllt anzugreifen.

Wilhelm Friedrich, dem dies dann allerdings zuviel war – der respektlose Seelsorger entging nur knapp dem Tode auf dem Schafott –, hat manche seiner Schwächen durch die glückliche Wahl seiner Gattin ausgleichen können. Er heiratete seine württembergische Cousine Christiane Charlotte, die eine kluge, temperamentvolle, tatkräftige und umgängliche Frau war. Sie hat auch hinter den kulturellen Bestrebungen gestanden, durch die Ansbach in der damaligen Zeit glänzte. Es entstand zunächst eine Fayance-Fabrik, 1720 erklärte der Markgraf seine Hausbibliothek zu einer öffentlichen Landesbibliothek, und vor allem kam es auf Betreiben der Markgräfin zu einer den modernen höfischen Bedürfnissen entsprechenden barocken Umgestaltung des Residenzschlosses in Ansbach durch Gabriel de Gabrieli und die Brüder von Zocha, für die es bereits Pläne aus der Zeit Georg Friedrichs gab. Freilich stockten die umfangreichen Bauarbeiten infolge leerer Kassen zeitweilig. Markgraf Wilhelm Friedrich, der seit einer Verwundung im Kampf mit Frankreich im Spanischen Erbfolgekrieg stets kränklich gewesen sein soll, starb am 7. Januar 1723 an den Folgen eines Schlaganfalls in seinem Jagdschloß Reichenbach (Unterreichenbach im heutigen Stadtkreis Schwabach) im 38. Lebensjahr.

Da der Erbprinz Carl Wilhelm Friedrich beim Tode seines Vaters noch nicht das elfte Lebensjahr vollendet hatte, trat die Markgräfin Christiane Charlotte gemäß testamentarischer Verfügung ihres Gatten als »Obervormunderin und Landesregentin« an die erste Stelle des markgräflichen Staatswesens. Eine Verminderung des Aufwandes bei Hofe und eine Verwaltungsvereinfachung sollten dem Staatshaushalt die dringend notwendige Entlastung bringen. Aber die der Residenzstadt Ansbach gewidmeten Verschönerungsarbeiten (wozu die Anlage der Promenade gehörte) und die Fortführung des Schloßbaus ließen es – obwohl letztere auch aus der Privatschatulle der Markgräfin finanziert wurde – zu keiner Besserung der Haushaltslage kommen. Bald überschattete die Tage der noch jungen Fürstin ein schweres, sich verschlimmerndes Leiden, dem sie Weihnachten 1729 im Alter von 35 Jahren erlag. Im Juni hatte sie die Landesregierung dem erst 17jährigen Erbprinzen übertragen können.

Markgraf Carl Wilhelm Friedrich und seine Regierung stellen ein wirkungsvolles Beispiel für den mittelstaatlichen Absolutismus in Deutschland dar. Der junge Markgraf verfügte über ein hohes Maß an Intelligenz, ein ausgeprägtes Selbstbewußtsein und über Energie. Er straffte die ansbachische Behördenorganisation und setzte eine weitgehende Trennung von Justiz und Verwaltung durch. In aufgeklärt-absolutistischer Art betrieb er eine nachhaltige Gewerbeförderung; die Schwabacher Juden, die sich unter anderem der Strumpfwirkerei und der Nadelfabrikation gewidmet hatten, kamen in den Genuß mehrerer Privilegien. Über der Steigerung des Gewerbefleißes wurde die Pflege der Land- und Forstwirtschaft nicht vernachlässigt. Carl Wilhelm Friedrich selbst war einer der bedeutendsten und leidenschaftlichsten Jäger seiner Zeit – aber die ausschweifende, maßlose Art, die sich bei der Befolgung dieser Passion offenbarte, war der Grund dafür, daß trotz aller Erfolge seiner planmäßigen Wirtschaftspolitik die nun schon seit Generationen miserable Finanzlage seines Landes auch ein Merkmal seiner Regierungszeit blieb. Sein Falknerkorps, das 1751 nicht weniger als 51 Personen umfaßte, war das größte, das sich je ein deutscher Reichsfürst leistete. Die Falkenjagd allein kostete ein Zehntel des gesamten Kammeretats. Da der Markgraf auch sonst dem höfisch-absolutistischen Stil seiner Tage anhing, war das ansbachische Fürstentum, obwohl seine Untertanen eine hohe Steuerlast zu tragen hatten, wieder einmal ernstlich von einem Staatsbankrott bedroht. Entsprechend seinen künstlerischen Neigungen trieb der Markgraf insbesondere die Vollendung des sich nunmehr 30 Jahre hinschleppenden Residenzbaus durch Leopold Retti voran; von der prachtvollen Innengestaltung, die neben derjenigen der Residenz Würzburg zur bedeutendsten in Franken wurde, durften nicht die geringsten Abstriche gemacht werden.

War Markgraf Carl Wilhelm Friedrich einerseits großzügig, besorgt um das Wohl seiner Untertanen, ja humanitär gesinnt, so konnte er andererseits auch aufbrausend, jähzornig, herrisch und von unmäßiger Härte sein. Dadurch gewann der von ihm praktizierte Absolutismus etwas Willkürliches und Despotisches. Wie in seinen Liebhabereien zeigte er im Trunke und in seinem Verhältnis zu den Frauen Zügellosigkeit. Darunter litt vor allem seine Ehe mit der Preußenprinzessin Friederike Louise, einer Schwester Friedrichs des Großen, zumal diese in ihrem empfindsamen Stolz nicht zu ihm paßte und vom Vater nur deshalb mit ihm verheiratet worden war, um die Berliner Erbansprüche auf Ansbach zu erneuern. Wohl liebte der Markgraf höfische Repräsentation, doch wurde er auch durch einfaches Landleben angezogen, in dem er sich mit Hunden und Falken bewegte sowie die Nähe natürlicher Mädchen aus dem Volke suchte. Mit der Tochter eines seiner Falkner, die ihm eine anspruchslose Häuslichkeit zu schaffen verstand, war er morganatisch verheiratet.

Obwohl Markgraf Carl Wilhelm Friedrich ein Schwager Friedrichs des Großen war, wollte er doch nicht als ein »apanagierter Prinz und Landsaß des Königs, sondern [als] ein souveräner Reichsfürst« gelten, wie er selbst äußerte. Im Österreichischen Erbfolgekrieg neutral, hat er sich im Januar

1757 mit dem Reich auf die Seite der Gegner Preußens gestellt, ohne dafür bei seiner Gemahlin, seinem Sohn, dem Erbprinzen Carl Alexander, und auch bei großen Teilen seiner Untertanen Verständnis zu finden. Unmittelbar darauf suchten preußische Truppen die ansbachischen Lande heim und setzten den Markgrafen dadurch in einige Verlegenheit. Nach Abzug des preußischen Streifkorps erlitt er in seinem Jagdschloß Gunzenhausen einen Schlaganfall, an dessen Folgen er, 46jährig, am 3. August 1757 starb. Als der »wilde Markgraf« zu Grabe getragen wurde, stürmte nach der Erzählung des Ritters von Lang »eine wilde Menge Volkes« heran, »nicht den Sturz menschlicher Größe schweigsam betrachtend, sondern in neugierigem, schadenfrohem Toben und Brausen, gleichsam als würde der ärgste Räuber in Ketten und Banden eingeliefert«.

Während die Markgräfin Friederike Louise unter ihrem Gatten gelitten hatte und nach dem Tode des von ihr Verachteten auf Schloß Unterschwaningen (im heutigen Kreis Ansbach), das einst ihre Schwiegermutter hatte aufführen lassen, noch ein 26jähriges, trauriges Witwendasein fristete, war ihrer Schwester Wilhelmine an der Seite des Bayreuther Markgrafen Friedrich (1735–1762) ein glücklicheres, wenn auch infolge eines unheilbaren Leidens kürzeres Dasein beschieden. Ihr Gatte gewährte ihr mehr Raum zu persönlicher Entfaltung, als für die knapp bemessenen Bayreuther Finanzen gut war. Als 1753 das Alte Schloß zu Bayreuth durch einen Brand verwüstet worden war und die Stände daraufhin ihre bis dahin verweigerte Genehmigung zum Bau eines Neuen Schlosses geben mußten, wollte das Gerücht nicht verstummen, der Markgraf selbst habe den von der Markgräfin als düster und in seiner Ausstattung als zu dürftig bezeichneten Bau anzünden lassen.

Wilhelmine riß ihren Gatten zu immer neuen Unternehmungen fort. »Zu ihrem aufgeweckten, durchdringenden und äußerst kritischen Verstand kamen eine kapriziöse Eigenwilligkeit, eine launische Sprunghaftigkeit und eine nervöse Unruhe, mit der sie ununterbrochen neue Projekte ausheckte, sicher auch, um der Langeweile in Bayreuth zu entrinnen« (H. Kreisel). Sie, die selbst Architekturstudien getrieben hatte, veranlaßte hier eine Reihe qualitätvoller Bauten, an deren Entwürfen, namentlich denen für die Inneneinrichtung, sie selbst beteiligt war. Auf Arbeiten am Alten Schloß, dem eine Schloßkirche hinzugefügt wurde, folgten der Bau des Neuen Schlosses, eines Markgräflichen Opernhauses, eines Neuen Schlosses Eremitage und die Anlage eines dazugehörigen Gartens sowie des Landschaftsgartens Sanspareil mit Gartengebäuden und einem Felsentheater (im heutigen Kreis Kulmbach). An die Stelle des bloß Sinnlichen traten die Musen. Zwar trug auch Wilhelmine das Eremitenkleid, aber als ein Gewand der Poesie und des Geistes, das vor der Widerwärtigkeit der Welt schützen sollte. Die Markgräfin pflegte, wie der königliche Bruder kompositorisch tätig, die Musik, trat als Dichterin, Stückeschreiberin (für das markgräfliche Opernhaus) und

Schriftstellerin – als solche mit ihren berühmten Denkwürdigkeiten – hervor. Sie bedurfte, um sich ihrer selbst gewiß zu werden, eines geistigen und künstlerischen Kreises, den sie in Bayreuth schmerzlich entbehrte. Das Zusammensein mit ihrem Bruder Friedrich und Voltaire auf der Eremitage blieb sonnenbeschienene Episode.

Als eine der bekanntesten geistreichen Frauen ihres Jahrhunderts war Markgräfin Wilhelmine auch an der Gründung der Universität Erlangen beteiligt, die ihr Gatte im Jahre 1743 stiftete. Diese Hochschule machte die Nürnberger Universität Altdorf überflüssig und veranlaßte die Aufgabe von Universitätsplänen, die in Ansbach die Markgräfin Christiane Charlotte verfolgt hatte (während der ansbachische Universitätsfonds später der Erlanger Gründung zugute kam).

Nach Markgraf Friedrich, der seiner bereits am 14. Oktober 1758 verstorbenen Gattin Wilhelmine am 26. März 1762 im Tode folgte, sah sich sein Oheim Friedrich Christian, der letzte Agnat der Bayreuther Linie, an das Ruder des markgräflichen Staates gestellt. Der etwas wunderliche dänische General (seine Schwester war Königin von Dänemark), der nur widerwillig nach Franken gekommen war, machte dem oberfränkischen Musenhof abrupt ein Ende und begab sich in die Hände eines in seinem Gefolge befindlichen Abenteurers, der bald im Verein mit seinen Kreaturen im Lande den Ton angab und nach Kräften in seine Tasche wirtschaftete. Das Staatswesen wurde mehr und mehr das Opfer verschiedener Günstlinge und ihrer Privatfehden, bis der Markgraf selbst durch deren Machenschaften, für blödsinnig erklärt, aus der Regierung gedrängt zu werden drohte. Auch nach der Aufdeckung dieser Verschwörung konnte man sich keine Aussicht darauf machen, daß das Land aus den verwirrten Verhältnissen, in die es hineingeraten war, wieder herausfinden würde – als der unheilvolle Markgraf am 2. Januar 1769 unerwartet seine Augen für immer schloß. Da kein Erbe vorhanden war, kam das Bayreuther Territorium an Markgraf Carl Alexander von Ansbach. Beide Territorien behielten aber ihre gesonderten Verwaltungen, waren also lediglich in Personalunion miteinander verbunden.

Markgraf Christian Friedrich Carl Alexander, kurz Carl Alexander genannt, war ein vorzüglich auf seinen Fürstenberuf vorbereiteter, sensibler und weicher Mann von schlanker Gestalt. Er eiferte dem aufgeklärten Absolutismus seines großen preußischen Oheims nach, mit dem er in besten Beziehungen stand. Auch seine Geisteshaltung und seine Lebensart waren ganz vom aufgeklärten Zeitgeist geprägt. Er war der erste süddeutsche Fürst, der mit dem Prinzip der Toleranz ernst machte: Er ließ in Ansbach und Erlangen katholische Gottesdienste zu und verfügte 1772 die Aufhebung der Folter. Besondere Fürsorge widmete er dem Bildungswesen, wie etwa dem von seinem Vater gegründeten Gymnasium zu Ansbach und der Erlanger Universität, die daher bis heute neben dem Namen des Stifters auch den seinen trägt: Friderico Alexandrina. Zugleich suchte der Markgraf nachhaltig die Landeskultur zu heben; neben der Landwirtschaft schenkte er dem Manufakturwesen in Schwabach und Erlangen große Aufmerksamkeit und ließ breite, von Pappeln gesäumte Chausseen anlegen. 1780 entstand eine »Hochfürstlich Brandenburg Anspach-Bayreuthische Hof-Banco«, aus der die Bayerische Vereinsbank hervorgegangen ist.

In einem eiferte der Markgraf nicht dem großen Preußenkönig nach. Er regierte nicht selbst. Keine wirkliche Herrscherpersönlichkeit, verfügte er doch über genug Menschenkenntnis, um fähige Staatsmänner zu berufen, von denen er vor allem Carl Friedrich Reinhard Freiherr von Gemmingen vertraute, dem daher die Leitung der Staatsgeschäfte weitgehend überlassen war. Seine Zeit verbrachte Markgraf Carl Alexander großenteils auf Reisen, denen er manche Anregungen für die eigene Landesverwaltung verdankte. Er ist, gemessen an seinen Vorgängern, mit den Staatsmitteln sparsam umgegangen; an Bauten, für die seine Vorfahren allerdings reichlich gesorgt hatten, ist unter seiner Regierung so gut wie nichts entstanden. So hat er die Schuldenlast, die seine Lande drückte, fast völlig abtragen können. Zu diesem respektablen Ergebnis trugen eine drastische Reduzierung der Hofausgaben, eine Verwaltungsvereinfachung, aber auch ein so fragwürdiges Mittel wie die Vermietung von 2300 Soldaten an England zur Bekämpfung der Unabhängigkeitsbewegung in Nordamerika bei. Als die dazu bestimmten Soldaten 1777 in Ochsenfurt die Mainschiffe besteigen sollten, brach unter ihnen ein erbitterter Aufstand aus, der nur mit Mühe unterdrückt werden konnte.

Der Verkauf von Landeskindern scheint der Beliebtheit des zurückhaltenden, wohlwollenden und selbst gegenüber Untertanen höflichen Landesherrn nicht abträglich gewesen zu sein. Zu einer Entfernung zwischen ihm und seinem Volke führte die Vorliebe des Markgrafen für anspruchsvolle Frauen, bei denen er das suchte, was er bei seiner angetrauten Gattin, Friederike Caroline von Sachsen-Coburg, nicht fand. Dabei ist sein Verhältnis zu der großen französischen Tragödin Hippolyte Clairon, die Carl Alexander aus Paris nach Ansbach mitgebracht hatte, dem Lande keineswegs zum Schaden ausgeschlagen; sie war bescheiden, um das Wohl ihres Freundes wie seines Landes aufrichtig besorgt und von keinerlei politischem Ehrgeiz getrieben. Im Lande durchaus geachtet, mußte sie, als sie mit fortschreitendem Alter den 13 Jahre jüngeren Markgrafen nicht mehr an sich zu fesseln vermochte, den Ansbacher Hof wieder verlassen. Ihren Platz nahm bald darauf die weltgewandte und weitgereiste Schriftstellerin und Künstlerin Lady Elisa Craven ein, die 13 Jahre jünger als der Markgraf war. Sie ist das Urbild der Lady Milford in Schillers »Kabale und Liebe«, wie das Ochsenfurter Aufbegehren der markgräflichen Soldaten den historischen Kern jener Erzählung abgibt, die die Schillersche Lady vom Kammerdiener hören muß. Ihr hochfahrender, den ansbachischen Lokalpatriotismus kränkender Stolz, ihre Herrschsucht und ihre Neigung, sich in die Regierungsgeschäfte einzumischen, machten sie im Volke wie unter der Beamtenschaft verhaßt. Zudem entfremdete sie den Markgrafen mehr und mehr seinem Lande und suchte ihm eine gemeinsame Privatexistenz in England schmackhaft zu machen. Diese Werbungen verfehlten keineswegs ihre Wirkung, zumal Carl Alexander das Deutsche Reich durch die Französische Revolution tödlich bedroht sah und Ansbach-Bayreuth nach seinem Tode infolge Fehlens eines Leibeserben ohnehin an Preußen fallen mußte. Schließlich war er zur Abdankung entschlossen. Sie wurde in einem Geheimvertrag mit Preußen vom 16. Januar 1791 geregelt, der ihm eine jährliche Leibrente zusprach, mit der er einen standesgemäßen Lebenswandel bestreiten konnte. Schon seit dem Herbst des Vorjahres befand sich Minister Karl August von Hardenberg in den Fürstentümern, um deren Übernahme durch Preußen in die Wege zu leiten. Am 19. Mai 1791 verließ Markgraf Carl Alexander unter Vermeidung allen Aufsehens seine angestammten Lande; vor der Passage nach England, am 2. Dezember 1791, unterzeichnete er das Abdankungspatent, durch dessen Verkündung in Verbindung mit einer preußischen Proklamation die Untertanen erst vom Thronverzicht ihres Landesherrn und vom Ende des ansbachisch-bayreuthischen Staatswesens erfuhren. Der Anhänglichkeit seiner Landeskinder war der Markgraf so mit einer allgemein Enttäuschung hervorrufenden Achtlosigkeit begegnet. Er hatte nach dem Tode der Markgräfin und dem Ableben des Gatten der Lady diese geheiratet und starb am 5. Januar 1806 in England. Seine Erblande blieben indessen nicht preußisch; Ansbach fiel 1806 und Bayreuth 1810 an Bayern.

König Friedrich Wilhelm III.

# König Friedrich Wilhelm III. von Preußen

* 3. 8. 1770 in Potsdam
† 7. 6. 1840 in Berlin
*Grabstätte:* Mausoleum im Schloßpark Berlin-Charlottenburg

⚭ 24. 12. 1793 (Berlin) mit Prinzessin LUISE von Mecklenburg-Strelitz
* 10. 3. 1776 in Hannover
† 19. 7. 1810 in Hohenzieritz bei Neustrelitz
*Grabstätte:* Mausoleum im Schloßpark Berlin-Charlottenburg

Mit dem Frieden von Basel des Jahres 1795 hatte sich die preußische Militärmacht hinter die hier vereinbarte Neutralitätslinie zurückgezogen, und es war die Vorstellung verbreitet, Preußen könne so die von Frankreich ausgehenden Stürme der Zeit unbeschadet überstehen. Daß das gelingen könne, war auch die Hoffnung des neuen Königs Friedrich Wilhelm III., der im November 1797 den Thron bestieg; ein tatenscheues Beiseitestehen lag überdies geradezu in seiner Natur. Er erwies sich nicht nur als ein schwungloser Mann, von dem niemals eine begeisternde Wirkung auf andere ausging; er war schüchtern, in sich gekehrt und von der Unzulänglichkeit seiner selbst, seines Staates und seines Volkes überzeugt, was ihn zum Zauderer machte. Die soliden Grundsteine seines Königtums waren aufrichtige Frömmigkeit, Treue, Zuverlässigkeit, Nüchternheit und Sparsamkeit, womit sich nicht selten Pedanterie verband. Eine stattliche Erscheinung, zeichnete er sich im persönlichen Verkehr doch durch Unsicherheit und mangelnde Gesprächigkeit aus. Dementsprechend mied er die Öffentlichkeit wo nur möglich, unterzog sich den Staatsgeschäften, insbesondere den auswärtigen Angelegenheiten, mit nur wenig Freude. Zu der militärischen Seite seines Herrscherberufes fühlte er sich noch am ehesten hingezogen. Wirkliches Behagen fand er nur, frei von der Hofetikette, im häuslichen Kreise, der in manchem geradezu kleinbürgerliche Züge annehmen konnte. Wie ein Berliner Privatmann besuchte der König den Weihnachtsmarkt und ließ sich auch den Stralauer Fischzug nicht entgehen, besah sich den Aufstieg eines Luftballons oder ein Panorama. Daneben standen schlichte Theaterfreuden bei Lustspielen und Possen.

In seinem privaten Leben wirkte die Königin Luise, eine geborene Prinzessin von Mecklenburg-Strelitz, die zur großen Stütze seiner schwersten Herrscherjahre geworden ist. Von heiterem Gemüt und auf menschlichen Austausch angewiesen, hat ihr das Leben an der Seite ihres schwerblütigen Gemahls manchen schmerzlichen Verzicht auf die Erfüllung eigener Wünsche abgenötigt. Sie hatte nach der Beschreibung ihres Biographen Paul Bailleu ein etwas blasses Antlitz mit feinen, regelmäßigen Zügen; »der biegsame Hals, auf dem das Haupt edel ruhte, die Schultern und die Arme waren von schöner Form und ihre Farbe blendend frisch; das Haar war blond, die Gestalt von tadellosem Ebenmaß, obwohl die Hände und die Füße etwas stark erschienen. Aus dem großen seelenvollen Auge strahlte ein Blick von gewinnendem Liebreiz. Die Schönheit der Gestalt zeigte sich besonders in den elastischen Bewegungen ihres Ganges und wenn sie ritt oder tanzte.«

Ihre Kleidung und ihr Schmuck waren, wenn sie sich in der Öffentlichkeit zeigte, stets reich, aber geschmackvoll. »Ihre Haltung war würdevoll und ungezwungen; die Stimme klang voll, mit einer leichten dialektischen [als Reminiszenz ihrer Kinderjahre in Darmstadt rheinhessischen] Färbung, die ihr einen besonderen Reiz gab; ihr Gespräch stets eingehend, teilnehmend; sie verstand gut zuzuhören, und der Ausdruck ihres Gesichts zeigte leicht das Interesse am Erzähler und am Erzählten.« Ihre Wirkung auf andere wird der Wirkung einer inneren Harmonie zugeschrieben, die von ihr ausgegangen sei; ihre Erscheinung habe befreiend, erheiternd und beglückend gewirkt, ja ein idealer Schimmer habe sie umflossen und alle bezaubert. Nach dem Zeugnis ihrer Freundin Frau von Berg, die in Weimar Goethe und Herder nahegekommen war, hat sie »eine angeborene Poesie« ausgezeichnet, die sie mit Begeisterung für die moderne deutsche Literatur, namentlich für Schiller, erfüllte, in der ihr ihr Gatte am wenigsten hat folgen können. Eine politische Frau ist sie nicht gewesen; aber es sollte ihr Schicksal sein, dem König auch in Fragen des Staates zur Seite zu stehen.

Friedrich Wilhelm III. konnte sich nur schwer vom Familienleben in Potsdam oder gar der ländlich-heiteren Idylle in Paretz an der Havel losreißen, wo er mit dem Kronprinzen und die Königin mit einer Prinzessin auf sdem Arm unter den Bürgern und den Bauern einhergingen, wie der österreichische Gesandte staunend und mißbilligend zugleich nach Hause berichtete. »Bon bourgeois, bon père de famille, aber kein König für diese Zeiten«, so hieß es bald. »Man muß ihn lieben, aber ihn bedauern.« Dabei war dem König von Preußen doch nach wie vor eine monarchische Selbstregierung aufgegeben! Da er zu einer solchen – wie schon sein Vorgänger trotz allen Pflichtgefühls – nicht in der Lage war, gewannen die Kabinettsräte eine maßgebliche politische Rolle, ohne daß sich für sie damit eine irgendwie geregelte Verantwortung verbunden hätte. An die Stelle der Regierung *aus* dem Kabinett trat nach einem Wort Hardenbergs eine solche *durch* das Kabinett. Die »unverantwortlichen Ratgeber«, unter denen manche aufgeklärte und auch menschenfreundliche Regierungsmaxime wirksam war, haben den König, der einst von Svarez im gleichen Geiste erzogen worden war, in einer Zeit welthistorischer Entscheidungen in seinem unpolitischen Ruhebedürfnis bestärkt. Das gelang um so leichter, als Friedrich Wilhelm III. von dem Gefühl bestimmt war, daß in Heer und Staat nicht alles zum besten bestellt sei; Reformbemühungen, die teilweise auf seine Anregung zurückgingen, zeigten bemerkenswerte Ansätze, blieben aber im wesentlichen ohne Ergebnis. Der Versuch, die Staatsfinanzen, über die nach dem Versagen der königlichen Kontrolle ein Generalkontrolleur der Finanzen wachte, durch nachhaltiges Sparen zu sanieren, ging auf Kosten der militärischen Bereitschaft.

So hat der König aus dem Gefühl persönlicher Unsicherheit heraus und aufgrund der durchaus nüchterne Einsicht in die Gegebenheiten verratenden

»Empfindung, daß das preußische Staatsschiff bei jedem harten Zusammenstoß mit der durch die Revolution verjüngten französischen Macht zerschellen müsse« (O. Hintze), im Kriege Österreichs, Rußlands und Englands gegen Frankreich strikte Neutralität gewahrt; nur ein seit 1793 bestehendes Defensivbündnis mit Rußland ist 1800 erneuert worden. Wohl hat der Reichsdeputationshauptschluß des Jahres 1803 Preußen territoriale Gewinne eingebracht (vor allem die Bistümer Münster, Paderborn und Hildesheim sowie das Eichsfeld und Erfurt); doch waren das Entschädigungen für linksrheinische Verluste, die es dazu noch ausschließlich der Gnade Napoleons verdankte.

Daß Berlin die Erfolge der französischen Kriegspolitik in Untätigkeit hinnahm, hat Preußen kaum mehr als Großmacht erscheinen lassen. Als dann der König eine Verletzung der preußischen Neutralität durch französische Truppen am Beginn des Dritten Koalitionskrieges im Oktober 1805 mit dem Befehl zur Mobilmachung beantwortete, machte das auf Napoleon nicht den geringsten Eindruck, zumal preußische Verhandlungen mit Rußland – trotz eines am Sarge Friedrichs des Großen stimmungsvoll zu mitternächtlicher Stunde besiegelten Freundschaftsbundes zwischen Zar Alexander I. und dem preußischen Königspaar – nur den schwächlichen Versuch Berlins hervorbrachten, zwischen Rußland und Österreich einerseits sowie Frankreich andererseits zu vermitteln. Der mit der Ausführung betraute Kabinettsminister von Haugwitz wurde vom französischen Kaiser zunächst hingehalten, nach der zu dessen Gunsten ausgefallenen Schlachtenentscheidung von Austerlitz (2. Dezember 1805) aber im Schloß Schönbrunn bei Wien zu einem Bündnisvertrag genötigt, der Preußen Ansbach kostete und Hannover zusprach, womit es in einen Gegensatz zu England gebracht werden mußte. Der König setzte sein Heer wieder auf Friedensfuß und ratifizierte den Vertrag schließlich, ohne freilich die Verbindung zu Rußland abzubrechen.

Dieses schmähliche Zurückweichen vor dem Korsen rief in Offiziers- und Beamtenkreisen viel Unmut hervor; in Berlin wurde bei einer Aufführung von Schillers »Wallensteins Lager« das Reiterlied begeistert mitgesungen, und Offiziere des Regiments Gens d'armes schärften an den steinernen Stufen des französischen Gesandtschaftspalais ihre Säbel. Als Friedrich Wilhelm aus Paris erfuhr, Frankreich wolle Preußen Hannover wieder nehmen und sich mit England verständigen, und als sich nach der Gründung des Rheinbundes (12. Juli 1806) der französische Druck auf die preußischen Grenzen verstärkte, veranlaßte der König am 6. August 1806 abermals die Mobilmachung und verband sie mit einem an Napoleon gerichteten Ultimatum, seine Truppen zurückzunehmen und einige von ihm besetzte preußische Positionen am Niederrhein zu räumen. Aber der französische Kaiser verlangte statt dessen die Rücknahme der preußischen Mobilmachung – und als diese von Berlin verweigert wurde, kam es zum Krieg.

Die preußische Führung ahnte weder etwas von der Kühnheit des napoleonischen Initiativgeistes, noch war sie über die Stärke der französischen Angriffskräfte hinreichend orientiert. Noch ehe die preußischen Truppen den Thüringer Wald überschreiten konnten, sahen sie sich nördlich davon vom Gegner zum Kampf gestellt, ohne ihre Kräfte auch nur wirkungsvoll zusammenfassen zu können. Nachdem am 10. Oktober 1806 die preußische Vorhut bei Saalfeld vernichtet worden war, wobei ihr Kommandeur, Prinz Louis Ferdinand, ein Neffe Friedrichs des Großen, sein Leben hatte lassen müssen, kam es am 14. Oktober zur Doppelschlacht bei Jena und Auerstedt (nordwestlich von Bad Sulza, im heutigen Kreis Apolda). Bei Jena führte Fürst Hohenlohe-Ingelfingen, der von den dreimal so starken Franzosen unter der persönlichen Führung Napoleons geschlagen wurde; bei Auerstedt unterlag die preußische Hauptarmee einem zahlenmäßig unterlegenen Gegner. Der hier kommandierende Herzog Karl Ferdinand von Braunschweig erhielt eine Kopfverletzung und erblindete, während der König, der nominell den Oberbefehl innehatte, wohl Furchtlosigkeit und Geistesgegenwart bewies, aber es an Übersicht und Entschlußkraft fehlen ließ.

Entscheidend war, daß sich die noch auf friderizianischen Grundsätzen beruhende preußische Armee dem in der Revolution grundlegend neugestalteten französischen Heer nicht gewachsen zeigte; die noch nach der Lineartaktik manövrierenden geschlossenen preußischen Verbände waren das Opfer der durch die hügelige thüringische Landschaft noch begünstigten französischen Tirailleurschwärme, d. h. in aufgelöster Ordnung fechtender Kämpfer, und ihrer Artillerie geworden. Der Rückzug ging bald in eine regellose Flucht über, und nur die wenigsten der seit langem vernachlässigten preußischen Festungen leisteten Widerstand. Der Hof und die meisten Minister verließen Berlin, ohne auch nur die Bestände des Zeughauses hinwegzuführen; der Freiherr vom Stein, seit 1804 Minister des Generaldirektoriums, war umsichtig genug, den Tresor und die Staatskassen zu retten. Das königliche Paar – die Königin war dem Heer nach Thüringen gefolgt – traf sich in Küstrin wieder, eine der bald darauf kampflos aufgegebenen Festungen. Am 27. Oktober zog Kaiser Napoleon in Berlin ein. Der preußische Staat war dem Untergange nahe.

Wie sollte es weitergehen? Napoleon wollte Preußen einen Waffenstillstand zugestehen, um Bereitstellungsräume für einen Krieg gegen Rußland zu gewinnen, durch dessen Überwindung er England auf die Knie zu zwingen hoffte. Doch der König, der inzwischen bis Osterode in Ostpreußen geflüchtet war, weigerte sich im Gegensatz zu der Mehrzahl seiner Ratgeber, seinen einzigen Verbündeten preiszugeben. Diese – nach einigem Zögern getroffene – Entscheidung für die Fortführung des Krieges, in der ihn sein Kabinettsrat Beyme und der Freiherr vom Stein bestärkten, ist womöglich mit auf eine Einwirkung der Königin Luise zurückzuführen, die von Napoleon auf das übelste gekränkt worden war. Dieser hatte Berliner Briefschaften erbrochen und in seinen Bulletins wie seinen Zeitungen ihr Verhältnis zu Zar Alexander in herabsetzender Weise zur Erörterung gebracht.

Indem der König in verzweifelter Lage die bisher verfolgte Politik des schwächlichen Zurückweichens aufgab und damit den Rat seines Kabinetts verwarf, war er genötigt, Ratgeber zu suchen, die ihm in seiner Absicht, dem Korsen zu widerstehen, zu folgen bereit waren. Er fand sie nur unter den Befürwortern einer durchgreifenden Staatsreform, die bisher die Schlakken des friderizianischen Systems nicht zu durchdringen vermocht hatten. Das aber bedeutete die Notwendigkeit eines Bruchs mit dem Kabinettssystem. Doch vor dieser Konsequenz scheute Friedrich Wilhelm zurück. Während der Freiherr vom Stein das bisherige Kabinett durch eine Ministerialkonferenz ersetzt sehen wollte, konzedierte der König wohl die Berufung dreier Minister, beabsichtigte aber in seiner Scheu vor Neuerungen und neuen Gesichtern, seinen Kabinettsrat Beyme, der durchaus reformerisch gesinnt war, in maßgeblicher Position zu belassen. Daraufhin verweigerte Stein, der als Innenminister berufen werden sollte, seine Mitwirkung. Damals in Königsberg unter dem Druck der andrängenden Franzosen stehend, nannte Friedrich Wilhelm den stolzen Nassauer Reichsritter einen widerspenstigen, hartnäckigen und ungehorsamen Staatsdiener, der ohne Rücksicht auf den Staat auf sein Genie und seine Talente poche, worauf Stein ungesäumt um seinen Abschied einkam, der ihm noch im Januar 1807 gewährt wurde. Dennoch waren die Tage des Kabinettssystems gezählt. Es ist Karl August von Hardenberg gewesen, der die Empfindlichkeit des Königs zu schonen und sich ihm zugleich unentbehrlich zu machen wußte, so daß er ihn bald ohne Vermittlung des Kabinetts beriet. Durch eine Kabinettsorder vom 26. April 1807 wies ihm Friedrich Wilhelm den Vortrag und die Leitung der wichtigsten Angelegenheiten der äußeren Politik, der Staatsverwaltung und des Kriegswesens zu, womit ihm die Stellung eines Premierministers übertragen worden war.

Die starke Stellung Hardenbergs ruhte auch auf dem Vertrauen, das er bei Zar Alexander genoß. Auf diesen aber kam, seit sich der König zur Fortsetzung des Krieges entschlossen hatte, alles an. Nachdem die königliche Familie, begleitet von Winterstürmen und unter elendesten Bedingungen, von Königsberg über die Kurische Nehrung nach Memel geflüchtet war, was insbesondere der noch unter den Nachwirkungen eines Nervenfiebers leidenden Königin stark zugesetzt hatte, versuchten preußische und russische Truppen, dem Vordringen Napoleons Einhalt zu gebieten. So kam es am 7. und am 8. Februar 1807 bei Preußisch-Eylau im mittleren Ostpreußen zu einer beiderseits sehr verlustreichen Schlacht, die der Korse dank des Eingreifens des preußischen Korps L'Estocq, dem Scharnhorst als Generalstabschef beigegeben war, nicht für sich entscheiden konnte. Doch die Verbündeten vermochten ihren Achtungserfolg, der den französischen Kaiser sehr beeindruckt hatte, nicht zu nutzen: Nach einer Niederlage bei Friedland im Juni 1807 suchte Rußland, obwohl es kurz zuvor noch ein Bündnis mit Preußen abgeschlossen hatte, auf dessen Kosten zum Frieden zu kommen. So mußte sich König Friedrich Wilhelm III. am 9. Juli 1807 in Tilsit einem harten Diktat beugen. Er konnte schon froh darüber sein, daß der Staat Friedrichs des Großen nicht ganz von der Landkarte getilgt wurde.

Preußen verlor die Hälfte seines Staatsgebiets, alle Gebiete westlich der Elbe (aus denen ein Königreich Westfalen unter Napoleons Bruder Jerome gebildet wurde) und seinen Gewinn aus den polnischen Teilungen (den die Franzosen zu einem Großherzogtum Warschau zusammenfaßten, außer Danzig, das Freie Stadt mit französischer Garnison wurde). Ergänzung fand der Tilsiter Frieden noch durch die Bestimmung, daß die französischen Besatzungstruppen aus Preußen erst dann abgezogen werden könnten, wenn die dem Lande auferlegte Kriegskontribution, deren Höhe aber vorerst unbestimmt blieb, bezahlt worden sei. Im übrigen mußte sich Preußen wie schon Rußland der gegen England gerichteten Kontinentalsperre anschließen. Umsonst hatte es die Königin Luise über sich gebracht, den ihr persönlich verhaßten Korsen aufzusuchen und ihn um eine Milderung seiner Bedingungen zu bitten. Aber sie blieb in schwerer Zeit ihrem Volke bis zu ihrem frühen Tode am 19. Juli 1810 und noch darüber hinaus eine Verkörperung der Hoffnung. »Als der Ernst der Zeit den Flitterglanz des höfischen Lebens von ihr abstreifte, verlor sie nicht die zarte Anmut, durch die sie zuerst die Herzen bestrickt hatte, aber zeigte sie nun verbunden mit hoher sittlicher Stärke und reiner religiöser Ergebung« (F. Meinecke).

König Friedrich Wilhelm III. hatte im Tiefpunkt der militärischen Katastrophe, als er wenigstens Reste der staatlichen Eigenständigkeit zu retten suchte, bei Männern hilfreiche Bestätigung gefunden, die in einer grundlegenden Reform des preußischen Staates den einzigen Weg sahen, der aus dem Zusammenbruch herausführen konnte. Mit ihnen hat er nach dem Frieden von Tilsit einen festen Bund geschlossen. Dabei stellte sich ihm zunächst die Aufgabe, die Position des leitenden Ministers neu zu besetzen, denn Napoleon hatte beim Friedensschluß auf eine Abberufung Hardenbergs gedrungen, dessen zielbewußte Geschmeidigkeit er fürchtete. Nach Lage der Dinge konnte für die Nachfolge nur Stein in Frage kommen, auf den eigenartigerweise auch der französische Kaiser hingewiesen hatte, der sich für den Fall seiner Berufung – Stein war ein Mann der inneren Verwaltung und der Finanzen – Hoffnung auf eine pünktliche Zahlung der Kontribution machen mochte. Der König überwand seinen Groll über den respektlosen, schroffen Reichsritter und berief ihn von Nassau, wohin er nach seiner Entlassung zurückgekehrt war, nach Memel, wo sich die beiden schwierigen Männer noch im Oktober 1807 einig geworden sind, nicht ohne daß die Königin Vermittlerdienste leisten mußte.

Stein hat innerhalb Jahresfrist neben seinen aktuellen politischen Aufgaben ein eindrucksvolles Reformwerk geleistet; manches hatte er schon in der Nassauer Zwangspause entworfen, anderes, wie das Oktoberedikt, das die Bauernbefreiung einleitete, arbeiteten fähige Mitarbeiter in seinem Geiste aus. Neben das Oktoberedikt traten die Städteordnung und die Reform der Zentralverwaltung, während der Plan einer Nationalrepräsentation, die die staatliche Neuordnung krönen sollte, unausgeführt blieb. Der Anteil des Königs an der Reformarbeit bestand in der Berufung der Reformgremien, der Immediatkommission und der Militär-Reorganisationskommission. Die Heeresreform, die nur im Rahmen einer allgemeinen Staatsreform zu denken war, wurde mit dieser sorgfältig abgestimmt. Der dem Reformentwurf zugrundeliegende Gedanke bestand darin, daß aus Untertanen Staatsbürger werden sollten, die durch Selbsttätigkeit das Gemeinwesen zu tragen hatten. Der König hat das, obwohl er wie selbstverständlich an den Grundsätzen des altpreußischen Königtums festhielt, akzeptiert, da ihm die Not des Staates keine Wahl ließ und der moderne Gedanke der Bürgerfreiheit bei Stein in das Gewand altdeutschen Ständetums eingehüllt war.

Die Militärreform, an der der König als Fachmann in besonderem Maße interessiert war, hat ihm durch die Vertrauen einflößende Persönlichkeit Scharnhorsts schmackhaft gemacht werden können. Er, der der Militär-Reorganisationskommission vorstand, der Generaladjutant des Königs und Leiter des Allgemeinen Kriegsdepartements im Kriegsministerium, d. h. faktisch Kriegsminister wurde, ist in seiner ruhigen, gelehrtenhaften Nüchternheit in Verbindung mit reformerischer Entschiedenheit für den Neuaufbau des preußischen Staates ein Glücksfall gewesen. Freilich hat sich der König dem revolutionären Gedanken an eine Miliz und lange auch dem Grundsatz der allgemeinen Wehrpflicht versagt.

Doch war es gerade die Kraft der Nation, des Volkes, auf die die Reformer setzten, wenn sie an eine Befreiung von der französischen Fremdherrschaft glaubten. Friedrich Wilhelm III. aber fürchtete eine Levée en masse als Prinzip der Revolution, vertraute auf das monarchische Heer und hoffte darauf, daß sich eines Tages eine Napoleon erdrückende Koalition zusammenfinden werde. Stein ist dagegen schon 1808 dem verwegenen Gedanken an eine die bestehenden sozialen Verhältnisse revolutionierende Volkserhebung nahegetreten. Denn unter den ihm auferlegten französischen Kontributionslasten schien ihm das preußische Staatswesen fast zusammenzubrechen, und zudem bewies soeben das spanische Volk einer staunenden Welt, wie sehr eine nationale Erhebung die erste Militärmacht der Zeit in Verlegenheit setzen konnte. Aber Stein war unvorsichtig genug, seine Gedanken in einem unchiffrierten Brief zu entwickeln. Er fiel in französische Hände und wurde am 8. September 1808 im Pariser »Moniteur« veröffentlicht. Prinz Wilhelm, ein Bruder des Königs, der gerade mit Napoleon in Paris über die Preußen bedrängende Kontributionsfrage verhandelte, wurde dadurch das ohnehin schwierige Geschäft gründlich verdorben. Preußen blieb mit einer hohen Restschuld belastet, bis zu deren Begleichung die Oderfestungen Stettin, Küstrin und Glogau französisch besetzt bleiben sollten. Die Mannschaftsstärke des preußischen Heeres wurde auf 42.000 begrenzt, jede Form der Volksbewaffnung untersagt. Das politische Schicksal Steins aber war besiegelt. Denn der König stand dem radikalen und dabei (zumal nach seiner Aufdeckung) alles andere als erfolgversprechenden Aufstandsplan seines Leitenden Ministers denkbar fern; selbst Hardenberg hatte das Königspaar vor den demokratischen Konsequenzen gewarnt, die die Absichten des Nassauers im Falle ihrer Ausführung haben mußten. Am 24. November 1808 erhielt Stein die von ihm erbetene Entlassung.

Aber der Gedanke einer rücksichtslos alle Reserven des Volkes ausschöpfenden Insurrektion war mit dem Abgang Steins nicht erledigt. Als Napoleon infolge des sich versteifenden spanischen Widerstandes in Deutschland zu einem weitgehenden Truppenabzug genötigt war und sich Österreich im Frühjahr 1809 gegen ihn erhob, haben namentlich Scharnhorst und Gneisenau die Stunde der Befreiung nahe gesehen; die Königin Luise rang sich zu der Ansicht durch, daß Preußen, wenn es denn schon zum Untergang bestimmt sei, den ehrenvollen Kampf suchen solle. Aber dem König war ein heroischer Entschluß versagt; er blieb bei seiner Ansicht, daß nur im Bündnis mit Österreich *und* Rußland der Kampf gewagt werden könne. Die Verantwortung für Krone und Staat lastete zu schwer auf ihm. Für die großen Reformer »gab es noch sehr viel höhere Werte als die Erhaltung dieses Staates und dieser Dynastie schlechthin. Sie überflogen . . ., diesen Staat. Sie wurzelten nicht so persönlich und leiblich in ihm, wie der König, weil sie nicht so spezifisch preußisch-dynastisch gesinnt waren, wie dieser« (F. Meinecke).

Auf das Reformjahr Steins war das Ministerium Dohna-Altenstein gefolgt. Unter diesem ist eine 1808 nach den Grundsätzen Steins in Angriff genommene Bildungsreform zu einer ersten Reife gelangt. Sie stand im Zeichen Wilhelm von Humboldts, der seit 1809 die Sektion für den Kultus und den öffentlichen Unterricht im Innenministerium leitete. Der Gedanke des freien, selbsttätigen Bürgers gipfelte im Ideal einer allgemeinen Menschenbildung. In diesem Zusammenhang ist die Stiftung der Universität Berlin zu sehen. Der König hatte sich schon bald für die Gründung dieser Hochschule, die bis 1945 seinen Namen trug, verwendet und in diesem Zusammenhang den schönen Satz gebraucht, der Staat müsse durch geistige Kräfte ersetzen, was er an physischen verloren habe.

Doch auf das Ganze gesehen, drohte das Ministerium Dohna-Altenstein zu scheitern. Innenminister Burggraf zu Dohna und Finanzminister von Altenstein wurden mit der Kontributionsfrage nicht fertig. Zuletzt wußten sie sich keinen anderen Rat, als Napoleon als Kompensation für nicht geleistete Zahlungen einen Teil Schlesiens anzubieten. Doch der König, der nach dem Abzug der französischen Truppen am 22. Dezember 1809 mit dem gesamten Hof wieder in Berlin eingezogen war, zeigte sich nicht gewillt, es zu einem solchen Schritt kommen zu lassen. Er hat zusammen mit der Königin die Rückkehr Hardenbergs betrieben, die französischen Widerstände dagegen zu überwinden gewußt und ihn am 4. Juni 1810 an die Spitze der Regierung berufen, wie früher in die Position eines Premierministers, jetzt »Staatskanzler« genannt.

Mit der Berufung Hardenbergs begann der zweite Teil der Reform des preußischen Staates. Er stand im Gegensatz zum Werk Steins im Zeichen eines bürokratischen, mehr auf die »Weisheit des Büros« als auf politische Selbsttätigkeit der Bürger vertrauenden Staatsverständnisses und kam insofern dem in den Idealen des aufgeklärten Absolutismus erzogenen König entgegen. Doch haben sich gegen die aufgeklärt-obrigkeitsstaatlichen Reformen Hardenbergs, die das Freiheits- und Gleichheitsprinzip im bürgerlichen Leben und in der Wirtschaft zum Durchbruch führen sollten, manche Widerstände, namentlich seitens des ständisch gesinnten und grundbesitzenden Adels, erhoben. Sie haben auch dadurch nicht gebrochen werden können, daß zwei der konservativ-adligen Wortführer auf die Festung Spandau gebracht worden sind; die Finanzreform ist im wesentlichen gescheitert und die Agrarordnung in der geplanten Form nicht zur Ausführung gekommen. Zudem hat der Staatskanzler eine von ihm erstrebte bürokratische Umformung der kollegialisch organisierten Regierungen (die an die Stelle der Kriegs- und Domänenkammern getreten waren) sowie eine im gleichen Sinne betriebene Kreisreform nicht durchsetzen können. Hardenbergs Wirksamkeit, die mit der Herstellung der Gewerbefreiheit und der Durchsetzung der Judenemanzipation für die Zukunft Bedeutung gewann, ist es auch zum Nachteil ausgeschlagen, daß 1812 mit dem Aufbrechen des französisch-russischen Gegensatzes ein Krieg begann, der Preußen auf das stärkste berühren mußte. Da der König auch ihn nicht als Fanal zu einer Erhebung gegen Napoleon verstehen konnte, sondern Preußen als Hilfsmacht Frankreichs in ihn hineinführte, wurden die preußischen Reformer und Patrioten in große Niedergeschlagenheit und Ratlosigkeit gestürzt.

Eine Wende des preußischen Geschicks brachte erst Napoleons Scheitern in Rußland im Jahre 1812. Aber selbst jetzt blieb der König noch unschlüssig. Den ersten Schritt zum Abfall von Frankreich tat General Graf Yorck, der Befehlshaber des den französischen Rußlandtruppen beigegebenen preußischen Hilfskorps, der am 30. Dezember 1812 im litauischen Tauroggen auf eigene Verantwortung mit den Russen eine Neutralitätskonvention abschloß. Doch damit nicht genug! Um den Franzosen so wenig Gelegenheit zur Erholung wie möglich zu lassen, rückte er in Ostpreußen ein. Dort traf er auf Stein, der inzwischen in die Dienste des Zaren getreten war. Der Nassauer hatte diesen dank seiner gewaltigen moralischen Kraft davon überzeugen können, daß die Russen sich nicht damit zufriedengeben dürfen, die Franzosen aus ihrem Lande vertrieben zu haben, sondern daß die russischen Truppen ihnen auf den Fersen bleiben müßten, um die Völker Europas zu ermutigen und zu befähigen, sich des Bedrängers zu entledigen. In patriotischer Eintracht mit Yorck, der in seiner friderizianischen Knorrigkeit doch dem Geist der Reformer ablehnend gegenüberstand, hat er mit in den Jahren der erzwungenen Untätigkeit aufgestautem leidenschaftlichen Eifer sogleich den Anfang dazu gemacht. Ohne lange auf königliche Befehle zu warten, wurden aus Mitteln West- und Ostpreußens Landwehreinheiten in Stärke von 20.000 Mann aufgestellt. Dem König, der unschlüssig in dem freilich wieder französisch besetzten Berlin saß und Yorck ob seines Verhaltens grollte, gab man von den gefaßten Beschlüssen lediglich Kenntnis. Den patriotischen Sinn, der sich hier aussprach, zählte der spätere Kriegsminister Hermann von Boyen zu den »glorreichsten Erscheinungen der preußischen Geschichte«.

Schließlich konnten Angehörige der Reformpartei Friedrich Wilhelm III. dazu bewegen, sich dem Zugriff der Franzosen zu entziehen; Ende Januar 1813 traf er in Breslau ein. Hier wirkten Hardenberg und Scharnhorst in einer Rüstungskommission, die in kurzer Zeit eine Verdreifachung der Heeresstärke zuwege brachte. Am 3. Februar erging ein Aufruf zur Bildung eines freiwilligen Jägerkorps, am 9. Februar wurde die seit langem erstrebte und noch nirgends verwirklichte, im vollen Wortsinne allgemeine Wehrpflicht eingeführt, und am 12. Februar ordnete der König die Mobilmachung an, ließ aber, vorsichtig wie er war, noch im Zweifel, gegen wen sie sich richtete. In seiner Umgebung fehlte es nicht an Stimmen, die einem Bruch mit Napoleon widerrieten, und er selbst hat es zunächst auf einen Waffenstillstand zwischen Rußland und Frankreich sowie einen Vermittlungsversuch zwischen beiden Mächten abgesehen gehabt.

Auch hier ist es Stein gewesen, der, getragen von einer aufschäumenden Kriegsbegeisterung namentlich der Jugend, die den König nicht unberührt ließ, ja wohl erschreckte, im russischen Hauptquartier den Weg zum großen Kampf geebnet hat: Am 28. Februar kam es zum Abschluß des Bündnisses von Kalisch, mit dem sich Preußen und Rußland die Vernichtung der napoleonischen Macht in Deutschland zum Ziele setzten. Am 16. März brach Preußen die diplomatischen Beziehungen zu Frankreich ab, und am 27. März folgte die Kriegserklärung. Nachdem der König am 10. März, dem Geburtstag der Königin Luise, einem glücklichen Einfall folgend, das Eiserne Kreuz gestiftet hatte und durch eine Verordnung vom 17. März die Landwehr gebildet worden war, eine mit der königlichen Linie fechtende, aus Freiwilligen bestehende Miliz, die den Gedanken des Volkes in Waffen verkörpern sollte, trat er ebenfalls am 17. März 1813 mit einer Proklamation »An mein Volk« hervor. Er sprach hier von einem »letzten entscheidenden Kampf«, den es »für unsere Existenz, unsere Unabhängigkeit, unsern Wohlstand« zu bestehen gelte; es gebe keine anderen Möglichkeiten als einen ehrenvollen Frieden oder einen ruhmvollen Untergang. »Auch diesem«, so der König, »würdet Ihr getrost entgegen gehen um der Ehre willen, weil ehrlos der Preuße und der Deutsche nicht zu leben vermag. Allein wir dürfen mit Zuversicht vertrauen: Gott und unser fester Willen werden unserer gerechten Sache den Sieg verleihen, mit ihm einen sicheren glorreichen Frieden und die Wiederkehr einer glücklichen Zeit.«

Doch so sehr die preußischen Reformer auf eine Erhebung des Volkes bauten, so unerhört es war, daß sich der König hochoffiziell an das Volk wendete und dabei der Tatsache Rechnung trug, daß in jener großen Stunde Preußisches und Deutsches miteinander verbunden waren, so sehr es erstaunen mag, wenn der König in seiner (von Staatsrat Theodor Gottlieb von Hippel verfaßten) Proklamation seinen Untertanen auch das spanische Volk und die denkwürdige niederländische Erhebung gegen die spanische Krone im 16. Jahrhundert als Vorbild vor Augen hielt – so wenig war der Krieg, der nun begann, eine Volkserhebung. Alles blieb doch vom Staate und seiner Führung abhängig, und Preußen war ohnmächtig ohne seine Verbündeten. Deren Regierungen aber waren konventionellem Gleichgewichtsdenken verhaftet, das der kämpferischen Kompromißlosigkeit des im Volke erwachenden Nationalbewußtseins, die in Haß und zuweilen auch in blutrünstigen Liedern zum Ausdruck gelangte, fremd gegenüber stand.

Friedrich Wilhelm III., der die Befreiungskriege großenteils zusammen mit dem österreichischen Kaiser und dem Zaren bei der hauptsächlich von Russen und Österreichern gebildeten Hauptarmee verbrachte, teilte das letztlich defensive Konvenienzdenken der vorrevolutionären großen Politik. Wenn Theodor Körner davon sang, daß es kein Krieg sei, von dem die Kronen wüßten, so war das eine bare Illusion. Wo Scharnhorst, Gneisenau oder Blücher immer wieder zu rücksichtslosem Angriff drängten, wo Geist vom Geiste des großen Korsen diesem gefährlich wurde, haben ihm die Rechenkünste der Mächte – so in Gestalt der österreichischen bewaffneten Vermittlung im Sommer 1813 oder des Friedenskongresses von Châtillon im Frühjahr 1814 – immer wieder Chancen eröffnet; er ist es in seinem Mangel an politischer Beweglichkeit am Ende selbst gewesen, der sich den Untergang bereitet hat.

König Friedrich Wilhelm III. hat sich, als es in Wien an die Gestaltung der europäischen Nachkriegsordnung ging, Hoffnung auf reiche territoriale Gewinne machen können. Da der König von Sachsen bis zur Völkerschlacht von Leipzig, bei der er in preußische Gefangenschaft geraten war, an Napoleon, dem er sein Königtum verdankte, festgehalten hatte, schien sogar der alte Wunsch der preußischen Hohenzollern nach Einverleibung Sachsens erfüllbar; insoweit teilte Friedrich Wilhelm durchaus die Meinung Steins, daß Fürsten, die die deutsche Nation verraten hätten, bestraft werden müßten. So wenig dem österreichischen Staatskanzler, Fürst Metternich, ein damit gegebener Machtgewinn Preußens in Mitteldeutschland angenehm gewesen wäre, so zeigte er sich doch zu einem Entgegenkommen in dieser Hinsicht bereit, wenn Preußen nicht die von Rußland erhobenen Ansprüche auf Polen unterstützte, in deren Befriedigung er eine Gefährdung des europäischen Gleichgewichts sah. Während Hardenberg auf diese Bedingung einzugehen geneigt war, verbot ihm der König eine gegen Rußland gerichtete Politik. Die von russischer Seite in den Befreiungskriegen empfangene Hilfe hatte in Friedrich Wilhelm starke Dankbarkeitsgefühle zurückgelassen. Metternich aber verschloß sich daraufhin den preußischen Wünschen, und Österreich, England sowie auch Frankreich formierten sich zu einer Front gegenüber Preußen und Rußland, die bis an die Schwelle eines Krieges führte. Am Ende jedoch ermäßigte Rußland seine polnischen Forderungen; Preußen bekam die spätere Provinz Posen zugesprochen, mußte sich im übrigen aber mit dem nördlichen, weniger wertvollen Teil Sachsens mit Wittenberg und Torgau, der späteren Provinz Sachsen, zufriedengeben. Dafür erhielt es aber seine alten Besitzungen in Westfalen und am Rhein, wesentlich vermehrt insbesondere um ehemals kurtrierische und kurkölnische Gebiete wie auch um Jülich und Berg, zurück, woraus die preußischen Provinzen Westfalen und Rheinland gebildet worden sind.

Preußen, das nun auch den bisher schwedisch gebliebenen Teil Vorpommerns mit Stralsund und der Insel Rügen erlangte, bezog zur Genugtuung Österreichs gegenüber dem unruhigen Frankreich die »Wacht am Rhein«, doch lagen einer Verbindung seiner westlichen mit den mittleren Provinzen Kurhessen und das nunmehrige Königreich Hannover im Wege. Während Österreich jetzt noch mehr als vordem Donaustaat war (das Breisgau hatte es genausowenig wie seinen Teil der Niederlande zurückverlangt), wuchs Preußen nun weiter nach Deutschland hinein, ohne in seinem Arrondierungsbedürfnis befriedigt zu sein. Zwischen Königsberg und Trier mit dem deutschen Leben eng verbunden, mußte Preußen ein deutscher Führungsanspruch erwachsen, der den seit der Zeit Friedrichs des Großen bestehenden Gegensatz zu Österreich aufs äußerste zu schärfen geeignet war.

Doch vorerst ist dieser Gegensatz als nicht so tiefgreifend empfunden worden. Nicht nur der Freiherr vom Stein, der noch dem alten Reichsgedanken anhing, sondern auch Hardenberg und Wilhelm von Humboldt, die stärker von einem preußischen Interessenstandpunkt geprägt waren, haben einen friedlichen Dualismus mit Österreich als das gegebene angesehen. So sind die Gebiete des alten Reiches 1815 zu einem lockeren Staatenbund unter österreichischem Präsidium, dem Deutschen Bund, zusammengefaßt worden. Trotz allen nationalistischen Überschwangs, der in den Befreiungskriegen laut geworden war, erschien die nationale Frage noch nicht als drängend, zumal auch im Wirtschaftsleben die Forderung nach Herstellung eines einheitlichen nationalen Raumes erst leise anklang. Der König aber hat angesichts der enormen Erschütterungen, die das von Frankreich ausgehende revolutionäre Prinzip Europa beschert hatte, freudig in die von Zar

Alexander erdachte »Heilige Allianz« mit Rußland und Österreich eingeschlagen, einen Bund der Monarchen, der dem Kontinent auf christlichständischer Grundlage die Ruhe wiedergeben sollte. Metternich ist diese konservativem Bestreben entspringende Bindung Preußens an Österreich, die Friedrich Wilhelm III. auch deshalb wünschte, weil er nicht zu sehr von Rußland abhängen wollte, sehr willkommen gewesen. Als alter aufgeklärter Rationalist, der er doch war, hat er den monarchischen Gesinnungsbund zwar ein »tönendes Nichts« genannt, doch stand es im Interesse des Vielvölkerstaates Österreich, die europäische Staatenwelt so weit wie möglich vor den Beunruhigungen des nationalen Gedankens zu bewahren. Dieser aber hatte gerade in Preußen eine bemerkenswerte Dynamik gewonnen. Sie zurückzudämmen, war auch das Bestreben reaktionärer Kreise am preußischen Hof und in der preußischen Staatsverwaltung, die, seit Napoleon von der weltpolitischen Bühne verschwunden war und die Reformer daher entbehrlich schienen, mehr und mehr das Ohr des Königs fanden. Friedrich Wilhelm III. war jedoch nur notgedrungen mit der Reformpartei ein Stück Weges gegangen und durch den Überschwang der Befreiungskriege eher erschreckt als mitgerissen worden. Die politischen Fäden zwischen der Wiener und der Berliner Reaktion aber wurden immer dichter und fester.

Tatsächlich war das Feuer, das die Zeit des Kampfes gegen die napoleonische Fremdherrschaft durchglüht hatte, nicht erloschen! Die Kriegsfreiwilligen des Jahres 1813 kehrten in die alte restaurierte Staatenwelt heim, und es drängte sich ihnen die Frage auf, wofür sie gekämpft hatten. Manche wollten da wenigstens die Erinnerung an ihre Ideale wachhalten. Ausdruck fand das vor allem im Wartburgfest vom Oktober 1817. Und als im Frühjahr 1819 der irregeleitete Theologiestudent Karl Ludwig Sand in Mannheim den als russischen Agenten tätigen Dichter August Kotzebue erstach, da glaubte Metternich, wie er selbst schrieb, dank dem »Beispiele, wie der vortreffliche Sand es mir auf Kosten des armen Kotzebue lieferte«, den »Ultraliberalismus« ausrotten zu können. Eine »Demagogenverfolgung« großen Stils mit einem ausgedehnten Zensurwesen sowie seiner Überwachung und Bedrückung des geistigen Lebens wurde in Gang gesetzt, die bis in die dreißiger Jahre des 19. Jahrhunderts hinein angehalten hat. Metternich suchte in Teplitz den in Böhmen zur Kur weilenden tief beunruhigten preußischen König auf, der Hardenberg befahl, dem österreichischen Staatskanzler alle gewünschten Akten, selbst die geheimsten, zur Einsichtnahme auszuliefern. Nach einer Verständigung der beiden großen Mächte wurden auf den Karlsbader Ministerkonferenzen die entsprechenden Beschlüsse gefaßt und schließlich in diesem Sinne im Bundestag zu Frankfurt a. M. die kleinen Bundesstaaten überspielt. Auch sonst ließ die Zusammenarbeit mit Preußen bei Metternich kaum einen Wunsch offen.

Indessen konnte aber der süddeutsche Konstitutionalismus nicht mehr aus der Welt geschafft werden. In der Wiener Schlußakte von 1820 wurde verbindlich festgelegt, daß in den Staaten des Deutschen Bundes zwar »die gesamte Staatsgewalt in dem Oberhaupte des Staates vereinigt bleiben« müsse, »der Souverän« aber »durch eine landständische Verfassung . . . in der Ausübung bestimmter Rechte an die Mitwirkung der Stände gebunden« werden könne. König Friedrich Wilhelm III. jedoch ging das zu weit; das junge parlamentarische Leben in den süddeutschen Staaten stieß ihn ab. Obgleich er 1815 und noch 1820 die Berufung einer Nationalrepräsentation in Aussicht gestellt hatte, blieb das Vermächtnis des Freiherrn vom Stein unerfüllt. Entsprechend einem Gesetz vom 5. Juni 1821 wurden statt einer allgemeinen Landesrepräsentation lediglich Provinzialständeversammlungen eingerichtet, in denen vorwiegend der Adel und der Großgrundbesitz den Ton angaben. Auch sonst waren vielfach Abstriche am Reformwerk oder gar dessen Stillstand zu verzeichnen. Ein Schulgesetzentwurf, der die Nation als politische Willensgemeinschaft faßte und »Nationalerziehung« bezweckte, scheiterte. Ludwig Nicolovius, Geheimer Rat im 1817 gebildeten Kultusministerium, schrieb im Juni 1821 an Theodor von Schön, die Grundsätze der Heiligen Allianz würden sich »mit Lehr- und Glaubensfreyheit immer weniger . . . vertragen«. Österreich, so fügte er hinzu, wisse, welchen Weg es gehe; »Preußen aber, wo es sich hierin Österreich ergiebt, weiß nicht was es thut, weiß nicht daß es sich sein männliches Vermögen rauben läßt, u[nd] bald characterlos in fremder Sphäre ohnmächtig da stehen wird.«

Aber König Friedrich Wilhelm III. widerstrebte dem Wagnis des freien Geistes, sah allzuschnell »dreisten Fürwitz« am Werke und suchte um so mehr in traditioneller christlicher Gebundenheit Zuflucht. Dazu paßte, daß er durch die Ehe seiner Tochter Charlotte mit Zar Nikolaus I. Rußland in einer noch besonderen Weise nahetrat. Einer seiner heißesten Wünsche ging mit der Bildung der Union zwischen dem lutherischen und dem reformierten Bekenntnis zum Reformationsjubiläum des Jahres 1817 in Erfüllung. Er, der der oberste Bischof der evangelischen Landeskirche war, hat überall dort, wo in späterer Zeit noch Widerstand gegen die unierte Agende aufkam, die Bekenntniseinheit mit großer Entschiedenheit verteidigt.

Im übrigen ist der alternde König mehr und mehr von sichtbarer Stelle zurückgetreten, während seine Untertanen die halkyonischen, die windstillen Tage seiner späteren Regierungszeit durchaus zu genießen wußten und in seinem Lande die Wissenschaften und die Künste trotz allem blühten. Er lebte mitten unter den Berlinern im Kronprinzenpalais, dort, wo er mit seiner unvergeßlichen Luise einst seinen Hausstand begründet hatte, und blieb an der Seite seiner ihm morganatisch angetrauten zweiten Gemahlin, Gräfin Auguste Harrach, seiner quasi bürgerlichen Lebensweise treu; im Königlichen Schloß seine Wohnung zu nehmen hat er, so fest er an die göttliche Würde des Königtums glaubte, in seiner Bescheidenheit verschmäht.

In seiner Haupt- und Residenzstadt Berlin, der Karl Friedrich Schinkel nach den Befreiungskriegen ein neues Gesicht gegeben hatte, ist er am 7. Juni 1840 gestorben. Als seine Leiche in einer der frühsommerlichen Nächte zum Charlottenburger Mausoleum hinausgeführt wurde, dorthin, wo die Königin Luise schon seit Jahrzehnten ruhte, mochte unter den vielen, die ihm im fahlen Mondlicht das letzte Geleit gaben, mancher ahnen, daß mit dem zuletzt ehrwürdig gewordenen Monarchen zugleich eine ganze Epoche zu Grabe getragen wurde, unter deren stiller Oberfläche bereits gewaltige Sprengkräfte lauerten.

# Die Nachkommen König Friedrich Wilhelms III.

1. Friedrich Wilhelm, der spätere König
   * 15. 10. 1795
   † 2. 1. 1861

2. Wilhelm, der spätere König und Kaiser
   * 22. 3. 1797
   † 9. 3. 1888

3. Charlotte (Alexandra Feodorowna)
   * 1. / 13. 7. 1798
   † 20. 10. / 1. 11. 1860
   ⚭ 1. / 13. 7. 1817 mit Zar Nikolaus I. von Rußland
   * 25. 6. / 6. 7. 1796
   † 18. 2. / 2. 3. 1855

4. Karl
   * 29. 6. 1801
   † 21. 1. 1883
   ⚭ 26. 5. 1827 mit Prinzessin Marie von Sachsen-Weimar-Eisenach, Herzogin zu Sachsen
   * 3. 2. 1808
   † 18. 1. 1877

5. Albrecht
   * 4. 10. 1809
   † 14. 10. 1872
   ⚭ 14. 9. 1830 mit Prinzessin Marianne der Niederlande
   (o|o 28. 3. 1849)
   * 9. 5. 1810
   † 29. 5. 1883

König Friedrich Wilhelm IV.

# König Friedrich Wilhelm IV. von Preußen

* 15. 10. 1795 in Berlin
† 2. 1. 1861 in Schloß Sanssouci bei Potsdam
*Grabstätte:* Friedenskirche zu Potsdam; das Herz ruht im Mausoleum des Schloßparks Berlin-Charlottenburg

⚭ 29. 11. 1823 (Berlin) mit Prinzessin ELISABETH von Bayern
* 13. 11. 1801 in München
† 14. 12. 1873 in Dresden
*Grabstätte:* Friedenskirche zu Potsdam

Selten ist der Regierungsantritt eines Königs von solchen Erwartungen begleitet gewesen wie der Friedrich Wilhelms IV. Man hatte eine richtige Empfindung dafür, daß auf das am Ende doch recht verknöcherte Regiment Friedrich Wilhelms III. eine Regierung folgen mußte, die den Erfordernissen der neuen Zeit aufgeschlossen gegenüberstand. Das aber traute man dem großzügigen, intelligenten, phantasiebegabten und deutsch-patriotischen neuen König ganz allgemein zu. Insbesondere die Berliner meinten ihn zu kennen. Es hatte sie sehr beeindruckt, als er sich im Herbst 1838 in den ersten in Preußen verkehrenden Eisenbahnzug von Berlin nach Potsdam gesetzt hatte und nach seiner Ankunft am Ziel als ein Mann des Fortschritts der weitverbreiteten Skepsis, auf die die fauchenden Dampfrösser stießen, mit den Worten entgegengetreten war: »Diesen Karren, der durch die Welt rollt, hält kein Menschenarm mehr auf.« Als er nach dem Thronwechsel am 21. September 1840, von Königsberg herkommend, in Berlin einzog, ertönte »Glockengeläute und Kanonendonner, als ob der König aus einem siegreichen Kriege zurückkäme«, wie Heinrich von Treitschke erzählt. »Ehrenpforten, Fahnen, Kränze allüberall, und in den Volksmassen ein rasender Jubel, wie ihn Berlin selbst bei der Rückkehr der Befreiungskämpfer nicht gehört hatte.« Bei den folgenden Huldigungsfeiern gingen die Wogen der Begeisterung noch höher. Der König schien den Vorschuß an Vertrauen, der ihm gewährt wurde, zu rechtfertigen: Die Demagogenverfolgung hörte auf; Fritz Reuter wurde aus der Festungshaft entlassen, Ernst Moritz Arndt durfte in Bonn wieder das Katheder besteigen, der Turnvater Jahn wurde von der über ihn verhängten Polizeiaufsicht befreit, von den geächteten »Göttinger Sieben« erlangte Dahlmann eine Bonner Professur, während die Brüder Grimm ein Ruf an die Akademie der Wissenschaften zu Berlin erreichte. Der Konflikt mit der katholischen Kirche, der 1837 mit dem Kölner Kirchenstreit seinen Anfang genommen hatte, wurde seitens des preußischen Staates mit überraschender Rückhaltlosigkeit beendet – und der in christlich-germanischen Idealen schwelgende König bekannte sich anläßlich des Kölner Dombaufestes im Jahre 1842 mit beredten Worten dazu. Aber er dachte nicht nur an das, was ihm teuer war: Die Polen in der Provinz Posen und in Westpreußen, die seit der Erhebung in Kongreßpolen 1830 von der preußischen Verwaltung deutlich schärfer als zuvor angefaßt worden waren, kamen wieder in den Genuß der alten Rücksichten auf ihre Nationalität, ihre Religion und ihre Sprache. Zudem wurde die Zensur merklich gemildert; Bilder, Zeichnungen und Bücher wurden gänzlich freigegeben.

Doch da saß der König in seinem gotischen Bibliotheksraum hoch über der Spree, den ihm Schinkel im oberen Teil des Chorraumes der Erasmuskapelle im Berliner Schloß eingerichtet hatte, las, was er gerne und ausgiebig tat, Zeitung – und fand sich durch die wachsende Kritik an seiner strengen Kirchlichkeit, seiner Auffassung vom Herrscherberuf und anderen von ihm hochgehaltenen Idealen verletzt. Eine Kabinettsorder, die wieder eine Verschärfung der Zensur bewirken sollte, ließ so nicht lange auf sich warten. »Was ich nicht will«, so schrieb der gekränkte und in seinem echten geistigen Enthusiasmus enttäuschte Monarch, »ist die Auflösung der Wissenschaft und Literatur in Zeitungsschreiberei, die Gleichstellung beider in Würde und Ansprüchen, das Übel schrankenloser Verbreitung verführerischer Irrtümer und verderbter Theorien über die heiligsten und ehrwürdigsten Angelegenheiten der Gesellschaft.« Der König fand sich durch die selbstverständlichen Folgen eines freien politischen Lebens überfordert. Bei der Berliner Huldigungsfeier hatte er, vom überreichen Beifall ganz beklommen, zum Berliner Oberbürgermeister Heinrich Wilhelm Krausnick geäußert: »Das ist ja ein Taumel, eine wahre Trunkenheit«, um, wohl in der Ahnung, die in ihn gesetzten Erwartungen niemals erfüllen zu können, hinzuzusetzen: »Wenn nur der Katzenjammer nicht nachkommt!«

König Friedrich Wilhelm IV. war, bei seinem Regierungsantritt im reifen Alter von 45 Jahren stehend, eine genialische Künstlernatur, die sich mit Gefühl, Geist und Geschmack den Erscheinungen des Lebens näherte. Dabei fehlten ihm aber der dem politisch Handelnden notwendige Wirklichkeitssinn sowie die dazugehörige Entschlußkraft. »Seine reiche Phantasie war flügellahm, sobald sie sich auf dem Gebiete praktischer Entschlüsse geltend machen sollte«, hat Bismarck später einmal geäußert. In seiner Natur lag etwas Sprunghaftes, eine Neigung, zwischen Extremen zu schwanken, und etwas Überschwängliches. Er war »in allem herzlich und wohlmeinend . . ., aber willkürlich, springend, immer in glänzenden Lichtern und dunkelsten Schatten der Stimmung und der Verstimmung, hochstrebend, gewissenhaft und unberechenbar, ohne Gleichgewicht der Seele oder des Körpers, ein Mensch der Nuancen, des Wechsels und des seelischen Spieles« (E. Marcks). Seine glückliche Redebegabung, sein treffender Witz und seine Souveränität im persönlichen Umgang mochten das Bestimmbare seiner Natur verdekken. Er konnte von bestrickender Wärme und Güte sein und war ein einfallsreicher, ja sprühender Gesellschafter, als der er ganz ungezwungen und locker erschien. Darin wurde gelegentlich ein Mangel an königlicher Würde gesehen. Wenn sich ihr Gemahl im vertrauten Kreise von gleich zu gleich in Debatten und Auseinandersetzungen stürzte, so pflegte die Königin Elisabeth, eine Tochter Maximilians I. von Bayern, fragend im Zimmer umherzublicken und zu sagen: »Ich suche den König!« Aber diese Unbefangenheit Friedrich Wilhelms ließ keine weiterreichenden Rückschlüsse zu; er verfügte nämlich über »ein überaus hochgespanntes Gefühl von der Würde und

Hoheit seiner Stellung. Er glaubte fest an das göttliche Recht und die göttliche Weihe des fürstlichen Berufs; er war ein Legitimist von wahrhaft mystischer Tiefe; er glaubte, daß Gott den Fürsten eine ganz besondere Erleuchtung zuteil werden lasse« (O. Hintze). Darin lag aber keinerlei persönlicher Anspruch, sondern lediglich Demut gegenüber Gott, dem nach seinen Worten er und sein Haus dienen wollten. Unter seiner Regierung erwachten die königlichen Schlösser in Berlin, Charlottenburg und Potsdam noch einmal zum Leben, mochte auch seine Auffassung vom Königtum von der der klassischen, der absolutistischen Zeit noch so sehr abweichen. Der König hing einem romantisierenden christlich-monarchischen Konservativismus an. Dieser ist es vor allem gewesen, den das Publikum zunächst über seinem großherzigen Deutschtum übersehen hatte, der die anfängliche Begeisterung für den Monarchen allmählich in Ernüchterung umschlagen ließ und der diesen am Ende hat scheitern lassen.

Es war vor allem die Verfassungsfrage, die die öffentliche Meinung Preußens in den vierziger Jahren beschäftigte. Dies konnte nicht anders als auf der Grundlage des modernen Repräsentativgedankens geschehen, wie er in der Französischen Revolution zum Durchbruch gekommen war, der Vorstellung also, daß die Regierung durch eine periodisch tagende parlamentarische Versammlung zu kontrollieren sei, deren einzelne Mitglieder die Gesamtheit der Nation vertreten sollten, nur ihrem Gewissen verantwortlich und an Aufträge nicht gebunden. Damit ließen sich aber die Vorstellungen des Königs nicht vereinbaren. Entsprechend seinem altertümlichen Begriff vom Königtum wollte er nur eine von Fall zu Fall einzuberufende ständische Vertretung mit sehr begrenzten Rechten zulassen. Die Deputierten sollten lediglich ihre eigenen Rechte und Interessen vertreten und sich nicht als »Repräsentanten des Windes der Meinung und der Tageslehren« empfinden, wie Friedrich Wilhelm sagte. »Der königliche Palmbaum [war] ... umgeben von ständischem Gebüsche: sie gehör[t]en zueinander, beide gewachsen, beide gottgewollt. Edelmann, Bürger, Bauer soll[t]en in ihren festen Kreisen leben und mitherrschen, aus Geburtsrecht, in organischem Aufbau: in Gutsbezirk, Kreis und Provinz wie in der Stadt, und der Adel [stand] ... voran. ... Von seinen Ständen beraten, herrscht[e] der Fürst, unbeschränkt, aber keineswegs heidnisch-absolut« (E. Marcks).

In Preußen mußte die Krone gemäß der Meinung des Königs nach den Gesetzen Gottes, des Landes und nach eigener freier Bestimmung regieren; von Majoritäten durfte sie nicht abhängen. Die Gewährung einer Konstitution, auf deren Grundlage die Untertanen dem Monarchen gegenüber Rechte einfordern konnten, lehnte er ab. Durch ein Patent vom 3. Februar 1847 kündigte er seine Absicht an, statt einer Nationalrepräsentation, wie sie sein Vater bereits 1815 verheißen hatte, einen aus den acht Provinziallandtagen zu bildenden Vereinigten Landtag nach Berlin einzuberufen, der, von Fall zu Fall wieder zusammengeholt, das Recht zur Zustimmung zu

Anleihen und neuen Steuern, zur Abgabe von Gutachten zur Gesetzgebung und das Petitionsrecht in allgemeinen Staatsangelegenheiten haben sollte. Zur Eröffnung des Vereinigten Landtages am 11. April 1847 erklärte der König in einer Thronrede, »daß es keiner Macht der Erde je gelingen soll, Mich zu bewegen, das natürliche, gerade bei uns durch seine innere Wahrheit so mächtig machende Verhältnis zwischen Fürst und Volk in ein konventionelles, konstitutionelles zu wandeln, und daß Ich es nun und nimmermehr zugeben werde, daß sich zwischen unsern Herrn Gott im Himmel und dieses Land ein beschriebenes Blatt gleichsam als eine zweite Vorsehung eindränge, um uns mit seinen Paragraphen zu regieren und durch sie die alte heilige Treue zu ersetzen«.

Friedrich Wilhelm IV. stieß mit einer solchen Behandlung der Verfassungsfrage auf so gut wie keine Gegenliebe. Die Abgeordneten forderten schließlich eine zweijährige Periodizität des Landtags – und der König zeigte sich darüber außerordentlich verstimmt. Im Laufe der Sitzungen des Vereinigten Landtages machte sich in Preußen eine starke politische Unruhe breit, die mit zur Herbeiführung der revolutionären Ereignisse des Jahres 1848 beigetragen hat. Im März dieses Jahres gestand Friedrich Wilhelm der Ständeversammlung zunächst eine vierjährige Periodizität zu – und rang sich kurz darauf zur Gewährung einer konstitutionellen Verfassung durch. Der Druck der sich insbesondere nach dem Wiener Umsturz vom 13. März zuspitzenden revolutionären Situation zeigte seine Früchte. In einem Patent ordnete der König eine beschleunigte Einberufung des Vereinigten Landtages auf den 2. April an und betonte, daß Deutschland von einem Staatenbund in einen Bundesstaat mit einer Bundesrepräsentation umgewandelt werden müsse. Zudem wurde anerkannt, daß eine solche Bundesrepräsentation in allen deutschen Ländern (also auch in Preußen) eine konstitutionelle Verfassung »notwendig erheische«. Dieses Patent wurde zusammen mit einem anderen, durch das die Zensur fiel, am Mittag des 18. März verkündet.

Da gingen am Nachmittag dieses Tages, als Grenadiere und Gardedragoner den Schloßplatz von einer dort versammelten Menschenmenge freizumachen suchten, zwei Schüsse los. Das Publikum hatte dem König, der sich auf einem Balkon zeigte, für sein Entgegenkommen danken wollen, jedoch an der militärischen Bedeckung des Schlosses Anstoß genommen; dem Monarchen aber waren der andrängende Auflauf und der Ruf: »Das Militär zurück! Fort mit dem Militär!« unbehaglich gewesen. Als einige unter den versammelten Berlinern, die in den vergangenen Tagen mit den königlichen Truppen keine angenehmen Erfahrungen gemacht hatten, manchen der sie abdrängenden Dragoner in die Zügel fielen oder sie vom Pferd zu reißen suchten, mögen die Schüsse versehentlich losgegangen oder zur Warnung abgegeben worden sein. Wie dem aber auch sei: Sie waren das Signal zu einem bewaffneten Aufstand.

Der König war den Zuspitzungen, die die Situation in den nächsten Stunden und Tagen erfuhr, nicht gewachsen. Ihn hat der Gedanke daran, daß Blut seiner Untertanen vergossen wurde, zutiefst erschüttert; mehrere Nächte fand er keinen Schlaf mehr, was Bismarck später im Angesicht Friedrich Wilhelms zu der harschen Feststellung veranlaßte: »Ein König muß schlafen können!« Während seine Gardetruppen bis gegen Mitternacht den Widerstand weitgehend niedergekämpft hatten und die Lage unter ihre Kontrolle brachten, schrieb er eine Proklamation »An meine lieben Berliner« nieder, in der er diesen versprach, daß, sobald die Barrikaden weggeräumt seien, die Truppen von allen Straßen und Plätzen zurückgezogen würden. Sie verschwanden dann aber, ohne daß diese Bedingung erfüllt worden wäre. Verwirrung und Führungslosigkeit hatten sich im Schloß breitgemacht. Aller Machtmittel ledig, mußte Friedrich Wilhelm IV. am Vormittag des 19. März im inneren Schloßhof (dem »Schlüterhof«) einem Leichenzug mit gefallenen Revolutionären zusammen mit seiner Gemahlin die Reverenz erweisen. Die Königin soll in diesem Augenblick der Demütigung bemerkt haben: »Jetzt fehlt nur noch die Guillotine.« Noch am gleichen Tage sah sich der König dazu genötigt, persönlich von der Schloßterrasse aus die Bürgerbewaffnung zu verkünden; bereits um 17 Uhr besetzten Bürger die Posten um das Schloß herum, und eine Stunde später übernahm die Schützengilde die große Schloßwache.

Bald suchte der König aber die Initiative zurückzugewinnen. Am 21. März begab er sich – obwohl er ein schlechter Reiter war – auf einen Umritt durch die Berliner Innenstadt, bei dem er entsprechend einer an ihn in einem Artikel der »Zeitungshalle« ergangenen Aufforderung, das mit Bürgerblut befleckte Hohenzollernbanner von sich zu schleudern und die Farben Schwarz-Rot-Gold zu ergreifen, mit einer schwarz-rot-goldenen Schärpe angetan war. Dabei hielt er mehrere schwungvolle Ansprachen, deren Sinn sich dann in dem Aufruf »An mein Volk und an die deutsche Nation« niederschlug, der in der Losung gipfelte: »Preußen geht fortan in Deutschland auf.« Das sollte zwar von den preußischen Geschehnissen ablenken und dadurch die Krone und die Regierung entlasten; aber es war keine Heuchelei. Der König folgte einem Rat seines Außenministers von Arnim, der der Meinung war, Preußen müsse sich an die Spitze der deutschen Revolution setzen, um diese zu überwinden und die Führung in Deutschland zu übernehmen. Friedrich Wilhelm war ja durchaus – wenn auch auf seine Weise – deutsch wie freiheitlich gesinnt und zudem vom Geschehen der revolutionären Tage merklich beeindruckt. Aber er wußte sich nicht in die Beschränkungen eines konstitutionellen Königtums zu finden und ist so weder mit seinem am 29. März berufenen »Märzministerium« noch mit der seit 22. Mai tagenden preußischen Nationalversammlung ausgekommen, die freilich mit dem in ihr herrschenden Doktrinarismus und Radikalismus seinem empfindlichen, hochgespannten monarchischen Selbstgefühl zuviel zugemutet hat. Wenn die Berliner Parlamentarier sich dafür entschieden, in ihrem Verfassungsentwurf den königlichen Titel ohne den Zusatz »von Gottes Gnaden« aufzunehmen, so ist das für Friedrich Wilhelm zu einer der wichtigsten Veranlassungen dafür geworden, mit der Versammlung zu brechen.

Auch die deutsche Nationalversammlung, die seit dem 18. Mai in der Frankfurter Paulskirche tagte, hat den historischen Gewalten in Deutschland und so auch dem preußischen Königtum, das in den Märztagen nicht am wenigsten an Ansehen eingebüßt hatte, zunächst nur wenig Beachtung geschenkt. So fühlte sich Friedrich Wilhelm IV. bemüßigt, dem Präsidenten der Nationalversammlung, Heinrich von Gagern, einmal zu sagen: »Vergessen Sie nicht, daß es noch Fürsten in Deutschland gibt und daß ich einer von ihnen bin.« Es war dies eine beherzigenswerte Mahnung, denn die Fürsten lagen nach einem anderen Worte Friedrich Wilhelms zwar im März »auf dem Bauche«, rafften sich aber doch bald wieder auf. Ermutigt durch den Sieg des Kaisers über die Revolution, dessen Truppen am 31. Oktober 1848 Wien eingenommen hatten, und durch einen seit dem Sommer erstarkenden preußischen Konservativismus, der sich um die Kreuzzeitungspartei sammelte, fühlte sich der König endlich stark genug, um die preußische Nationalversammlung nach Brandenburg an der Havel zu verlegen, wo diese am 5. Dezember aufgelöst wurde. Einen Tag später oktroyierte er – freilich schweren Herzens – eine erstaunlich liberale Verfassung – zu eben der Zeit, als man in Frankfurt mehr und mehr begriff, daß man die nationale Aufgabe, wenn überhaupt, nur zusammen mit Preußen lösen konnte.

Die Oktroyierungspolitik war von »staatsmännischer Weisheit« getragen: »Erst siegen und dann doch den Besiegten das Berechtigte ihrer Forderungen zuzugestehen. Die preußische Krone, deren Glanz Flecken erhalten hatte, gewann damit moralisch wie machtmäßig verlorenes Terrain zurück« (H.-J. Schoeps). Am 28. März 1849 wurde Friedrich Wilhelm IV. von der Paulskirchenversammlung, die sich für ein Erbkaisertum entschieden hatte, zum deutschen Kaiser gewählt. Aber der König lehnte ab – konnte nach seinem ganzen Selbstverständnis, seinem gesinnungstüchtigen Legitimismus nichts anderes tun. Nach seiner Ansicht hatte das Frankfurter Parlament keine Krone zu vergeben; in strikter Ablehnung des Prinzips der Volkssouveränität sprach er davon, daß die Frankfurter Kaiserwürde den »Ludergeruch der Revolution« trage. Der Deputation, die ihm in Berlin die Krone antrug, erklärte er, die Annahme der Verfassung und der Kaiserkrone sei von der Zustimmung sämtlicher deutscher Regierungen abhängig. Ein Ereignis von tiefer nationaler Tragik hatte sich vollzogen. Tief bestürzt reiste die Deputation nach Frankfurt zurück. Das Paulskirchenwerk war gescheitert.

Der Bescheid, den Friedrich Wilhelm IV. den Abgesandten der Nationalversammlung erteilt hatte, bezeichnete genau die Linie, auf der Preußen in seiner deutschen Politik fortfahren wollte: Ein Reichstag sollte gewählt werden, der einen an die Paulskirchenverfassung angelehnten Verfassungsentwurf beraten und mit den Regierungen vereinbaren sollte. Die Leitung dieser Politik vertraute der König dem zu seinem Freundeskreis zählenden Diplomaten Joseph Maria von Radowitz an, der als einer der Führer der Rechten in der Paulskirche gesessen hatte. Im Sinne des Königs, der aufgrund seiner romantischen Vorstellungen vom mittelalterlichen Reich die deutschen Verhältnisse am liebsten gemeinsam mit Österreich neu gestaltet hätte, hatte er einen alten Plan Gagerns von einem engeren und einem weiteren Bunde wieder aufgegriffen, also eines Deutschen Reiches unter Preußens Führung, das mit dem Habsburgerreich in einer engeren Verbindung stand. Aber der österreichische Staatskanzler Fürst Schwarzenberg, der die Konzeption eines österreichisch geführten, mitteleuropäischen Universalstaates verfolgte, lehnte ab, so daß die preußische Initiative auf eine entschärfte Version des Frankfurter Erbreichsplanes hinauslief. Jedoch hielten sich Bayern und Württemberg auf Einwirkung Österreichs hin zurück, und auch die Haltung Hannovers und Sachsens war zweifelhaft. Dennoch konnte am 20. März 1850 das Erfurter Unionsparlament eröffnet werden. Aber König Friedrich Wilhelm war nicht mehr so recht bei der Sache, seit er den weiteren Bund mit Österreich hatte verloren geben müssen, und ein Konflikt mit Wien drohte; zudem wendeten sich die dem König nahestehenden Konservativen gegen die in Erfurt zur Beratung stehende Verfassung. Österreich aber lud, den Schwächemoment in den preußischen Unionsbestrebungen geschickt nutzend, die deutschen Regierungen zur Wiederherstellung des Deutschen Bundes nach Frankfurt ein, und am 16. Mai 1850 trat hier das Plenum des Bundestages zusammen. Friedrich Wilhelm IV. jedoch scheute sich, gegenüber Schwarzenberg hart aufzutreten, weshalb es nicht zum Inkrafttreten der Unionsverfassung kam.

Da schien im Herbst 1850 ein kurhessischer Verfassungskonflikt den Gegensatz zwischen den beiden deutschen Hauptmächten zur Entzündung zu bringen. Ein Streit mit seinem Landtag in Kassel hatte den Kurfürsten zur Flucht nach Frankfurt veranlaßt, wo eine Bundesexekution gegen den hessischen Aufstand beschlossen wurde. Gegen diese aber wendete sich Preußen, welches an Kurhessen, das im übrigen formell noch der Union angehörte, deshalb ein besonderes Interesse nehmen mußte, weil es eine Landbrücke zu seinen westlichen Provinzen (mit zwei militärischen Etappenstraßen) darstellte. Über die Frage, ob Preußen angesichts des Exekutionsbeschlusses des Bundes mobil machen solle oder nicht, kam es innerhalb des preußischen Staatsministeriums in Berlin zu einer Auseinandersetzung. Radowitz, seit dem 26. September 1850 Minister des Auswärtigen, forderte die Mobilmachung; Ministerpräsident Graf Brandenburg verlangte eine Verständigung mit Österreich, was auch eine Preisgabe der Union bedeutete. Da hinter Österreich Rußland stand, das die Union ebenfalls zugunsten einer Wiederherstellung des Deutschen Bundes beseitigt sehen wollte, sprach sich eine Mehrheit der Minister gegen eine Mobilmachung aus.

König Friedrich Wilhelm hatte seinem Traum von einem habsburgischen deutschen Kaisertum noch immer nicht entsagt und glaubte darum an eine Verständigung mit Wien; dieser mußte seiner Meinung nach aber eine Mobilmachung vorhergehen, da erst eine damit verbundene enthusiastische Erhebung des Volkes die österreichische Staatsleitung zur Einsicht bringen werde. »Aufsetzen des Helms, Umgürten des Schwertes und Worte des Friedens«, so hatte er gesagt. Aber nun in der entscheidenden Kronratssitzung, nach dem überwältigenden Votum seiner Minister für einen Verzicht auf die Mobilmachung, bestand er nicht auf dem Zeigen einer martialischen Gebärde, womit er zugleich Radowitz fallenließ. Dieser nahm seinen Abschied. Der russische Druck, der nach der Niederwerfung des ungarischen Aufstandes im Jahre 1849 in Ost- und Mitteleuropa allgegenwärtig war und der Preußen bereits im Juli 1850 dazu genötigt hatte, seine Unterstützung der Schleswig-Holsteiner gegen Dänemark aufzugeben, führte im November 1850 den neuen preußischen Ministerpräsidenten Otto von Manteuffel zu einer Besprechung mit Fürst Schwarzenberg nach Olmütz, wo die vom König schon vorher weitgehend aufgegebenen Unionspläne zu Grabe getragen wurden. Der Weg zur Wiederherstellung des Deutschen Bundes war frei.

Mit dem Sieg der österreichisch-russischen Reaktion hat sich in der Innenpolitik Preußens der seit Sommer 1848 im Vormarsch befindliche Konservativismus durchgesetzt. Er hatte einen pietistisch-agrarischen Einschlag, stimmte mit der Kamarilla Friedrich Wilhelms IV., deren Mittelpunkt Generaladjutant Leopold von Gerlach war, in vielem überein und hat auf diese Weise den nach wie vor von antiquiert-romantischen Ideen erfüllten König nachhaltig ermutigt. Dieser hatte in der Kamarilla den ihm in seiner skrupulösen Art unentbehrlichen vertrauten Kreis gefunden, in dem er zur Entscheidung Anstehendes zum Gegenstand eines Gedankenaustausches machen sowie Rat und Anregung empfangen konnte; dem bürokratisch-konstitutionellen Amt des Ministerpräsidenten hat Friedrich Wilhelm IV. stets mit tiefem Mißtrauen gegenübergestanden.

Die Rechte des Landtags wurden mit dem Inkrafttreten einer Verfassungsrevision im Jahre 1850 gegenüber der Verfassungsurkunde vom Dezember 1848 stark eingeschränkt. Aus dem allgemeinen und gleichen Wahlrecht wurde ein Zensussystem, das aber – und insofern mußte immerhin den Interessen des erstarkenden Wirtschaftsbürgertums Rechnung getragen werden – als Dreiklassenwahlrecht plutokratischen Charakter trug. 1854 wurde die erste Kammer des Landtags gemäß einer der Lieblingsvorstellungen des Königs in ein »Herrenhaus« umgewandelt, das den im Abgeordnetenhaus wirksamen liberalen Tendenzen die Waage halten sollte und sich dabei weitgehend in einer bloßen agrarischen Interessenvertretung erschöpfte. Freilich gingen die ausschweifendsten Wünsche des Königs nicht in Erfüllung; die Verfassung im ganzen und das Repräsentativsystem im besonderen wurden nicht angetastet, während das österreichische Staatsgrundgesetz der Wiener Reaktion zum Opfer fiel. Ministerpräsident von Manteuffel, der Vertreter eines strengen Ministerabsolutismus, teilte die Gedankenwelt des Königs nicht, weshalb dieser in ihm nicht das Ideal eines »gehorsamen« Ministers sah, ohne aber auf seine staatsmännischen Fähigkeiten verzichten zu können.

Die Reaktionsära in Preußen zeitigte insbesondere auf dem Gebiete der Kirchen- und der Schulpolitik die traurigsten Folgen; unter Kultusminister von Raumer machte sich die Herrschaft einer orthodoxen Kirchlichkeit geltend. Kunst und Wissenschaft nahmen währenddessen einen weiteren Aufschwung, wobei der originellste Beitrag Deutschlands zum Zeitalter der Erfahrungswissenschaften, die Geschichtswissenschaft, eine herausragende Rolle spielte. Friedrich Wilhelm IV. nahm an dieser Entwicklung, die Berlin mehr und mehr zum geistigen Mittelpunkt Deutschlands machte, lebhaften Anteil. Mit dem Geschichtsschreiber Leopold von Ranke stand er in enger Verbindung. Auf Anregung Alexander von Humboldts fügte er schon 1842 dem von Friedrich dem Großen gestifteten Orden »Pour le mérite militaire« eine Friedensklasse hinzu, die sich bis auf unsere Tage erhalten hat.

Der König selbst darf als ein Künstler auf dem Gebiet der Architektur bezeichnet werden. Unzählige Entwurfszeichnungen zu Bauwerken von seiner Hand haben in Archiven und Plankammern überdauert. Mit seinen Bauplänen hat der Monarch wenig Glück gehabt: Schinkel, der einst seinen baukünstlerischen Sinn geweckt hatte, starb schon 1841, und in dessen Schülern August Stüler und Ludwig Persius fand er keine Künstler gleichen Ranges; der gewaltige Neubau des Berliner Doms, der ihm vorschwebte, ist niemals zur Ausführung gelangt.

Friedrich Wilhelm IV. ist ein Friedensfürst gewesen, der sich im Zusammenhang mit einem urkirchlichen Christenideal auch in der Pflicht gegenüber den Armen gewußt hat, wie die Gründung des Berliner Krankenhauses »Bethanien« (im heutigen Bezirk Kreuzberg) und sein Versuch, der Not der schlesischen Weber abzuhelfen, beweisen. Das königliche Ständemodell wurde um den Arbeiterstand erweitert. Er, der das Problem der sozialen Frage sicher nicht in seiner Tragweite erkannte, hat sich nicht als einen großen Regenten verstanden; nach einem seiner hingeworfenen Scherzworte ist er Friedrich dem Großen nur in der Güte der Handschrift über gewesen. Von Leopold von Ranke stammt die Bemerkung, der König habe »vielleicht mehr Gemüt, als der Staat vertragen kann«. Auf militärischem Gebiet hat sich der Monarch in ästhetischer Beziehung hervorgetan, indem er mit seiner Bekleidungsvorschrift das äußere Erscheinungsbild des preußischen Heeres bis zum Vorabend des Ersten Weltkrieges prägte und die berühmte preußische Pickelhaube erfand. In der großen Politik ist es noch einmal auf ihn angekommen, als Preußens Haltung im Krimkrieg in den Jahren 1854 und 1855 umstritten war. Er entschied sich zusammen mit seinem Ministerpräsidenten von Manteuffel für Neutralität und hielt daran fest, wofür ihm Bismarck, damals Bundestagsgesandter in Frankfurt, noch nachträglich hohes Lob gespendet hat. Dafür ließen ihn dann die Österreicher und Engländer im Falle Neuenburg (Neuchâtel) im Stich. Dort war im September 1856 ein Aufstand zugunsten der Krone Preußen ausgebrochen, aber binnen weniger Stunden gescheitert. Seit 1814 staatsrechtlich zur Schweiz gehörig und nur noch in Personalunion mit dem preußischen König verbunden, bis dieser 1848 einer demokratischen Staatsreform hatte Platz machen müssen, wurde Neuenburg doch von Friedrich Wilhelm IV. weiter als Bestandteil des hohenzollernschen Erbes angesehen. Schließlich mußte er sich aber mit der Freilassung seiner Anhänger begnügen und sämtliche Ansprüche seines Hauses auf das alte oranische Erbstück aufgeben. Der König führte mit seiner wittelsbachischen Gemahlin Elisabeth ein vorbildliches, freilich kinderloses Eheleben; er hat seine »Elise« mit rührender Rücksicht umsorgt und als Sechzigjähriger bekannt: »Ich bin noch immer in meine Frau sterblich verliebt.« Doch tiefe Schatten waren nahe. Am 12. Juli 1857 erlitt Friedrich Wilhelm während eines Besuches in der königlich-sächsischen Sommerresidenz Pillnitz einen ersten von mehreren Schlaganfällen. Eine Beeinträchtigung des Sprachvermögens und die Lähmung anderer Gehirnfunktionen blieben zurück. Jahre des Siechtums folgten. Friedrich Wilhelm IV. ist demnach in seinen letzten Lebensjahren nicht, wie man immer wieder liest, geistig umnachtet gewesen. Am 2. Januar 1861 hat er im Schloß Sanssouci, seinem Lieblingssitz, seine Augen für immer geschlossen.

Bis zuletzt ist der König ein Unzeitgemäßer geblieben; er hat mit seinem Wollen und Handeln den wahren Forderungen der Zeit zu entsprechen geglaubt. Mit der Verfassung, die er als ein Produkt der Revolution in seinem Innersten ablehnte, konnte er sich niemals abfinden. Ministerpräsident von Brandenburg, der ja sein Onkel war, hatte ihn fußfällig darum bitten müssen, den Verfassungseid abzulegen; in einer testamentarischen Bestimmung verfügte Friedrich Wilhelm, sein Nachfolger möge die Verfassung nicht beschwören und sie zugunsten der Prärogative der Krone verändern. Der neue König ist dem nicht gefolgt – und hat dem nicht folgen können. Das Scheitern Friedrich Wilhelms hat Erich Marcks zutreffend darin begründet gesehen, daß er und seine Mitwelt »verschiedene Sprachen« geredet und »einander nie verstanden« hätten. »Die Worte deutsch und frei, die Worte Verfassung und Einheit bedeuteten ihm etwas anderes als seiner Zeit: ihm waren sie ständisch und altreichisch angefüllt, jener liberal und neunational. . . . Er blieb sich treu und erschien der anders denkenden, glaubenden, redenden Mitwelt unwahr; im größten war er wahr, aber sein Ideal und seine Möglichkeiten, sein Ideal und seine eigenen Machtgrundlagen, klafften auseinander.«

Kaiser Wilhelm I.

## König Wilhelm I. von Preußen, seit 1871 Deutscher Kaiser

* 22. 3. 1797 in Berlin
† 9. 3. 1888 in Berlin
*Grabstätte:* Mausoleum im Schloßpark Berlin-Charlottenburg

⚭ 11. 6. 1829 (Berlin) mit Prinzessin AUGUSTA von Sachsen-Weimar-Eisenach
* 30. 9. 1811 in Weimar
† 7. 1. 1890 in Berlin
*Grabstätte:* Mausoleum im Schloßpark Berlin-Charlottenburg

Wie König Friedrich Wilhelm IV. war Prinz Wilhelm, sein Bruder, seit Herbst 1857 mit der Stellvertretung des Königs beauftragt und seit Oktober 1858 Prinzregent, ursprünglich für eine Wahrung der Kronrechte in ihrem vollen hergebrachten Umfang eingetreten; er hatte in den fünfziger Jahren jedoch die Überzeugung gewonnen, daß dem Volke eine konstitutionell verbürgte Teilhabe an der Regierung des Landes nicht mehr genommen werden konnte und die Reaktion fallen mußte. Er ersetzte das Ministerium Manteuffel durch ein Kabinett aus gemäßigt liberalen Männern, die der sogenannten Wochenblattpartei angehörten oder doch nahestanden, die, aus dem Konservativismus kommend, in der Reaktionszeit eine preußisch-konstitutionelle Opposition dargestellt hatte. Ministerpräsident wurde Karl Anton Fürst von Hohenzollern-Sigmaringen, der Chef der katholischen Linie des Hohenzollernhauses, der 1848/49 zugunsten des preußischen Königshauses auf seine Souveränität verzichtet hatte.

Am 8. November 1858 richtete der Regent an das neue Staatsministerium eine Ansprache, die eine Art von Regierungsprogramm enthielt. Aus ihr wurde in der Öffentlichkeit ein liberaler Systemwechsel herausgelesen. Wendete sich der Prinz doch scharf gegen die im Lande bisher herrschende Verbindung von politischer Reaktion und kirchlicher Orthodoxie, während Preußen seiner Vorstellung nach durch »moralische Eroberungen« sein materielles Gewicht in Deutschland ergänzen und der Welt begreiflich machen mußte, daß es überall das Recht zu schützen bereit sei. Man sprach von einer »Neuen Ära«. Diese schien sich auch in der Haltung des Prinzregenten zur nationalen Bewegung zu bestätigen, die unter dem Eindruck des Ausbruchs der italienischen Befreiungs- und Einigungskriege im Jahre 1859 wieder aus der tiefen Depression herausfand, in die sie mit dem Ruin der Ideale von 1848 gefallen war.

Als im Herbst 1859 in Frankfurt a. M. ein Deutscher Nationalverein entstand, der im Sinne der Paulskirchenbestrebungen einen deutschen Bundesstaat mit preußischer Spitze erstrebte und sofort der Verfolgung durch die Bundesgewalt und die meisten deutschen Bundesstaaten ausgesetzt war, da sprach Preußen weder ein Verbot aus, noch beteiligte es sich an der Verfolgung der Vereinsmitglieder. Doch spätestens im Herbst 1861 zeigte es sich, daß Wilhelms Glaube an das monarchische Gottesgnadentum nicht geringer war als der Friedrich Wilhelms IV. Nach dessen Tod am 2. Januar 1861 nämlich entschloß er sich gegen den Rat mehrerer seiner Minister dazu, durch eine Königskrönung seinem Königtum die ihm seiner Meinung nach zukommende Weihe zu verleihen. Am 18. Oktober 1861 nahm König Wilhelm am Orte der ersten preußischen Königskrönung in der Schloßkirche zu Königsberg die Krone vom Altar und setzte sie sich selbst auf das Haupt. Der bürgerliche Liberalismus war tief enttäuscht. Gustav Freytag, der sich in seinen vielgelesenen Büchern der Geschichte des Hohenzollernhauses liebevoll angenommen hatte, äußerte, der Krönungstag habe den König »von seinem Volk getrennt«.

König Wilhelm I. war seit der Übernahme der Regentschaft kein anderer geworden. Wohl fehlten ihm die Überschwenglichkeit und die mystischen Neigungen König Friedrich Wilhelms IV., wohl war seine Frömmigkeit schlicht und unauffällig, wohl zeichnete seine politische Haltung ruhige Sachlichkeit und Realismus aus – aber in der Sache unterschied sich seine Auffassung vom Herrscherberuf gar nicht so sehr von der des Bruders. Er bewahrte sich die Überzeugung, daß dem König im Staatsleben eine ausschlaggebende Stellung erhalten bleiben müsse.

Freilich hatten auch liberale Einflüsse auf ihn gewirkt – vor allem in der Gestalt seiner Gattin Augusta, einer Enkelin des Weimarer Großherzogs Karl August, die ihn an Bildung und Geistesgaben überragt hat und mit der er zusammen in seiner Zeit als Generalgouverneur der Rheinprovinz in Koblenz von dem milden geistig-politischen Klima Westdeutschlands berührt worden war. Aber er blieb doch die nüchterne, einfach denkende, mit wenig Sinn für Humor und Ironie begabte, aber verständige und beständige Soldatennatur preußischer Tradition und konservativer Konfession. Die Revolutionsjahre 1848/49 hatten ihm wegen seiner angeblichen Schuld am Berliner Straßenkampf den Namen »Kartätschenprinz« eingebracht, dem er dann nach seiner Flucht nach England durch die Niederschlagung des badischen Aufstandes 1849 durchaus gerecht geworden ist.

Die Liberalen und die öffentliche Meinung waren nach dem so sehr herbeigesehnten Ende der Reaktionszeit allzu gerne bereit gewesen, sich täuschen zu lassen. Dabei hatte doch der Prinzregent in seiner Ansprache an das Staatsministerium der Auffassung widersprochen, »daß sich die Regierung fort und fort treiben lassen müsse, liberale Ideen zu entwickeln«. In einer deutlichen Distanz zum Nationalverein war er nicht bereit, in einer so wichtigen Frage wie der nationalen einer Volksbewegung eine politische Führungsrolle zuzugestehen.

In dem seit 1848 mit dieser Frage untrennbar verbundenen offenen Dualismus zwischen Preußen und Österreich vertraute er auf sein Heer, das allerdings schon 1849 und 1850 sowie zuletzt noch bei der Mobilmachung im Zusammenhang mit dem italienischen Krieg von 1859 Mängel gezeigt hatte, die er durch eine Heeresreform zu beseitigen plante. Auch sie hatte er in seiner Ansprache angekündigt.

In dieser Frage hatten sich die Vorstellungen Wilhelms von Königtum und Staat bereits vor der Krönung abgezeichnet. Es ging dabei um eine

Revision des Wehrgesetzes von 1814. Zum einen war an eine Veränderung der Stellung der Landwehr in der Heeresverfassung gedacht, derart, daß ihr erstes Aufgebot der königlichen Linie zugeschlagen werden sollte, während man das zweite, auf das sich dann die Landwehr reduzierte, auf Festungs- und Etappenaufgaben beschränken wollte; zum anderen war eine Verlängerung der aktiven Dienstzeit im Heere von zwei auf drei Jahre vorgesehen. Wilhelm war der Ansicht, daß das dritte Jahr benötigt werde, um den Soldaten über seine militärischen Fertigkeiten hinaus im monarchischen Sinne zu erziehen – ein Ziel, dem auch die Entwertung der durch Reserveoffiziere geführten Landwehr dienen sollte. Vor allem aber bezweifelte das Kriegsministerium deren militärischen Wert. Wie die liberalen Kritiker der Wehrvorlage die Notwendigkeit der in Aussicht genommenen Heeresvermehrung anerkannten, wußten sie auch um den nur bedingten Wert der Landwehr. Was sie erbitterte, war der Umstand, daß die Landwehr, in der man Bürgerlichkeit und Wehrgedanken vermählt sah, im Kriegsfalle nicht mehr gemeinsam mit der königlichen Linie im Felde stehen sollte. Das Prinzip des Volkes in Waffen, das zuerst in den Befreiungskriegen in Geltung gewesen war, schien angetastet werden zu sollen.

Das waren die Positionen, mit denen sich der konservative König, der zugleich militärischer Fachmann war, und der preußische Parlamentarismus gegenübertraten. Freilich hat es dieser zunächst nicht auf einen Bruch mit der von ihm mit Sympathie betrachteten Regierung der Neuen Ära ankommen lassen; 1860 wurden die Militärausgaben mit Hilfe eines Haushaltsprovisoriums und 1861 durch ein Extraordinarium gedeckt.

Obwohl damit die gesetzliche Festlegung der Heeresorganisation nicht vorweggenommen sein sollte, wie auch Finanzminister von Patow anerkannt hatte, hat sich der König, unter anderem bestärkt durch seinen Kriegsminister Albrecht von Roon, dadurch in der Verwirklichung der Heeresreform nicht aufhalten lassen. Er berief sich darauf, daß hier seine Kommandogewalt berührt sei, die zu den Prärogativen der Krone zählte, während der Landtag im Rahmen seines Budgetrechtes allein über die Heeresverwaltung mitzureden hatte. So trat im Laufe des Jahres 1861 zwischen dem König und seiner Regierung einerseits und der liberal gestimmten öffentlichen Meinung andererseits eine Entfremdung ein, die durch die Königskrönung im Oktober auf einen ersten Höhepunkt geführt wurde. Diejenigen, deren Geduld mit dem König und seinem Kabinett erschöpft war, sammelten sich in der linksliberalen Deutschen Fortschrittspartei, der bei den Wahlen zum Abgeordnetenhaus im Dezember 1861 fast ein Drittel der Mandate zufiel. Im Jahre 1862 kam kein Haushalt mehr zustande. Während der König die Regierung der Neuen Ära durch ein konservatives Kabinett unter dem Präsidenten des Herrenhauses, Fürst von Hohenlohe-Ingelfingen, ersetzte, schritt man zu einer noch von der alten Regierung herbeigeführten Neuwahl des Landtags, bei der die Fortschrittspartei weiter an Boden gewann.

Unter diesen Umständen kam König Wilhelm auch mit dem neuen Ministerium nicht weiter. Während er um keinen Preis auf die dreijährige Dienstpflicht zu verzichten bereit war, auf die sich die Auseinandersetzung konzentrierte, weigerte sich das Kabinett, ohne Etat zu regieren. Der König trug sich mit Gedanken an eine Abdankung. Es war eine Situation eingetreten, für die Kriegsminister von Roon in kluger Voraussicht vorgesorgt hatte. Er präsentierte Otto von Bismarck, derzeit preußischer Gesandter in Paris, als Ministerkandidaten. Friedrich Wilhelm IV. hatte, als ihm nach seinem Bruch mit dem Märzministerium im November 1848 ebenfalls Bismarck als ein möglicher Ministerpräsident genannt worden war, bei seinem Namen angemerkt: »Nur zu gebrauchen, wenn das Bajonett schrankenlos waltet.« Wilhelm selbst sagte noch 1859 zu Herzog Ernst II. von Sachsen-Coburg und Gotha: »Das fehlte gerade noch, daß ein Mann das Ministerium übernimmt, der alles auf den Kopf stellen wird.« Nun mußte er ihn wohl oder übel nehmen. Denn er war als einziger dazu bereit, auch ohne Etat zu regieren und den Kampf um die Heeresvorlage durchzufechten. Vom König endlich am 22. Dezember 1862 empfangen, legte er diesem auf einem gemeinsamen Gang im herbstlichen Schloßpark zu Babelsberg (bei Potsdam) dar, daß im vorliegenden Streit das Abgeordnetenhaus unbedingt, wenn nötig durch eine »Periode der Diktatur«, niederzuzwingen sei. Ungeachtet der Tatsache, daß er in der Frage der Heeresreform nicht in allem mit dem König übereinstimmte, erklärte er, er wolle »lieber mit dem Könige untergehen, als Eure Majestät im Kampfe mit der Parlamentsherrschaft im Stiche lassen«. Nachdem der König im Besitz der Zusage Bismarcks war, erklärte er: »Dann ist es meine Pflicht, mit Ihnen die Weiterführung des Kampfes zu versuchen, und ich abdiziere nicht.« Aus dem Heereskonflikt war ein Verfassungskonflikt geworden.

Die liberale Königin hatte vergeblich versucht, die Berufung Bismarcks zu hintertreiben. Der Kronprinz schrieb in sein Tagebuch: »Arme Mama, wie bitter wird gerade dieses ihres Todfeindes Ernennung sie schmerzen.« Sie hat allerdings niemals aufgehört, Bismarck und seine Politik zu bekämpfen. »Sie war«, so hat dieser in der ersten Niederschrift seines Erinnerungswerkes bemerkt, »einer der wenigen Menschen, vor denen ich trotz allem Respekt hatte, denn sie war eine geistige Potenz.« Warum sie »Otto dem Großen«, wie sie ihn spöttisch nannte, immer wieder Schwierigkeiten machen konnte, hat er nach seiner Entlassung einmal so erklärt: »Sie hatte eine weit größere Dialektik als Kaiser Wilhelm, frühstückte jeden Tag mit ihm, las ihm Zeitungsausschnitte und Privatbriefe vor, so daß der Kaiser, wenn ich nachher Audienz hatte, mich mit gerötetem Kopfe oft recht ungnädig empfing.« Aber Bismarck hat, sich bei all seinem Selbstbewußtsein als »kurbrandenburgischen Vasallen« empfindend, das unbedingte Vertrauen Wilhelms I. zu gewinnen gewußt. Er hat mit seiner Politik den großen Rivalen Österreich aus Deutschland herausgedrängt und, im Begriffe, dasjenige durchzusetzen, was der Nationalbewegung 1848 versagt geblieben war, vom preußischen Abgeordnetenhaus für sein Regieren ohne Haushalt »Indemnität«, also eine nachträgliche Billigung, erlangt.

Freilich ist Wilhelm I. ein Monarch gewesen, der überzeugt werden wollte und der sehr hartnäckig auf seinem Standpunkt beharren konnte, so daß es nicht selten zu Zerreißproben zwischen ihm und Bismarck kam. Dabei machte sich die konventionelle Denkweise des Königs geltend, die sich an der vom Herkommen weitgehend unabhängigen, nur auf die Zeitumstände und das politische Ziel abgestimmten Denk- und Verfahrensweise des bedeutenden Staatsmannes stieß.

Als es nach der Niederlage Österreichs und seiner Verbündeten im Deutschen Krieg von 1866 in Nikolsburg (Südmähren) zu Friedensverhandlungen kam, hat es König Wilhelm für eine Selbstverständlichkeit gehalten, territoriale Gewinne zu fordern. Hierbei dachte er zuerst vor allem an Sachsen, das er für den Hauptschuldigen am Kriege hielt, und später, als sich Frankreich an einer Erhaltung Sachsens interessiert und Österreich entschlossen zeigte, für seinen Verbündeten einzustehen, an dieses selbst, das Teile Österreichisch-Schlesiens abtreten sollte. Demgegenüber hat Bismarck nicht nur aus der Notwendigkeit heraus, dem um die Wahrung des traditionellen französischen Gleichgewichtsgrundsatzes besorgten Napoleon III. nicht zuviel zuzumuten und Rußland nicht zu einem Eingreifen gegen das, wie man dort meinte, allzu erfolgreiche Preußen zu reizen, strengste Mäßigung für geboten erachtet; er wollte Österreich, das im übrigen Gebietsforderungen mit einer Wiederaufnahme des Kampfes beantworten mußte, eine Demütigung ersparen, da es der gegebene Bundesgenosse eines späteren deutschen Bundesstaates war. Was konnte demgegenüber für Preußen ein – kaum nennenswerter – Territorialgewinn bedeuten?

Doch der König sprach von der Schuld, die die Besiegten treffe, und von der Strafe, die sie verdienten, fragte sich, was die Welt über ihn dächte, wenn er Österreich nicht kräftig ins Fleisch schneide, und erinnerte sogar daran, daß Jägerndorf in Österreichisch-Schlesien einmal hohenzollernscher Besitz gewesen war. Bismarck setzte dagegen, es sei nicht Preußens Aufgabe, eines Richteramtes zu walten, sondern lediglich, deutsche Politik zu treiben. Doch Wilhelm war nicht zu überzeugen. Am 24. Juli 1866 kam es zum Zusammenstoß; Bismarck fühlte sich durch den gereizten König verletzt – und ging mit dem Gedanken an einen Rücktritt auf sein Zimmer. In dieser hoffnungslosen Situation hat ihn der aufgesucht, der als einziger noch helfen konnte, der Kronprinz. Dieser, bisher Bismarcks Gegner, sprach mit dem König, kam zurück und sagte mit freundlicher Ruhe: »Es hat sehr schwer gehalten, aber mein Vater hat zugestimmt.«

Hatte der König durch seinen letztlich unpolitischen Standpunkt den reichen politischen Gewinn des Krieges fast aufs Spiel gesetzt, so ist er andererseits aus Legitimitätsgründen vor der von Bismarck für notwendig gehaltenen vollständigen Annexion der zwischen Preußen und seinen Westprovinzen gelegenen Staaten Hannover, Kurhessen, Nassau und der Reichsstadt Frankfurt sowie der damit verbundenen Entthronung von Dynastien zurückgeschreckt. Aber auch diesen revolutionären Zuspitzungen preußischer Staatsräson hat sich der König schließlich gefügt.

In der Frage der spanischen Thronkandidatur am Vorabend des Deutsch-Französischen Krieges 1870 erscheint König Wilhelm als ein friedvoller, ja harmloser, wenn auch würdevoller Herr auf der Kurpromenade von Bad Ems, der in ein leidenschaftliches politisches Spiel zwischen seinem Ministerpräsidenten Bismarck einerseits und Kaiser Napoleon III. sowie seinem Außenminister, dem Herzog von Gramont, andererseits hineingeriet, ohne es doch zu durchschauen. Der Kandidat für den verwaisten spanischen Thron war Erbprinz Leopold von Hohenzollern-Sigmaringen, der Sohn des Fürsten Karl Anton, des Ministerpräsidenten der Neuen Ära, der nach seinem Verzicht auf seine Souveränität und seine Länder zugunsten Preußens in den Hausverband der preußischen Hohenzollern eingetreten war, womit sich aber die Beziehungen zu Berlin schon erschöpften. Das aber übersah man in Frankreich nicht. Hier löste die Vorstellung, daß eines Tages auf dem spanischen Thron ein Hohenzoller sitzen könnte, eine starke Erregung aus, zumal der französische Einfluß in Mitteleuropa dank der Politik Preußens in den letzten Jahren stark geschwächt worden war. Im Angesicht steigender Kriegsgefahr bediente sich Bismarck der Kandidatur des Hohenzollern, um Frankreich zu reizen, diplomatisch von Mitteleuropa abzulenken, ja kurzzeitig zu lähmen und so möglicherweise ohne seine Einmischung die deutsche Einigung zu Ende führen zu können.

»Zweifellos war Krieg die ultima ratio dieser Kalkulation, aber die ultima ratio war nicht Bismarcks Ziel« (E. Zechlin). Erbprinz Leopold hingegen trat von der Kandidatur zurück, wozu Wilhelm I. durch ein Handschreiben beigetragen hatte. Doch Paris wollte mehr: Der französische Gesandte in Berlin, Benedetti, versuchte, den zur Kur in Bad Ems weilenden König Wilhelm zu der Erklärung zu drängen, daß er den Verzicht billige und eine eventuell wieder zur Diskussion stehende Kandidatur seines Hauses nicht zulassen werde. Der alte Herr ließ dem Gesandten nach der offiziellen Bestätigung des Verzichts Leopolds mitteilen, daß er die Sache als erledigt ansehe und ihm nichts weiter zu sagen habe; die Form blieb dabei vollkommen gewahrt. Die preußische Politik war in die Defensive gedrängt worden. Die »Emser Depesche«, durch die der König Bismarck über das Geschehene in Kenntnis setzte, wußte dieser aber dazu zu benutzen, um die Defensive wieder in eine Offensive zu verwandeln. Von seinem Herrn dazu ermächtigt, das in Bad Ems Vorgefallene der Öffentlichkeit bekanntzugeben, publizierte er in der »Norddeutschen Allgemeinen Zeitung« eine Redaktion des königlichen Telegramms, die den Eindruck des vornehmen Zurückweichens vor den französischen Zumutungen verwischte und den

Anschein erweckte, als sei Benedetti vom König zurechtgewiesen worden. Als dieser die Bismarcksche Bearbeitung in der Zeitung zu Gesicht bekam, rief er erschreckt aus: »Das ist der Krieg!« Die Stimmung in Deutschland sprach nahezu einhellig für Preußen. Frankreich sah sich als Provokateur hingestellt und ins Unrecht gesetzt. Es erklärte Preußen am 19. Juli 1870 den Krieg.

Wie schon in den Kämpfen von 1866 hat König Wilhelm auch am Deutsch-Französischen Krieg persönlich teilgenommen. Er war es, der die Kapitulation Napoleons III. in Sedan am 2. September 1870 entgegennahm. Der siegreiche König begegnete dem geschlagenen Kaiser mit sehr viel Noblesse und Schonung. Dieser hat das dem Kronprinzen gegenüber unter Tränen dankbar anerkannt. Als Wilhelm I. sich nach der Begegnung mit ihm »mit jugendlicher Rüstigkeit« auf sein Pferd schwang und mit seinem Gefolge in »einer glänzenden wilden Kavalkade« davonsprengte, sah ihm Napoleon sinnend nach (Verdy du Vernois).

Im weiteren Verlauf des Krieges ist es im Großen Hauptquartier zu einem Konflikt zwischen der Kriegführung und der Politik gekommen. Der König, dem nach der Verfassung dabei allein die Entscheidung zustand, ist dem nicht ausgewichen. Der rein fachlichen Betrachtung aus der Sicht der militärischen Operationen stand der Gesichtspunkt des leitenden Politikers, Bismarck, gegenüber, der, um eine Einmischung fremder Mächte, etwa Englands, zu verhindern, umgehend auf Friedensverhandlungen hinarbeiten mußte. Wilhelm hat sich, obwohl von Haus aus Soldat, für den Vorrang des Politischen vor dem Militärischen entschieden, so daß Bismarck den Waffenstillstand, der am 28. Januar 1871 abgeschlossen wurde, ganz nach seinen Vorstellungen vereinbaren konnte.

Inzwischen war in Versailles im Zuge von diplomatischen Verhandlungen mit den süddeutschen Staaten der Norddeutsche Bund zu einem Deutschen Reich erweitert worden. Die Erinnerungen an Kaiser und Reich hatten in Deutschland eine nahezu mystische Faszination behalten und sich so sehr mit den nationalen Sehnsüchten der Deutschen verbunden, daß der preußische Ministerpräsident und Kanzler des Norddeutschen Bundes in feiner Einfühlung in die deutsche Volksseele diese Gefühlswerte in die Fundamente des deutschen Nationalstaates einzubringen beschlossen hatte. Reich, Kaiser und Reichskanzler traten an die Stelle von Bund, Bundespräsidium und Bundeskanzler. Die Kaiserkrone fiel wie fast selbstverständlich König Wilhelm zu. Doch wußte Bismarck, daß es dabei die – durch die Reichseinigung ohnehin strapazierte – Empfindlichkeit deutschen Fürstenstolzes zu schonen galt. Er kam daher auf den Gedanken, daß der Inhaber des nach dem preußischen bedeutendsten deutschen Thrones, der König von Bayern, dem preußischen König die Kaiserkrone antragen müsse. Er hat das König Ludwig II. nicht zuletzt durch Aussetzung einer Pension, die diesem namentlich zur Finanzierung von Bauten willkommen gewesen ist, schmackhaft machen können. Die Gelder stammten vermutlich aus dem Welfenfonds, den Bismarck aus dem Vermögen des seines Thrones entsetzten reichsfeindlichen hannoverschen Königshauses gebildet hatte. Ludwig II. hat einen von Bismarck aufgesetzten »Kaiser-Brief« geschrieben, aber der Adressat, Wilhelm I., ist darüber alles andere als froh gewesen.

König Wilhelm hat in der Tatsache, daß der Kaisertitel der preußischen Königswürde vorangestellt werden sollte, das Ende Preußens vorausgeahnt. Außerdem schien ihm die Kaiserwürde zuwenig reale Macht zu enthalten; denn aus Rücksicht auf die Bundesfürsten und die Bundesstaaten sollte er sich nach Bismarcks Willen statt »Kaiser von Deutschland« wie das Oberhaupt des locker gefügten alten Reiches »Deutscher Kaiser« nennen. Wilhelm fürchtete, seinen guten preußischen Namen für die gleichgültige Würde eines »Charaktermajors« – so sein militärischer Vergleich – hinzugeben. Bismarck wurde ungeduldig; wie er im Dezember 1870 seiner Frau schrieb, plagten ihn im Umgang mit dem König all die »kleinen Schwierigkeiten, die sich für ihn in der sehr einfachen Kaiserfrage an fürstliche Vorurtheile und Kinkerlitzchen knüpfen«. An dem äußerlich so glanzvollen Tage der Kaiserproklamation im Spiegelsaal des Schlosses zu Versailles hat der Kanzler »Kälte von oben« erfahren müssen. Wilhelm schritt an ihm ohne Blick vorbei und reichte anderen die Hand. Auch die Tatsache, daß man für das große Ereignis beziehungsreich den 18. Januar, den Tag der Königsberger Königskrönung von 1701, gewählt hatte, vermochte seinen Sinn nicht aufzuhellen. Großherzog Friedrich I. von Baden, sein Schwiegersohn, hatte noch insofern die Situation gerettet, als er die leidige Titelfrage umging und ein Hoch auf »Kaiser Wilhelm« ausbrachte.

Wilhelm I. ist es bald gelungen, seine persönlich gestimmte Trauer zu bemeistern. Die Pflicht gegenüber dem neuen Reich forderte sofort seine ganze Aufmerksamkeit. Bereits im Dezember war eine Abordnung des Reichstages nach Versailles gekommen, um den König um die Annahme des Kaisertitels zu bitten. Aber es hatten derzeit noch nicht alle Fürsten zugestimmt. Der Kaiserbote, wie 1849 der Königsberger Jude Eduard Simson, fühlte sich, während er auf das Fürstenplazet wartete, an die tragische Vergeblichkeit seiner damaligen Mission erinnert. Nach der Vereinbarung mit den Fürsten mußte sein Kommen dem Kaiser eine doppelte Verpflichtung sein, die ihm verbleibenden Kräfte dem geeinten Deutschland zu widmen. So hat Wilhelm I. in einer von Bismarck verfaßten und verlesenen Proklamation »An das deutsche Volk«, obwohl noch im Feldlager weilend, sozusagen von Schlachtenlärm umtost, den Blick ganz auf die Segnungen des Friedens gerichtet, die er für das Deutsche Reich ersehnte. Nach seinen Worten verpflichtete ihn die Kaiserwürde dazu, »in deutscher Treue die Rechte des Reichs und seiner Glieder zu schützen, den Frieden zu wahren, die Unabhängigkeit Deutschlands, gestützt auf die geeinte Kraft seines Volkes, zu verteidigen«. Er nehme sie, wie er sagte, in der Hoffnung an, »daß [es] dem

Deutschen Volke vergönnt sein wird, den Lohn seiner heißen und opfermutigen Kämpfe in dauerndem Frieden und innerhalb der Grenzen zu genießen, welche dem Vaterland die seit Jahrhunderten entbehrte Sicherung gegen erneute Angriffe Frankreichs gewähren«. Ihm aber und seinen Nachfolgern an der Kaiserkrone, so schloß der Monarch, »wolle Gott verleihen, allzeit Mehrer des Deutschen Reichs zu sein, nicht an kriegerischen Eroberungen, sondern an den Gütern und Gaben des Friedens auf dem Gebiete nationaler Wohlfahrt, Freiheit und Gesittung«.

Eine würdige Gestalt war an die Spitze des neubegründeten Reiches getreten, eine vornehme militärische Erscheinung, hochgewachsen, kräftig, mit blauen Augen und ehemals blonden, jetzt weißen Haaren. Auch in Süddeutschland, wo er bis dahin weithin als beschränkter Soldat und Marionette Bismarcks galt, hat er sich hohe Achtung erringen können. Der bayerische Diplomat Hugo Graf von Lerchenfeld-Koefering, der 1880 bayerischer Gesandter in Berlin wurde, bemerkte bei den Reichsgründungsverhandlungen im Herbst 1870 in Versailles, daß Wilhelm I. »nichts weniger als eine beschränkte Mittelmäßigkeit war«. Im Blick auf sein Kaisertum hat der Diplomat in der Rückschau betont, es könne keinem Zweifel unterliegen, daß er »ein selten abgeklärter, tüchtiger und in hohem Grade kluger Herr gewesen ist, der seine Stelle in der Welt wie wenige andere ausgefüllt hat«. Dazu gehört, daß er bald auch in den Herzen des deutschen Volkes seinen Platz gefunden hat. Die Reaktion auf seine (von Bismarck dramatisierte) Behandlung durch den französischen Gesandten auf der Kurpromenade von Bad Ems kündigte das schon an. Die Attentate, deren Ziel er geworden ist, haben Wellen liebevoller Anteilnahme ausgelöst.

Wilhelm I. war aber nicht der nur noch liebenswürdige, gütige und ansonsten »schlafende Heldenkaiser«, wie es manchem schien. Der 37jährige Graf Lerchenfeld hörte im Herbst 1870 von dem im 74. Lebensjahr stehenden Monarchen einen längeren Vortrag über die Geschichte des im Gange befindlichen Krieges, »der mir durch Klarheit, Präzision und durch den feinen Takt, mit dem der königliche Redner einzelne Punkte behandelte, Bewunderung abnötigte«. Bis zuletzt hat Wilhelm I. Proklamationen und Reden eigenhändig konzipiert. Entscheidungen suchte er stets selbständig zu treffen, wobei er sich noch im hohen Greisenalter in ihm fremde innenpolitische Materien einarbeitete. So ist auch nach der Reichsgründung der sich in konventionellen Bahnen bewegende Fürstenverstand Wilhelms I. in der deutschen Politik bemerkbar geblieben. Dabei war nach wie vor das tiefe Vertrauensverhältnis zu Bismarck über alle Meinungsverschiedenheiten hinweg bestimmend. »Mein größtes Glück«, so schrieb er seinem Ministerpräsidenten 1869, »ist es ja, mit Ihnen zu leben und immer fest einverstanden zu sein!« Er konnte unterzeichnen mit: »Ihr treuester Freund Wilhelm.« Bismarck hat wiederholt von seiner »Liebe« zu Wilhelm I. gesprochen; »er hing mit dem Herzen an ihm«, urteilt Graf Lerchenfeld. Als der neunzigjährige Kaiser Bismarck zum 25. Jahrestag seiner Berufung gratulierte, antwortete dieser: »Minister ernennt jeder Landesherr, aber es ist in neuerer Zeit kaum vorgekommen, daß ein Monarch einen Ministerpräsidenten fünfundzwanzig Jahre hindurch in bewegten Zeiten, wo nicht alles gelingt, gegen alle Feindschaften und Intrigen hält und deckt. Ich habe in dieser Zeit manchen früheren Freund zum Gegner werden sehen, E. M. Gnade und Vertrauen sind für mich aber unwandelbar gleich geblieben.«

Für die außenpolitische Haltung des Kaisers ist die Dankbarkeit bestimmend gewesen, die er gegenüber Rußland wegen dessen wohlwollender Neutralität in der Reichsgründungszeit empfand. Er hat sie dem Zaren – in nicht eben politisch kluger Weise – wiederholt bekundet. Als Rußland Mitte der siebziger Jahre einen Krieg gegen die Türkei erwog, machte es Anstalten, Beweise dieser Dankbarkeit einzufordern. Zwar ließ Bismarck Zar Alexander II. durch ein Handschreiben Wilhelms I. versichern, daß Deutschland wohlwollende Neutralität üben wolle; doch weiter ging der Kanzler nicht. Freilich waren die Formulierungen des Kaisers nicht unproblematisch. Er schrieb nämlich: »Die Erinnerung an Deine Haltung für mich und mein Land von 1864 bis 1870/71 wird meine Politik gegenüber Rußland bestimmen, was auch kommen mag.«

Als St. Petersburg nach dem Sieg der Türkei über Serbien im Herbst 1876 auf dem Balkan einzugreifen beabsichtigte und dabei ein Konflikt mit Österreich-Ungarn und England drohte, war Bismarck nicht mehr bereit, Rückendeckung zu bieten. Der Zar, der zu dieser Zeit noch auf seinem Sommersitz Livadia auf der Krim (bei Jalta) weilte, bediente sich in diesem Zusammenhang des deutschen Militärbevollmächtigten am russischen Hof – einer Einrichtung, die seit den Zeiten Friedrich Wilhelms III. und Alexanders I. die persönlich enge Verbindung zwischen den Herrschern der beiden Dynastien dokumentierte –, um zu erkunden, ob sich Deutschland im Falle eines russisch-österreichischen Krieges ebenso verhalten werde wie Rußland 1870. Bismarck hat diese »Doktorfrage von Livadia«, wie er sie nannte, indirekt beantwortet; auf einem Essen, das er dem Präsidium des Reichstages im Dezember 1876 gab, bekannte er sich wohl zur Neutralität Deutschlands in der Orientfrage, stellte aber zudem unmißverständlich fest, daß, wenn die Integrität Österreich-Ungarns gefährdet wäre, das Reich auf dessen Seite treten müsse.

In diesem Sinne operierte Bismarck auf dem Berliner Kongreß im Jahre 1878, wo der Kanzler als »ehrlicher Makler« den Balkankonflikt entschärfen wollte, dabei aber eine deutliche Abkühlung des deutsch-russischen Verhältnisses bewirkt hat. Er hatte nicht allein das Interesse Rußlands zu berücksichtigen; er mußte zur Sicherung der deutschen Stellung mit der österreichischen Macht ein Gegengewicht zu dem mächtigen Zarenreich und einen potentiellen Bündnispartner zu erhalten suchen. Er hat, beunruhigt durch den russischen Panslawismus, in dessen Zeichen auch der Balkankrieg gestanden hatte, dann tatsächlich eine engere Bindung an Wien gesucht, in der sich beide Mächte wechselseitig gegen einen Angriff Rußlands absicherten, ohne daß Berlin die Verbindung zu St. Petersburg abreißen lassen wollte.

Das aber verstand Kaiser Wilhelm nicht, bei dem sich der Zar in einem Handschreiben vom 15. August 1879, der sogenannten Briefohrfeige, über Bismarck beschwert hatte. Bei ihm genoß das Verhältnis zu Rußland, dem bewährten Verbündeten, gegenüber dem alten Rivalen Österreich Priorität. Daß der Zar, der sein Neffe war, den deutschfeindlichen und frankreichfreundlichen Panslawismus nicht mehr zu bändigen vermochte, erkannte er nicht. Mit den beiden einander widerstrebenden Mächten zugleich enge Verbindungen zu unterhalten widerstrebte seinem geraden, soldatischen Sinn; vor allem nachdem er mit dem Zaren auf einer Grenzstation zusammengetroffen war und ihm dadurch die infolge der »Briefohrfeige« eingetretene Trübung des gegenseitigen Verhältnisses beseitigt zu sein schien, war ihm die Sanktion eines Paktes mit Österreich moralisch unmöglich, eine »Perfidie«. »Die dem deutschen konstitutionellen System entsprechende Abhängigkeit vom kaiserlichen Willen hat Bismarck damals schwer zu spüren bekommen. Seine politischen Argumente prallten an der gewachsenen Überzeugung des Monarchen ab, der für sich in Anspruch nahm, letzten Endes doch eine genauere und intimere Kenntnis des Zaren, seinem ›persönlichen Freund, nächsten Verwandten, Bundesgenossen in guten und bösen Zeiten‹ zu besitzen, als sie Bismarck, der letztlich nur Minister und Kanzler war, hatte« (W. Bußmann).

Gegenüber der Position Bismarcks, die dieser in gewichtigen Staatsschriften darlegte, verteidigte der Kaiser seinen Standpunkt »mit einer geistigen Energie, die bei seinem hohen Alter erstaunlich wirkte« (A. O. Meyer). Das Ringen zwischen den beiden Männern steigerte sich wieder einmal bis zu Rücktrittsgedanken des Kanzlers. Doch fand dieser die Unterstützung des Kronprinzen, Moltkes und des Staatsministeriums. Der Kaiser gab nach, und der Weg zum Zweibund mit Österreich vom Oktober 1879 war frei. In der Gefahr, seinen Kanzler zu verlieren, war der alte Herr, wiewohl menschlich zutiefst erschüttert, zu der persönliche Größe verratenden Einsicht gelangt: »Bismarck ist notwendiger als ich.«

In der Innenpolitik hat sich der Kaiser nicht damit befreunden können, daß Bismarck seit 1867 parlamentarisch mit Hilfe der Nationalliberalen regierte; der liberale Zug, der auf diese Weise die ersten Jahre des Reiches prägte und damit auch dessen Fundamente, wie etwa die Rechtsordnung, mitbestimmte, vertrug sich nicht mit seinem konservativen Sinn und seiner festen Verwurzelung im christlichen Glauben. Insbesondere der Kulturkampf, zu dem sich Bismarck aus Furcht vor den »reichsfeindlichen« Bestrebungen des politischen Katholizismus hatte von den Liberalen hinreißen lassen, schien ihm wegen seiner antikirchlichen Tendenzen und seiner verweltlichenden Wirkungen wie etwa der Zivilehe bedenklich, ja er ging »gegen sein inneres Wesen«, wie Graf Lerchenfeld bemerkt. Als 1878 die Zusammenarbeit Bismarcks mit dem Liberalismus ihr Ende fand, ist das von ihm einschließlich der Möglichkeit, nunmehr mittels einer Kampfgesetzgebung gegen die Sozialdemokratie vorzugehen, begrüßt worden.

Der alte Kaiser hat in einer Zeit wirtschaftlichen Aufstiegs und steigenden Wohlstands seinen Untertanen die preußischen Tugenden der Nüchternheit, der Schlichtheit und des Maßes vorgelebt. Die Bescheidenheit seines Haushaltens im Palais Unter den Linden, das bis zur Vernichtung im Zweiten Weltkrieg als Museum erhalten war, sprach für sich. 1874 mahnte er die Offiziere des königlichen Heeres: »Je mehr anderwärts Luxus und Wohlleben um sich greifen, um so ernster tritt an den Offiziersstand die Pflicht heran, nie zu vergessen, daß es nicht materielle Güter sind, welche ihm die hochgeehrte Stellung im Staat erworben haben und erhalten werden.« Es war der Gedanke des nicht nach dem persönlichen Vorteil fragenden Dienstes, den er hochhielt. Und in rücksichtsloser Erfüllung seiner Pflicht hat er sich auch die kurze tödliche Krankheit zugezogen; bei der Grundsteinlegung des Nord-Ostsee-Kanals, der ihm zu Ehren den Namen Kaiser-Wilhelm-Kanal erhalten sollte, setzte er sich, um sich den Matrosen der Kaiserlichen Marine zu zeigen, zu lange dem Luftzug aus und erkältete sich.

In den regnerischen Morgenstunden seines Sterbetages, dem 9. März 1888, harrten viele Berliner vor seinem Palais aus, blickten auf das historische Eckfenster des Parterres, wo sich der Kaiser gezeigt hatte, wenn die Wache aufgezogen war, und bangten um sein Leben. Auch nach der Todesmeldung blieben die Linden und der Opernplatz von Menschen übersät. Am nächsten Tag trat Bismarck vor den Bundesrat sowie den Reichstag und machte, sichtlich erschüttert, offiziell von dem traurigen Ereignis Mitteilung. »Es steht mir nicht zu, meine Herren«, so sagte er zu den Abgeordneten des Reichstages, »von dieser amtlichen Stelle aus den persönlichen Gefühlen Ausdruck zu geben, mit welchen mich das Hinscheiden meines Herrn erfüllt, das Hinscheiden des ersten Deutschen Kaisers aus unserer Mitte. Es ist dafür auch kein Bedürfnis, denn die Gefühle, die mich bewegen, sie leben in dem Herzen eines jeden Deutschen.« Der Kanzler sprach mit großer Bewegung und wurde zum Ende seiner Trauerworte wiederholt von Schluchzen unterbrochen. Im Hause herrschte ergriffenes Schweigen. Der Redner ging an seinen Platz zurück, setzte sich und verdeckte das Gesicht mit seinen Händen.

# Die Nachkommen Kaiser Wilhelms I.

1. FRIEDRICH WILHELM, der spätere Kaiser Friedrich III.
   * 18. 10. 1831
   † 15. 6. 1888

2. LUISE
   * 3. 12. 1838
   † 23. 4. 1923
   ⚭ 20. 9. 1856 mit Großherzog FRIEDRICH I. von Baden
   * 9. 9. 1826
   † 28. 9. 1907

Kaiser Friedrich III.

# Friedrich III., Deutscher Kaiser, König von Preußen

* 18. 10. 1831 in Potsdam
† 15. 6. 1888 im Neuen Palais bei Potsdam
*Grabstätte:* Friedenskirche zu Potsdam

⚭ 25. 1. 1858 (London) mit Prinzessin VICTORIA von Großbritannien und Irland
* 21. 11. 1840 in London
† 5. 8. 1901 in Schloß Friedrichshof bei Kronberg im heutigen Obertaunuskreis
*Grabstätte:* Friedenskirche zu Potsdam

Als Kaiser Friedrich III. am 15. Juni 1888, noch im Todesjahr seines Vaters, kaum 57jährig starb, wurden mit ihm die Hoffnungen einer ganzen nicht zum Zuge gekommenen Generation zu Grabe getragen. Es war eine deutsch-liberale Generation, die in beständiger Opposition zu den machiavellistischen Zügen der Außenpolitik Bismarcks und vor allem zu dessen autoritärer Innenpolitik stand. Für sie mögen Namen wie die des badischen »Staatsmannes ohne Staat«, Franz von Roggenbach, des Generaladmirals Wilhelms I., Albrecht von Stosch, und des Schriftstellers Gustav Freytag stehen. Als sich diesem Kreis mit dem Tode des 91jährigen Kaisers sehr spät der Horizont zur Verwirklichung liberaler Grundsätze im Staate zu öffnen schien, hatte er in Wirklichkeit keine Chance mehr. Denn Friedrich III., auf den sich alle Hoffnungen gerichtet hatten, war, als er nach 30jähriger Kronprinzenzeit endlich den Thron bestiegen hatte, ein todkranker Mann.

Der Kaiser litt an Kehlkopfkrebs; eine Stimmbandoperation hatte ihn der Sprache beraubt. Bismarck fand nach dem Tagebuch der Baronin Spitzemberg seinen Anblick »so jammervoll, daß es kaum zu ertragen sei; nicht etwa, daß er so übel aussehe, aber die stumme Angst in seinen Augen, wenn er etwas zu sagen wünsche und umsonst nach Worten ringe, sei zum Erbarmen«. Wenn sich der Kaiser auch mit Interesse und Eifer an die Arbeit machte, so war es ihm doch ganz unmöglich, den von den einen befürchteten und von den anderen ersehnten Kurswechsel herbeizuführen. Einzig die Entlassung Robert von Puttkamers, der nach dem Bruch Bismarcks mit den Liberalen zuerst Kultusminister und dann Innenminister sowie Vizepräsident des preußischen Staatsministeriums geworden war, deutete in die allgemein erwartete Richtung. Bismarck, der dem Thronwechsel anfänglich zu Recht mit großen Befürchtungen entgegengesehen hatte, kam mit dem Kaiser gut zurecht. Das lag nicht nur an der großen Hilfsbedürftigkeit des Monarchen, sondern auch daran, daß beide Männer den zwischen ihnen bestehenden Gegensatz überbrückt hatten und sich in den achtziger Jahren nähergekommen waren. Daran änderte auch das Heiratsprojekt um Alexander von Battenberg nichts, einen nicht ebenbürtigen Sproß des großherzoglichen Hauses von Hessen, den die Russen 1879 zum Fürsten von Bulgarien gemacht, dann 1886 aber wegen Unbotmäßigkeit vom Throne verdrängt hatten. Mit ihm sollte nach dem Willen der Kaiserin Viktoria, einer Tochter der Queen Victoria, die zweite Tochter des Kaiserpaares vermählt werden. Während der Kaiser und der englische Hof diese Verbindung unterstützten, wurde sie von Bismarck bekämpft, da er um die Beziehungen Deutschlands zu Rußland fürchtete, das in der geplanten Ehe einen Affront hätte sehen müssen. Der Kanzler setzte sich durch, ohne daß es zu Belastungen der 99tägigen Regierung Friedrichs III. kam.

Hätte der Kaiser, wenn er gesund auf den Thron gelangt wäre, liberal regiert und ein liberales Kabinett, ein »Ministerium Gladestone«, berufen, das Bismarck in früheren Jahren wie ein Alptraum auf der Seele gelastet hatte?

»Nach seiner Erscheinung die glänzendste Heldengestalt, welche je unter einem deutschen Helme geschritten ist, dem Heer als einer seiner großen Kriegsfürsten teuer, in der Auffassung des Volkes ein erprobter, fester Mann, nach jeder Richtung berufen, Nachfolger seines bejahrten Vaters zu werden, ein aufsteigender Stern für viele patriotischen Wünsche und Hoffnungen, denen die Gegenwart völlige Erfüllung nicht bieten wollte.« So beschrieb Gustav Freytag den Kronprinzen im Jahre 1871. Wohl »eine stattliche Erscheinung von echt germanischem Typus« (Lerchenfeld-Koefering) und ein guter Soldat, ist Friedrich Wilhelm doch kein Feldherr gewesen. Auch kein Haudegen, fehlte es ihm nicht an Herz, Mut und Charakter. Er war ruhig, innerlich ausgeglichen, freundlich, ja liebenswürdig. An kritischem Urteil und einer darin wurzelnden Festigkeit fehlte es ihm zuweilen. Daher konnten stärkere Persönlichkeiten auf ihn Einfluß nehmen, wie vor allem seine Mutter und seine Gemahlin. Durch diese beiden bedeutenden Frauen ist Kronprinz Friedrich Wilhelm im liberalen Sinne und in englischer Denkungsart beeinflußt worden. Daraus folgte dann seine Gegnerschaft zur Politik Bismarcks, die allerdings meist nur in seinem Gesinnungskreis im Kronprinzenpalais in Berlin zum Ausdruck kam; ein Bruch mit dem Kaiser und Bismarck wäre ihm, der sich stets korrekt und als gehorsamer Sohn zeigte, unmöglich gewesen. Auch war das Preußisch-Machtstaatliche in ihm durchaus lebendig. Der preußische Sieg von 1866 setzte ihn in die hellste Begeisterung; zugleich sah er scharf genug, um im Nikolsburger Streit zwischen dem Vater und Bismarck dessen Partei zu nehmen. Er teilte auch dessen Annexionspläne und bemerkte in seinem Tagebuch: »Man wird eigentlich an sich selber irre; aber was bleibt übrig nach solchen ungeheueren Ereignissen und deutschen Erfolgen.«

Noch mehr hatte es die sich doch so sehr nach England zurücksehnende Kronprinzessin Viktoria gepackt; sie hielt die Preußen plötzlich für eine höherstehende Rasse. Sie und ihr Gatte sind wie die meisten Liberalen durch den Erfolg Bismarcks bestochen worden. Von dessen politischer Behutsamkeit hingegen hat der Kronprinz zuweilen nichts gehalten. 1870 wollte er, als ihm die Versailler Verhandlungen mit Bayern zu lange dauerten, den Wittelsbacher mit militärischer Gewalt zum Anschluß zwingen. Die Bedenken des Vaters in der Kaiserfrage waren ihm fremd; Kaiser und Reich sah er so sehr in romantischem Licht, daß ihn Bismarck von einem »Kaiserwahnsinn« befallen sah. Nach der Erinnerung des Grafen Lerchenfeld, der in ihm sogar

Neigungen im Sinne des späteren Alldeutschtums wirksam sah, war er »nicht frei von Eitelkeit und hatte politische Aspirationen, aber es ging ein phantastischer Zug durch sein politisches Denken«.

Nach der Reichsgründung hat sich das Verhältnis zwischen dem Kronprinzen und dem Kanzler trotz verbleibender Meinungsverschiedenheiten in der Innenpolitik in durchaus annehmbaren Verhältnissen bewegt. Friedrich Wilhelm hat die große Leistung Bismarcks für Deutschland und das Haus Hohenzollern sehr wohl anerkannt. Bismarck meinte, seit Friedrich dem Großen sei kein Hohenzoller »von einem so olympischen Hoheitsgefühl beseelt und durchdrungen gewesen« wie Kaiser Friedrich; noch in seinem Todesjahr 1898 bemerkte der »Eiserne Kanzler«: »Er hatte ein hohes Bewußtsein von seiner Souveränität, und die guten Leute, die von ihm eine starke Wendung nach links erwarteten und bei ihm eine besondere Schwäche für den Konstitutionalismus witterten, hätten sich arg getäuscht, wenn er länger regiert hätte.« Wie nicht nur Bismarck glaubte, wäre er eher ein Autokrat als ein Freisinniger auf dem Thron geworden. Doch es gab für ihn keine Zukunft; es blieb von ihm nur »ein friedliches Bild des Todes« vom Juni 1888, das uns der preußische Landwirtschaftsminister Lucius von Ballhausen beschreibt als eine »heldenhafte, echt königliche Erscheinung auf der Bahre in der Blüte der Jahre«.

# Die Nachkommen Kaiser Friedrichs

1. Wilhelm, der spätere Kaiser
   * 27. 1. 1859
   † 4. 6. 1941
2. Charlotte
   * 24. 7. 1860
   † 1. 10. 1919
   ⚭ 18. 2. 1878 mit Bernhard von Sachsen-Meiningen
   * 1. 4. 1851
   † 16. 1. 1928
3. Heinrich
   * 14. 8. 1862
   † 20. 4. 1929
   ⚭ 24. 5. 1888 mit Prinzessin Irene von Hessen und bei Rhein
   * 11. 7. 1866
   † 11. 11. 1953
4. Sigismund
   * 15. 9. 1864
   † 18. 6. 1866
5. Viktoria
   * 12. 4. 1866
   † 13. 11. 1929
   1. ⚭ 19. 11. 1890 mit Prinz Adolf von Schaumburg-Lippe
   * 20. 7. 1859
   † 9. 7. 1916
   2. ⚭ 19. 11. 1927 mit Alexander Zoubkoff
   * 25. 9. 1900
6. Waldemar
   * 10. 2. 1868
   † 27. 3. 1879

7. Sophie

* 14. 6. 1870

† 13. 1. 1932

⚭ 27. 10. 1889 mit König Konstantin I. von Griechenland

* 2. 8. 1868

† 11. 1. 1923

8. Margarete

* 22. 4. 1872

† 1954

⚭ 25. 1. 1893 mit Landgraf Friedrich Karl von Hessen-Kassel

* 1. 5. 1868

† 28. 5. 1940

# Kaiser Wilhelm II.

## Wilhelm II., Deutscher Kaiser, König von Preußen

* 27. 1. 1859 in Berlin
† 4. 6. 1941 in Haus Doorn/Niederlande
*Grabstätte:* Mausoleum Haus Doorn

1. ⚭ 27. 2. 1881 (Berlin) mit Prinzessin AUGUSTE VIKTORIA,
Prinzessin von Schleswig-Holstein-Sonderburg-Augustenburg
* 22. 10. 1858 in Dolzig/Provinz Posen
† 11. 4. 1921 in Haus Doorn
*Grabstätte:* Antikentempel im Park von Sanssouci, Potsdam

2. ⚭ 5. 11. 1921 (Haus Doorn) mit der verw. Prinzessin HERMINE
von Schönaich-Carolath, geb. Prinzessin Reuß ä. L.
* 17. 12. 1887 in Greiz
† 7. 8. 1947 in Frankfurt a. O.
*Grabstätte:* Antikentempel im Park von Sanssouci, Potsdam

Der Beginn der Regierungszeit Kaiser Wilhelms II. war nicht ohne Tragik. Als er 1888 im Alter von 29 Jahren voller bester Absichten, unbändigen Tatendrangs und unkonventioneller Ideen zur Regierung kam, da konnte er sich doch angesichts der gewaltigen Gestalt des Reichsgründers Otto von Bismarck mit seiner beherrschenden Persönlichkeit, seinem unvergleichlichen Nimbus und seiner jahrzehntelangen Erfahrung keine Hoffnung auf eine eigenständige politische Rolle machen. Es ist verständlich, daß in ihm der Wunsch aufkam, sich des Übermächtigen zu entledigen. Schon einige Wochen nach seinem Regierungsantritt sagte er zum Hofprediger Stöcker: »Sechs Monate will ich den Alten verschnaufen lassen, dann regiere ich selbst.« Doch wie schon dieser Ausspruch zeigt, leiteten den jungen Kaiser Selbstüberhebung und Pietätlosigkeit. Bismarck selbst war es gewesen, der, erfreut von den konservativen Ansichten des Prinzen Wilhelm, diesen in seinem fürstlichen Selbstgefühl bestärkt hatte, statt den Versuch zu machen, auf dem Wege des väterlichen Zuspruchs das Denken des zunächst noch mit Verehrung auf ihn blickenden Prinzen auf ein vernünftiges Maß zurückzuführen. »So hat Fürst Bismarck die Rute, mit der er einst gezüchtigt werden sollte, zu einem Teile selber gebunden« (Lerchenfeld-Koefering). Als er den immerhin schon 28jährigen in die Geschäfte des Auswärtigen Amtes einführen wollte, hätte ihm die Antwort des um Erlaubnis gebetenen Vaters zu denken geben müssen. »Angesichts der mangelnden Reife sowie der Unerfahrenheit meines ältesten Sohnes, verbunden mit seinem Hang zur Überhebung wie zur Überschätzung«, so schrieb der damalige Kronprinz Friedrich Wilhelm, »muß ich es geradezu für *gefährlich* bezeichnen, ihn jetzt schon mit auswärtigen Fragen in Berührung zu bringen.«

Zum offenen Ausbruch kam der Gegensatz zwischen Kaiser und Kanzler in der sozialen Frage. Während Bismarck bei der von ihm geschaffenen Arbeiterversicherung stehenbleiben wollte, plante der Kaiser in einem durchaus richtigen Instinkt für das historisch Notwendige ein Fortschreiten zu einer Arbeiterschutzgesetzgebung, die zunächst das Gebot der Sonntagsruhe sowie eine Einschränkung der Frauen- und Kinderarbeit zum Gegenstand haben sollte. Der Kanzler erwartete von einem Arbeiterschutz, der staatliche Eingriffe in das Innere der Betriebe bringen mußte, eine Schwächung der Konkurrenzfähigkeit der deutschen Wirtschaft im Ausland. Wilhelm II. sah sich durch den Widerspruch Bismarcks in seinem Ehrgeiz, ein »soziales Königtum der Armen« zu begründen, gebremst und reagierte gereizt. Überhaupt hat der Kanzler gegenüber seinem jungen Herrn ausgesprochen unglücklich operiert; statt den Weg freundschaftlicher Überzeugung zu wählen, suchte er ihn durch politische Schachzüge von zuweilen auch fragwürdiger Art matt zu setzen, was den Kaiser erbitterte. Sachlich kam hinzu, daß des Kanzlers Wunsch nach einer Verschärfung des Sozialistengesetzes mit dem Streben Wilhelms II. nach einer sozialen Befriedung und einer nationalen Versöhnung unvereinbar war. Den beiden sozialpolitischen Erlassen des Kaisers vom 4. Februar 1890 verweigerte Bismarck die Gegenzeichnung.

Eine wesentliche Verschlechterung seiner Stellung machte sich durch eine wachsende Isolierung vor allem im Staatsministerium und am 20. Februar 1890 mit der Wahlniederlage des »Kartells« aus Konservativen und Nationalliberalen, auf das sich die Reichsleitung im Reichstag gestützt hatte, geltend. Während Bismarck an die Aufhebung des von ihm einst durchgesetzten allgemeinen und gleichen Wahlrechts im Reich und für den Fall, daß eine wiederholte Auflösung des Reichstags keine brauchbareren Wahlergebnisse brächte, auch an staatsstreichartige Maßnahmen dachte, verkündete ihm der Kaiser am 15. März seine Absicht, mit dem gewählten Reichstag regieren zu wollen. Die Kampfbereitschaft, die Bismarck 28 Jahre früher dem König empfohlen hatte, war nicht mehr vonnöten – und der Bruch damit irreparabel. Zweimal vom Kaiser zur Einreichung eines Rücktrittsgesuchs aufgefordert – freilich nicht unter vier Augen, wie es sich gehört hätte, sondern einmal durch den Generaladjutanten und das zweite Mal durch den Chef des Zivilkabinetts –, kam der Kanzler am 18. März 1890 um seine Entlassung ein, die am 20. März genehmigt wurde.

Nach der Entlassung Bismarcks, die auch unter den Einflüsterungen der Gegner des Kanzlers, etwa des Generalstabschefs Graf Waldersee, zustande gekommen war, beabsichtigte der Kaiser, ein persönliches Regiment zu führen, und berief deshalb einen General zum Kanzler, der, wie er meinte, gehorchen könne: Leo von Caprivi; Bismarck wurde (einschließlich seines Sohnes Herbert) von heute auf morgen aus der deutschen Politik verdrängt. Auch die Geschichte der Reichsgründung erschien in allerhöchster Lesart nun anders: Seinem Großvater legte Wilhelm II. das Prädikat »der Große« bei, und Bismarck sollte nur sein »Handlanger« gewesen sein. Bei den wenigen Begegnungen dieser Jahre traktierte ihn der Kaiser mit militärischen Themen, verhinderte aber zu politischen Fragen, die den Jubilar doch vor allem beschäftigten, jedes Gespräch. So geschah es auch, als Wilhelm II. den Altreichskanzler 1897 auf seinem Alterssitz Friedrichsruh das letzte Mal besuchte. Immer, wenn Bismarck das Gespräch auf die Politik zu lenken suchte, ignorierte es der Kaiser. Der jüngere Moltke flüsterte Admiral von Tirpitz zu: »Es ist furchtbar!« »Wir fühlten es als Mangel an Ehrfurcht vor einem solchen Manne«, kommentierte Tirpitz. Graf Lerchenfeld hat bemerkt, daß im Gegensatz zu Wilhelm II. »die feinere Natur« Kaiser Friedrichs »eine andere Form der Trennung« gefunden hätte. Dieser hatte einmal 1875 einer Beschreibung seines

Gegensatzes zu Bismarck die Mahnung folgen lassen: »Aber wir dürfen nie vergessen, was Unser Haus und Deutschland ihm schulden.«

Wie Bismarck der Baronin Spitzemberg gegenüber äußerte, bestand das Gefährliche am Kaiser darin, »daß er dauernd keinem, momentan jedem Einflusse zugänglich ist und alles sofort zur Tat werden läßt, womit jede Stetigkeit aufhört«. In der Person Wilhelms II. verband sich eine Unfähigkeit zur Konzentration mit geistiger Beweglichkeit und Vielseitigkeit sowie leichter, rascher Auffassungsgabe. Für Bülow, seinen späteren Reichskanzler, war er »wohl der unausgeglichenste Mensch«, dem er je begegnet war. »Man kam ihm gegenüber schwer zu einem sicheren, endgültigen Urteil.« Zu fast jeder seiner Eigenschaften fand sich in ihm auch ihr Gegenteil. Gesunder Menschenverstand trat neben fessellose politische Phantasie, Aufrichtigkeit und Realismus neben Selbstbetrug und Illusionismus, aufmerksame Rücksicht neben grobe Taktlosigkeit, souveräne Großzügigkeit neben enge Kleinlichkeit, Wärme neben Kälte. Sentimentalität fehlte ihm gänzlich. Ein starker Minderwertigkeitskomplex ließ ihn zwischen Kleinmut und Hybris hin und her schwanken und seine natürliche Art mit einem Mantel theatralischer Pose bedecken. Zu seiner Unsicherheit, die er ständig zu überspielen suchte, trat seine Unreife im Menschlichen wie im Sachlichen, die er niemals losgeworden ist, die aber doch gelegentlich in erstaunlicher Weise durchbrochen werden konnte. Dieser Mangel an innerer Gefestigtheit ließ ihn das entbehren, was Bismarck vor allem an ihm vermißte: »Augenmaß.«

Der sozialpolitische Elan des Kaisers ist bald wieder verebbt. Unter der Federführung von Hans Hermann von Berlepsch, der Bismarck als Handelsminister gefolgt war, hatte er zu einer Gewerbeordnungsnovelle geführt, die ein Verbot der Sonntagsarbeit, eine Begrenzung der Arbeitszeit für Frauen und Kinder vorsah sowie dem Bundesrat die Vollmacht verlieh, bei besonders schweren Arbeitsbedingungen auch für erwachsene männliche Arbeiter eine maximale Arbeitszeit festzusetzen. Hinzu war ein Gewerbegerichtsgesetz getreten, das sich als so wirkungsvoll erwies, daß Gewerbegerichte im Jahre 1902 für alle Gemeinden mit mehr als 20.000 Einwohnern obligatorisch wurden. Das Sozialistengesetz hingegen war gefallen; noch unter Bismarck hatte der Reichstag 1890 eine Verlängerung verweigert. Da aber die vom Kaiser umgehend erwarteten Wirkungen all dieser Maßnahmen auf die Arbeiterschaft im Sinne eines Stimmungswandels zugunsten des Staates und der Krone nicht eintraten, forderte er bald wie Bismarck (den er doch auch deshalb entlassen hatte!) eine Ausnahmegesetzgebung gegen die Sozialdemokratie. Bestärkt darin hatten ihn das Erfurter Programm der Sozialdemokratischen Partei von 1891, das in seinem grundsätzlichen Teil starr an marxistischen Positionen festgehalten hatte, und die Einflüsterungen derjenigen Kreise, denen, wie etwa dem Großindustriellen von Stumm-Halberg, die Sozialpolitik nach Bismarck ohnehin zu weit gegangen war und die in der Haltung zur Sozialdemokratie statt auf Ausgleich auf harten Kampf setzten.

Im übrigen waren das innenpolitische Interesse Wilhelms II. und seine Kenntnisse auf diesem Gebiet begrenzt. Freilich hat Caprivi, der sich nicht als Befehlsempfänger und zudem für den ausschweifenden Gedankenflug seines kaiserlichen Herrn als unempfänglich erwies, noch im Falle, wie zutreffend gesagt worden ist, ein Ausnahmegesetz gegen die Sozialdemokratie verhindert. Auf ihn, der seine Mehrheiten im Reichstag dort bilden wollte, wo er sie fand – also auch auf der linken Seite des Hauses –, folgte der bejahrte Standesherr Fürst Chlodwig von Hohenlohe-Schillingsfürst, den der Kaiser »Onkel Chlodwig« nannte, wie die deutschen Gebildeten zu ihrem Amüsement in Maximilian Hardens »Zukunft« erfuhren. Er hat seine Amtsführung im wesentlichen darauf beschränkt, den impulsiven, nervösunruhigen Monarchen von den gröbsten Mißgriffen abzuhalten, wobei ihm sein gesellschaftlicher Rang zustatten gekommen ist. Daß es in der Innenpolitik zu keiner reaktionären Wende kam, war aber nicht sein Verdienst, sondern das der damals in der Gunst der Wähler stark gewinnenden Zentrumspartei, die wohl für ein – allerdings maßvolles – Vorgehen gegen die Sozialdemokratie zu haben war, ein solches aber mit einer Weiterführung der Sozialgesetzgebung verbunden wissen wollte. So ist es bis 1906 unter dem Staatssekretär des Innern, Graf Posadowsky-Wehner, zu einer zweiten Phase der staatlichen Sozialpolitik gekommen, die eine Verbesserung der Bismarckschen Sozialversicherung, eine Ausdehnung des Verbots der Kinderarbeit auch auf die Heimindustrie sowie eine staatliche Förderung des Arbeiterwohnungsbaus brachte. Ob der Kaiser noch bemerkt hat, daß den vom Reichsamt des Innern ausgearbeiteten Vorlagen im Reichstag auch die Sozialdemokratie zugestimmt hatte?

Wilhelm II. hatte sich, vorwiegend außenpolitisch interessiert, längst seiner »Weltpolitik« zugewandt. Ihn beseelte der Ehrgeiz, das Deutsche Reich in einem Zeitalter der imperialen Ausbreitung aus seiner mitteleuropäischen Beschränkung in die weite Welt hinauszuführen und ihm dort neben England »einen Platz an der Sonne« zu erwerben. Dabei traf er sich mit dem deutschen Bürgertum seiner Tage, das in einer Mischung von deutschem Minderwertigkeitskomplex und Wirtschaftsinteresse den altmodischen Standpunkt Bismarcks, Deutschland sei »saturiert«, hinter sich zu lassen wünschte. Der deutsche Bürger zeigte ebensowenig »Augenmaß« wie sein Kaiser. Beiden blieb unbemerkt, daß über den Prestigeerfolgen der Kolonial- und Seemachtspolitik die Sicherheit des Reiches verspielt zu werden drohte. Die Risiken der Mittellage Deutschlands, die dem Reichsgründer schlaflose Nächte bereitet hatten, verlor man in einer Euphorie von Fortschrittsoptimismus und Wirtschaftswachstum aus den Augen – wenn man sie je erkannt hatte.

Immerhin hat der Kaiser, als seine außenpolitischen Berater mit der Kompliziertheit des Bismarckschen Bündnissystems nicht zurechtkamen und von einer Erneuerung des Rückversicherungsvertrags mit Rußland abrieten, wenigstens ein ungutes Gefühl gehabt, wenn er auch nicht auf seiner den russischen Unterhändlern gegenüber bekundeten Absicht, den Pakt beizubehalten, beharrte; zu Caprivi sagte er: »Nun, dann geht es nicht, so leid es mir tut.« Der, der den Anspruch erhoben hatte, ein »persönliches Regiment« führen zu wollen, handelte in Wirklichkeit konstitutionell, weil ihm das Zutrauen in seine eigenen Einsichten fehlte. Wenn Bismarcks Bündnissystem auch alles andere als eine außenpolitische Versicherung für alle Zeiten war, so hat die Aufgabe des Rückversicherungsvertrages mit Rußland doch dessen Annäherung an Frankreich begünstigt. Das war der Anfang dessen, was man in Deutschland bald in moralisierend-unpolitischer Hilflosigkeit »Einkreisung« nennen sollte. Die »Weltpolitik« des Kaisers hat sie vollendet.

Eine Probe seiner außenpolitischen Eingebungen gab der Kaiser, als um die Jahreswende 1895/96 herum von der Kapkolonie aus – möglicherweise im Einverständnis mit London – etwa 800 englische Abenteurer in die unabhängigen Burenrepubliken Transvaal und Oranjefreistaat eingefallen waren, wo sich die seit langen Jahren von Kapstadt aus begehrlich betrachteten Goldfelder Südafrikas befanden, jedoch ein militärisches Fiasko erlitten hatten. Als die Nachricht von dem Burensieg Berlin erreichte, erschien der Kaiser, umgeben von Admirälen und sichtlich auf das höchste erregt, beim Reichskanzler und forderte von diesem zugunsten der Buren eine sofortige Mobilisierung der Marineinfanterie und die Entsendung der Besatzung eines in afrikanischen Gewässern stehenden Kreuzers nach Pretoria. Der Einwand des Fürsten Hohenlohe, daß das den Krieg mit England bedeuten würde, blieb auf Wilhelm ohne Eindruck. Um dem vernünftigen Argumenten völlig unzugänglichen Monarchen seinen gefährlichen Einfall ausreden zu können, verfiel der ratlose Staatssekretär des Auswärtigen, Marschall von Bieberstein, auf den Gedanken, Wilhelm II. solle an den Burenpräsidenten Krüger ein Glückwunschtelegramm richten. So geschah es schließlich. Krüger wurde dazu beglückwünscht, daß es ihm, »ohne an die Hilfe befreundeter Mächte zu appellieren«, gelungen sei, den Frieden wiederherzustellen und »die Unabhängigkeit Ihres Landes gegen Angriffe von außen zu wahren«.

Das deutsche Volk war von der unpolitischen Gefühlsreaktion seines Kaisers begeistert. Aber im gesamten britischen Weltreich erhob sich eine solche Empörung gegen den Enkel der Königin, daß dieser nicht anders konnte, als nach einem Entwurf Hohenlohes seiner Großmutter einen kleinlauten Entschuldigungsbrief zu schreiben. Der Berliner Korrespondent der »Times« sagte damals zu Geheimrat Friedrich von Holstein, dem eigentlichen Urheber der deutschen Außenpolitik jener Tage: »Nach den Erfahrungen, die wir jetzt gemacht haben, über die Stimmung von Kaiser und Volk in Deutschland, wird die englische Regierung geneigt sein, viel weiter zu gehen, als das bisher in ihren Absichten lag, um durch Konzessionen, selbst durch erhebliche Opfer, ihre Beziehungen zu Frankreich besser zu gestalten.«

Dazu sah sich Großbritannien auch durch die deutsche Haltung zum Marokko-Problem veranlaßt. Doch zeigte sich hier wie im Zusammenhang mit der Frage des deutsch-russischen Rückversicherungsvertrages, daß Wilhelm II. gelegentlich nicht ohne Einsicht war. Er äußerte Bedenken, als während einer Mittelmeerfahrt des Kaisers mit Gästen im Frühjahr 1905 auf dem Schnelldampfer »Hamburg« seitens des Auswärtigen Amtes an ihn die Anregung herangetragen wurde, er möge dem Sultan in Tanger einen Besuch abstatten, um zu demonstrieren, daß Deutschland Marokko, in dem de facto Frankreich bestimmte, für einen souveränen Staat halte. Wilhelm war es bei diesem Gedanken unbehaglich zumute; er mußte überredet werden. Als die »Hamburg« am 30. März vor Tanger stand, waren fünf Telegramme seines Kanzlers Bülow und ein abermaliges Zureden des Diplomaten an Bord notwendig, um den Kaiser dazu zu bringen, sich in einem offenen Boot durch die hochgehende Brandung dem Lande zuzubewegen und nach Tanger einzureiten. Der englische König Eduard VII., sein Onkel, nannte Wilhelm daraufhin »ein politisches enfant terrible« und sagte: »Die Leute können, wenn sie wollen, vom perfiden Albion reden, aber kann es etwas Perfideres oder Dümmeres geben als die augenblickliche Politik des Kaisers?« Und der Erste Lord der Admiralität erklärte dem britischen Außenminister, es bestehe nun eine »großartige Gelegenheit«, zusammen mit Frankreich gegen Deutschland zu kämpfen, und er hoffe, daß die Politik sie nutze. »Wir können die deutsche Flotte, den Nord-Ostsee-Kanal und Schleswig-Holstein binnen vierzehn Tagen haben«, fügte er hinzu.

So weit kam es nicht – aber in Paris ging ein englisches Hilfsangebot ein. Wilhelm II. hingegen hatte vor seinem Landgang von Tanger gegenüber seinen Reisegenossen geäußert: »Ich habe mir gelobt, auf Grund meiner Erfahrungen aus der Geschichte, niemals nach einer öden Weltherrschaft zu streben . . . Das Weltreich, das ich mir geträumt habe, soll darin bestehen, daß vor allem das neuerschaffene Deutsche Reich von allen Seiten das absolute Vertrauen als eines ruhigen, ehrlichen, friedlichen Nachbarn genießen soll und daß, wenn man dereinst vielleicht von einem Deutschen Weltreich oder einer Hohenzollernweltherrschaft in der Geschichte reden sollte, sie nicht auf Eroberungen gegründet sein soll durch das Schwert, sondern durch gegenseitiges Vertrauen der nach gleichen Zielen strebenden Nationen, kurz ausgedrückt, wie ein großer Dichter sagt: ›Außenhin begrenzt, im Inneren unbegrenzt.‹«

In diesen Sätzen darf man einen gültigen Ausdruck der Überzeugungen Kaiser Wilhelms II. sehen. Weder Hegemonialstreben, wie man in England annahm, noch gar Kriegspläne bewegten den Kaiser. Freilich hat er durch zahlreiche fahrlässige Reden und nicht wenige politische Mißgriffe immer wieder Zweifel an seinen guten Absichten erregt und zu einer Dämonisierung seines politischen Wollens Anlaß gegeben. Insbesondere ist es seine Flottenpolitik gewesen, mit der er die seit den Zeiten Bismarcks zufriedenstellenden Beziehungen zwischen Deutschland und Großbritannien belastet hat.

Den Anfängen der unter Bismarck vernachlässigten Flottenrüstung hatte man jenseits des Kanals durchaus Verständnis entgegengebracht. Deutschland war eine Handelsmacht und mußte daher auch über Kriegsschiffe, etwa zum Schutze der Seewege bestimmte Auslandskreuzer, verfügen. Anders wurde es mit der Berufung des Admirals Alfred von Tirpitz zum Staatssekretär des Reichsmarineamtes im Jahre 1897. Tirpitz schuf eine deutsche Hochseeflotte, die in legitimen deutschen Handels- und Seeinteressen keine Rechtfertigung mehr fand. Nach dem Willen ihres Schöpfers (und auch nach der Vorstellung des Reichskanzlers von Bülow) war sie in einer Zeit wachsender politischer Isolierung des Reiches als politisches Instrument gedacht – als eine sogenannte Risikoflotte, die stark genug sein sollte, um England von einem Krieg mit Deutschland abzuhalten. Für die erste Seemacht der Zeit war das bald einsetzende beachtliche Flottenbautempo eine Herausforderung – insbesondere dann, als Deutschland (1906) den technisch und finanziell schwierigen Übergang Großbritanniens zum Bau von Großkampfschiffen nachvollzog. Der Versuch Londons, den Kaiser zu Abstrichen am Bauprogramm, wenigstens zu einer Verlangsamung des Bautempos zu bewegen, war erfolglos. Die Flotte war des Kaisers liebstes Kind. Er freute sich an deutscher »Seegeltung«, fand Genugtuung darin, mit seinen modernen und leistungsfähigen Schlachtschiffen in dem gehaßten und zugleich bewunderten England Beachtung zu finden, und erlag in ihnen der Faszination, die die Möglichkeiten neuester Technik auszuüben vermochten.

Seine deutschen Landsleute teilten zu großen Teilen die Flottenbegeisterung mit ihm: Es gab einen Flottenverein, Flottenprofessoren, und für die Schwerindustrie war die forcierte Seerüstung ein einträgliches Geschäft. Aber vom deutschen Botschafter in London, Graf Wolff-Metternich, flatterten Warnungen auf die Arbeitstische des Auswärtigen Amtes in Berlin: In England veränderte sich die Stimmung zuungunsten Deutschlands. Doch der Kaiser wollte davon nichts hören; er verließ sich auf die Meldungen seines Marineattachés in London, der ihm als ein Instrument Tirpitzscher Nebenaußenpolitik nichts Beunruhigendes zu berichten hatte. Später, zur Zeit der Kanzlerschaft Bethmann Hollwegs, der sich eine Verständigung mit England zum Ziele gesetzt hatte, haben der Kaiser und der Kanzler dann den Briten gegen den Abschluß eines von Deutschland gewünschten Neutralitätsabkommens eine Verlangsamung des Flottenbautempos angeboten. Aber da war das Reich bereits so sehr isoliert, daß England mehr fordern konnte, was jedoch Berlin nicht zuzugestehen bereit war. Statt daß es zu einem höchst notwendigen Ausgleich kam, bewilligte der Reichstag im Jahre 1912 das ungeschmälerte Flottenbauprogramm.

Um sein Verhältnis zu England zu verbessern, hatte der Kaiser im Herbst

1908 zu einem Mittel greifen, das seine politische Instinktlosigkeit und Naivität vor aller Welt enthüllte. Am 28. November dieses Jahres erschien im Londoner »Daily Telegraph« ein Interview mit ihm, in dem er erklärte, daß er ein Freund Englands sei, damit aber in Deutschland zu einer Minderheit gehöre; in der Zeit des Burenkrieges habe er die Bildung einer französisch-russischen Kontinentalliga gegen Großbritannien verhindert und der Königin Victoria einen Feldzugsplan geschickt, der denjenigen Dispositionen sehr nahegekommen sei, die dem englischen Sieg über die Buren zugrunde gelegen hätten. Die Flotte aber werde im Hinblick auf die im Fernen Osten zu erwartende Entwicklung gebaut. Die englische Presse sah in dem Interview eine Bestätigung dafür, daß die deutsch-britischen Beziehungen an einer in Deutschland herrschenden englandfeindlichen Stimmung krankten. Daß die englische Kriegführung gegen die Buren militärische Ratschläge Wilhelms II. nötig gehabt haben sollte, kränkte dagegen den britischen Stolz. Frankreich und Rußland deuteten die Bekanntgabe der Konsultationen beider Kabinette in Berlin zur Zeit des Burenkrieges durch den kaiserlichen Gesprächspartner als einen durchsichtigen Versuch, die Beziehungen beider zu England zu stören. In Japan aber sah man die deutsche Flotte schon im Anmarsch auf die fernöstlichen Gewässer. In Deutschland endlich herrschte tiefe Bestürzung darüber, daß Kaiser Wilhelm durch seine unpolitische Redseligkeit der Stellung des Reiches in der Welt einen solchen Schaden hatte zufügen können.

Der Kaiser war sich zunächst keiner Schuld bewußt. Denn er hatte sich streng konstitutionell verhalten und das Interview vor der Veröffentlichung dem Auswärtigen Amt zur Prüfung übersenden lassen, wobei eine gewisse Unsicherheit hinsichtlich der politischen Verträglichkeit des Textes mitgesprochen haben mag. Aber der auf Norderney weilende Reichskanzler Fürst Bülow hatte sich den Sommerurlaub nicht stören lassen wollen und den zur Veröffentlichung bestimmten Text nicht gelesen – und wo der Kanzler keine Einwendungen zu machen hatte, äußerten auch die im Amt mit der Angelegenheit befaßten Beamten keine Bedenken. Es handelte sich um einen vom Inhalt des kaiserlichen Interviews wie vom Verfahren her, das seine Veröffentlichung ermöglicht hatte, um einen ungeheuerlichen Vorgang.

Am 10. und am 11. November 1908 war das »Daily Telegraph«-Interview Gegenstand von Verhandlungen des Reichstags. Während sich der Kaiser wie so oft auf Reisen befand, konnte sich Reichskanzler von Bülow weder zu einem Eingeständnis eigener Schuld aufraffen, noch wagte er den Versuch, seinen kaiserlichen Herrn zu decken. Er sagte vor den Volksvertretern: »Die Einsicht, daß die Veröffentlichung seiner in England geführten Gespräche die von Seiner Majestät gewollte Wirkung nicht hervorgerufen, in unserem Lande aber tiefe Erregung und schmerzliches Bedauern verursacht hat, wird – diese feste Überzeugung habe ich in diesen Tagen gewonnen – S. M. den Kaiser dahin führen, fernerhin auch in Privatgesprächen jene Zurückhaltung zu beobachten, die im Interesse einer einheitlichen Politik und für die Autorität der Krone gleich unentbehrlich ist. Wäre dem nicht so, so könnte weder ich noch einer meiner Nachfolger die Verantwortung tragen.« Damit stellte sich der Redner auf die Seite des Reichstags, der nahezu einhellig das Verhalten des Kaisers verurteilte. Daß die gewohnte begeisterte Zustimmung im Volke lauten Mißfallenskundgebungen Platz gemacht hatte, erschütterte Wilhelm II. zutiefst. Ihm wankte der Boden. »Du würdest Kaiser Wilhelm, wenn Du ihm begegnetest, nicht erkennen. Sein ganzes Aussehen ist das eines gebrochenen Mannes«, schrieb der Gastgeber des Monarchen in diesen Tagen, der Fürst von Fürstenberg in Donaueschingen, in einem Brief. Wilhelm redete von Abdankung und billigte die Ausführungen des Reichskanzlers im Reichstag, obwohl ihn dieser doch preisgegeben hatte.

Aber bald gewann er seine Fassung so weit wieder zurück, daß er nach dem Schuldigen für seinen Fall zu suchen begann. Zumal es in seiner Umgebung genug Leute gab, die ihm seine persönliche Schuld auszureden versuchten, wälzte er die Affäre bald vollständig auf Bülow ab. Dieser hatte ihm die Sache doch durch seine Pflichtvergessenheit eingebrockt und ihn dann im Reichstag nicht einmal herausgehauen! Wie groß sein eigenes, im Interviewtext selbst liegendes Versagen war, ging ihm nicht auf. Er wartete jetzt nur noch auf den Augenblick, in dem er »das Luder fortjagen« konnte. Die derzeit schwelende Bosnienkrise ließ das noch nicht zu. Bülow ist dann ein Jahr später zurückgetreten – äußerlich, weil er mit seiner Finanzreform gescheitert war, im Tieferen aber, weil er das Vertrauen des Kaisers verloren hatte. Im übrigen aber blieb die Affäre, sosehr sie die öffentliche Meinung auch aufgewühlt hatte, ohne jede politische Folge. Die staatsrechtliche und politische Stellung des Kaisers ging aus der Angelegenheit unversehrt hervor; aber in seinem Inneren trug der Monarch eine Verletzung davon, von der er sich niemals mehr erholt hat. Die Reden wurden seltener, sein Selbstgefühl, das ohnehin stets labil gewesen war, wirkte geknickt, und im Kriege versank er in Passivität.

Während Kaiser Wilhelm II. in der Politik keine glückliche Rolle zu spielen vermochte, kommt seiner Regierung für die Entwicklung der Wissenschaften und der Technik in Deutschland erhebliche Bedeutung zu. Es ist sein Enthusiasmus für die Welt des Geistes gewesen, dem auch die Gegenwart noch manches verdankt. Freilich ist sein Verhältnis zur Kunst eher als eine unglückliche Liebe zu bezeichnen. Denn für die modernen Strömungen auf dem Gebiete des Theaters, der Malerei und der Skulptur erwies er sich als »Schädling«, wie Marie von Bunsen gesagt hat. Wohl war er ein moderner Fürst: Er rauchte Zigaretten, fuhr Auto, begeisterte sich an den Pioniertaten der Technik und konnte sich, wenn es ihm geboten erschien, über das Hofzeremoniell hinwegsetzen. Aber sein moderner Sinn ging über eine naive Fortschrittsgläubigkeit kaum hinaus. Dort, wo in einer neuen Sensibilität für die Gefährdungen der modernen Zivilisation und Mißstände der sozialen Ordnung eine rücksichtslos über die herkömmliche Ästhetik hinwegschreitende Kunstübung hervortrat, versagte die Aufgeschlossenheit des Kaisers. Wie er einmal in einer Rede erklärte, hatte seiner Meinung nach der Künstler die Aufgabe, »die Ideale der Kunst in den durch Überlieferung und die unwandelbaren Gesetze der Schönheit, Harmonie und Ästhetik gewiesenen Bahnen zu hüten und zu pflegen«. Warnend setzte er bei anderer Gelegenheit hinzu: »Eine Kunst, die sich über die von Mir bezeichneten Gesetze und Schranken hinwegsetzt, ist keine Kunst mehr.« Damit war sowohl über die Malerei des Impressionismus als auch über die sozialkritische Theaterkunst des Naturalismus ein Verdikt gesprochen, von künstlerisch Weiterführendem gar nicht zu reden. Dabei beseelte Wilhelm II. ein hochgespannter, durchaus musischer Idealismus. Er hat sich unter anderem in einer großzügigen Förderung der Berliner Theater und Museen ausgedrückt. Das Pergamon- und das Kaiser-Friedrich-Museum (letzteres heute Bode-Museum) sind in seiner Regierungszeit gebaut, viele der in ihnen ruhenden Schätze damals erst erworben worden. Wilhelm Bode, zuletzt Generaldirektor der Staatlichen Kunstsammlungen zu Berlin, hatte das Geschick, mit dem begeisterungsfähigen Kaiser, der ihn 1914 adelte, fruchtbar zusammenzuarbeiten. Wilhelm II. warb sogar für den »Kaiser-Friedrich-Museums-Verein« fördernde Mitglieder und gewann zudem Kunstsammler dafür, besonders kostbare Teile ihrer Sammlungen leihweise dem Museum zu überlassen.

Bedeutender war der Kaiser auf dem Gebiete der Wissenschaftsförderung. Zwischen 1903 und 1914 entstand ein riesiger Neubau der Königlichen Bibliothek zu Berlin (der heutigen Ost-Berliner Staatsbibliothek). 1911 wurde die »Kaiser-Wilhelm-Gesellschaft zur Förderung der Wissenschaften e. V.«, die heutige Max-Planck-Gesellschaft, gegründet, deren Stiftung Wilhelm II. beim Festakt aus Anlaß des 100jährigen Bestehens der Universität Berlin am 10. Oktober 1910 persönlich verkündete. In der folgenden Zeit hat Wilhelm seinen kaiserlichen und königlichen Namen mit Vergnügen und ganz ohne monarchische Gravität in den Dienst der guten und wichtigen Sache gestellt. Der geistige Vater der Gesellschaft, deren Institute vom Staate sowie von privaten, namentlich industriellen Geldgebern finanziert wurden, war der bereits 1908 verstorbene Friedrich Althoff, Ministerialdirektor im preußischen Kultusministerium, das in ihm, wie der Kaiser noch in seinen Erinnerungen schreibt, »einen fast einzigartigen Mitarbeiter« besessen habe. »Sein wissenschaftspolitisches Ziel war das des Kaisers, vieler Freunde und Zeitgenossen: er wollte für Deutschland und besonders für Preußen die führende Stellung in Wissenschaft und Hochschulwesen erringen und erhalten« (B. vom Brocke).

Als Kaiser Wilhelm II. im Jahre 1913 sein fünfundzwanzigjähriges Regierungsjubiläum beging, schien die Stellung des 53jährigen Monarchen unanfechtbar zu sein. Im gleichen Jahre feierte man in Berlin die Vermählung der einzigen Tochter des Kaisers, Viktoria Luise, mit dem Prinzen Ernst August von Cumberland, dem Erben des Herzogtums Braunschweig. Diese Hochzeit bedeutete zugleich eine Versöhnung zwischen dem Hohenzollern- und dem Welfenhaus, die Wilhelm II. sehr am Herzen gelegen hatte. Auch den englischen König Georg V. und den russischen Zaren Nikolaus II. fand man unter den Gästen. »Es war, als ob sich das monarchische Europa ein Abschiedsfest gäbe« (W. Bußmann).

In diese Friedensstimmung, die allerdings von großen weltpolitischen Spannungen untermalt wurde, fielen am 28. Juni 1914 die Schüsse von Sarajevo, denen das österreichisch-ungarische Thronfolgerpaar zum Opfer fiel. Daß der Kaiser Österreich-Ungarn in seiner schweren Bedrohung beistehen wollte, verstand sich von selbst; nur gebrauchte er, wie so oft, das falsche Wort: Nibelungentreue. Allerdings nicht nur er hatte es versäumt, die Bismarcksche Warnung zu beherzigen, man dürfe sich nicht von Österreich das »Leitseil« um den Hals werfen lassen. In Wien aber ging alles seinen unaufhaltsamen Gang – und Wilhelm II. war der letzte, der daran noch etwas zu ändern vermochte.

Nach der Rückkehr von seiner Nordlandfahrt, die er zur Beruhigung der Situation auch dieses Jahr angetreten hatte, erklärte er am 27. Juli in Potsdam, nachdem das österreichisch-ungarische Heer bereits mobil gemacht worden war, die serbische Antwort auf das österreichische Ultimatum sei »ein großer moralischer Erfolg« Wiens. Damit falle »jeder Kriegsgrund« fort; der Gesandte Kaiser Franz Josephs hätte getrost in Belgrad bleiben sollen. »Daraufhin hätte ich niemals Mobilmachung empfohlen.« Am nächsten Tage, dem 28. Juli, erklärte Österreich Serbien den Krieg. Hilflos klammerte sich Wilhelm II. an das Prinzip der monarchischen Solidarität. Am 31. Juli telegraphierte er an den Zaren: »Niemand bedroht die Ehre oder die Macht Rußlands, das wohl in der Lage ist, meine Vermittlung abzuwarten. Der Friede Europas kann von Dir noch erhalten werden, wenn Rußland einwilligt, die militärischen Maßnahmen einzustellen, die Deutschland und Österreich-Ungarn bedrohen müssen.« Aber es kam gar nicht mehr auf die Monarchen an. Der Mechanismus der Vorkriegsbündnisse hatte eine Eigendynamik entwickelt, die nicht einmal mehr von den führenden Politikern gebremst oder gar aufgehalten werden konnte.

Als die Würfel gefallen waren, trat der Kaiser noch einmal in den Mittelpunkt; um ihn sammelte sich die rauschende Kriegsbegeisterung des August 1914. Aber nur wenige wußten, wie sehr ihn das Geschehene mit Verzweiflung erfüllte. Sein Scheiden von der Haupt- und Residenzstadt Berlin am 16. August, dem Tag seiner Abreise in das Große Hauptquartier, war gedämpft und von verschwiegener Trauer überlagert. Der Berliner Oberbürgermeister Adolf Wermuth begab sich zusammen mit dem Stadtverordnetenvorsteher in der Morgenfrühe dieses Tages in das Schloß. »Hier wollte der Kaiser von seinen Ministern und nun auch von uns Abschied nehmen«, so erzählt Wermuth in seinen Erinnerungen. »Ein in seiner feierlichen Stille, ja fast Lautlosigkeit tief ergreifender Vorgang.« Erst sagte der Kaiser und König den Ministern ein letztes Wort. »Dann trat er zu uns heran, sehr ernst, wie ahnungsvoll. Er empfahl seine Kaiserin dem Schutze der Stadt, den wir gerührt gelobten. Ein leises Lebewohl, ein starker Händedruck, und Kaiser und Kaiserin traten mit einem letzten Winken der Hand die Fahrt zum Bahnhof an. Am gleichen Tage veröffentlichte ich in des Kaisers Auftrag sein herzliches Lebewohl an die Berliner Bürgerschaft.«

Kaiser Wilhelm II. ist im Laufe des Weltkrieges mehr und mehr zurückgetreten. Die führenden Militärs, deren Argumenten er ja von jeher den Vorzug vor den politischen gegeben hatte, hielten jetzt das Heft in der Hand. Schon im November 1914 sagte er zu Prinz Max von Baden, dem späteren Reichskanzler: »Der Generalstab sagt mir gar nichts und fragt mich auch nicht. Wenn man sich in Deutschland einbildet, daß ich das Heer führe, so irrt man sich sehr. Ich trinke Tee und säge Holz und gehe spazieren, und dann erfahre ich von zeit zu zeit, das und das ist gemacht, ganz wie es den Herren beliebt.« Ja selbst das Bild von dem Geschehenen, das man ihm vermittelte, war unvollständig; noch stärker als im Frieden wurde er von seiner militärischen und zivilen Umgebung abgeschirmt, so daß er die Berührung mit der Wirklichkeit fast völlig verlor, die er auch bei den inszenierten Frontbesuchen nicht zurückgewinnen konnte. Der Deutsche Kaiser und preußische König war überflüssig geworden. Wilhelm II. hatte niemals militärische Bedeutung gehabt; die gestellten Bilder von den von ihm angeführten Manöverattacken waren lediglich eine Reverenz an das preußische Ideal des Heerkönigtums früherer Tage.

Der Grund für den Sturz des Kaisers in die Bedeutungslosigkeit lag vor allem darin begründet, daß er es nicht wie noch sein Großvater im Deutsch-Französischen Krieg 1870/71 vermochte, entsprechend seiner verfassungspolitischen Stellung Kriegführung und Politik miteinander zu koordinieren. Hatte Wilhelm I. stets den Primat der Politik gewahrt und damit Bismarck erst seine Arbeit möglich gemacht, ergab sich Wilhelm II. einfach den Militärs, ob sie nun Falkenhayn, Hindenburg oder Ludendorff hießen, die ihrerseits den ohnehin schwachen Reichskanzler Bethmann Hollweg beiseite drängten. Das Vakuum, das der Kaiser damit – in einer merkwürdigen psychologischen Rückkopplung – auch im Herzen des Volkes entstehen ließ, wurde bald durch die väterliche Rettergestalt Hindenburgs ausgefüllt. Am Ende war der Kaiser nur noch eine bloße »Idee«, wie es 1918 der Generalquartiermeister Wilhelm Gröner ausdrückte. Wie wollte Wilhelm II. da noch, als ihm die Generalität im Herbst 1918 klarmachte, daß die Truppe nicht mehr zu ihm stehe, um seinen Thron kämpfen? Bismarck hatte ihm noch vor der Thronbesteigung einmal geschrieben, die festeste Stütze der Monarchie sehe er in einem Königtum, »dessen Träger entschlossen ist, nicht nur in ruhigen Zeiten *arbeitsam* mitzuwirken an den

Regierungsgeschäften des Landes, sondern auch in kritischen lieber mit dem Degen in der Faust auf den Stufen des Thrones für sein Recht kämpfend zu fallen, als zu weichen. Einen solchen Herrn läßt kein deutscher Soldat im Stich.« Aber Wilhelm II. war eben kein solcher Herr. Doch selbst wenn er es gewesen wäre: Im Ersten Weltkrieg hatte das moderne Massenzeitalter seinen ersten Höhepunkt erreicht; es entband ganz unabhängig von Regierung und Krone politische Kräfte von einer gewaltigen Dynamik, die ein einzelner Monarch nicht zu bändigen vermochte. So verbreitete das Wolffsche Telegraphenbüro am 9. November 1918 eine amtliche Mitteilung des Reichskanzlers, die mit dem Satz begann: »Der Kaiser und König hat sich entschlossen, dem Throne zu entsagen.« Am Morgen des nächsten Tages brachte ihn ein Kraftwagen nach den Niederlanden, wo ihm die Königin Asyl gewährte. Damit endete die Herrschaft des Hauses Hohenzollern in Preußen und Deutschland.

21 Jahre lang, bis zu seinem Tod am 4. Juni 1941, hat Wilhelm II. in seinem holländischen Exil gelebt. Er bewohnte Haus Doorn in der Provinz Utrecht, das er, zunächst noch von einer Auslieferung an England bedroht, für eine halbe Million Goldmark gekauft hatte. Es war angefüllt mit Möbeln, Gemälden und vielen anderen Gegenständen aus dem kaiserlichen Privatbesitz, die in 58 Eisenbahnwaggons aus Deutschland herangerollt waren. Hier verstarb am 11. April 1921 seine Gemahlin Auguste Viktoria. Ein Jahr später heiratete er die verwitwete Prinzessin Hermine von Schönaich-Carolath, geborene Prinzessin Reuß. Sie ist die Gefährtin seines Alters geworden.

Doch wurde Haus Doorn für den entthronten Kaiser nicht die Stätte einer abgeklärten und weisen Zurückgezogenheit. Wie aus den Aufzeichnungen seines letzten Flügeladjutanten, Sigurd von Ilsemann, hervorgeht, blieb er in geradezu beklemmender Weise der alte. Fast alles, was sich vor 1918 zugetragen habe, so heißt es in einer Notiz von 1931, wiederhole sich – »nur mit dem Unterschied, daß seine Handlungen damals von schwerwiegender Bedeutung waren und Folgen hatten, während sie heute kein Unheil mehr anrichten«. In seiner kindlichen Naivität, die im persönlichen Verkehr sympathisch sei, mache er »sich ja auch heute noch eine Welt zurecht, die in Wirklichkeit nicht besteht«, heißt es etwas früher. Offensichtlich war sein Denken noch lange von der Illusion beherrscht, eines Tages wieder auf seinen Thron zurückkehren zu können, was dadurch gefördert wurde, daß viele, die um die Aussichtslosigkeit eines solchen Hoffens wissen mußten, ihm – wie es vor 1918 so oft geschehen war – nicht die Wahrheit sagten.

Nach wie vor überschätzte er seine Fähigkeiten, und kritischer Abstand zu seinem Wirken als Kaiser war ihm fremd. Die politischen Urteile Wilhelms II., in vielem unreif wie eh und je, waren stark von seinem Wunsch, die Krone zurückzugewinnen, abhängig. Das gilt auch für seine Äußerungen über den Nationalsozialismus, dessen Führer dem alt gewordenen Monarchen kaum Beachtung schenkten. Gleichwohl hat der alte Kaiser manches richtig erkannt und treffend beurteilt, etwa wenn er nach der Röhm-Affäre Ende Juni 1934 glaubte, daß man in Deutschland nicht mehr in einem Rechtsstaat lebe, oder wenn er das Vorgehen gegen die Juden am 9. November 1938 geißelte. Er nannte es »eine Schande«, was da jetzt zu Hause vorgehe. »Jetzt wird es höchste Zeit, daß die Armee eingreift«, sagte er; »viel hat sie sich gefallen lassen, dies darf sie unter keinen Umständen mitmachen, da müssen die alten Offiziere und alle anständigen Deutschen protestieren. Aber alle sahen dieses Morden und Brennen – und rührten keinen Finger. Bisher war das ganze Nazitum der versteckte Bolschewismus, jetzt aber ist es der offene geworden. Länder müßten ihre Gesandten und Vertretungen abberufen, dann würden die Nazis schon klein beigeben. Auch die Auslandsdeutschen müssen sich jetzt von allen Naziverpflichtungen frei machen, dann werden die in Deutschland auch folgen.«

Mochte der Kaiser früher selbst nicht frei von rassepolitischen Vorstellungen gewesen sein, so beanspruchte im vorliegenden Falle das Erbe seiner Väter mit großer Selbstverständlichkeit sein Recht: gläubiges Christentum und religiöse Toleranz.

# Die Nachkommen Kaiser Wilhelms II.

1. WILHELM, Kronprinz des Deutschen Reiches und von Preußen
   * 6. 5. 1882
   † 20. 7. 1951
   ⚭ 6. 6. 1905 mit Herzogin CECILIE von Mecklenburg-Schwerin
   * 20. 9. 1886
   † 6. 5. 1954

2. EITEL FRIEDRICH
   * 7. 7. 1883
   † 8. 12. 1942
   ⚭ 27. 2. 1906 mit Herzogin SOPHIE CHARLOTTE von Oldenburg (⚮ 1926)
   * 2. 2. 1879
   † 29. 3. 1964

3. ADALBERT
   * 14. 7. 1884
   † 22. 9. 1948
   ⚭ 3. 8. 1914 mit Prinzessin ADELHEID von Sachsen-Meiningen
   * 16. 8. 1891
   † 25. 4. 1971

4. AUGUST WILHELM
   * 29. 1. 1887
   † 25. 3. 1949
   ⚭ 22. 10. 1908 mit Prinzessin ALEXANDRA von Schleswig-Holstein-Sonderburg-Glücksburg (⚮ 1920)
   * 20. 4. 1887
   † 14. 4. 1957

5. OSKAR
   * 27. 7. 1888
   † 27. 1. 1958
   ⚭ 31. 7. 1914 mit Gräfin INA MARIA von Bassewitz
   * 27. 1. 1888
   † 17. 9. 1973

6. Joachim

* 17. 12. 1890
† 18. 7. 1920 (Selbstmord)
⚭ 11. 3. 1916 mit Prinzessin Marie Auguste von Anhalt
* 10. 6. 1898

7. Viktoria Luise

* 13. 9. 1892
† 11. 12. 1980
⚭ 24. 5. 1913 mit Herzog Ernst August von Braunschweig und Lüneburg
* 17. 11. 1887
† 30. 1. 1953

## DER DERZEITIGE CHEF DES HAUSES HOHENZOLLERN:

Prinz Louis Ferdinand von Preußen,

zweitältester Sohn des Kronprinzen Wilhelm
* 9. 11. 1907 im Marmorpalais bei Potsdam
⚭ 2. 5. 1938 in Potsdam mit Großfürstin Kira von Rußland
* 9. 5. 1909 in Paris
† 8. 9. 1967 in Briac-sur-mer/Frankreich
*Grabstätte:* Auferstehungskapelle/Burg Hohenzollern

# Die schwäbischen Hohenzollern

Nachdem um das Jahr 1200 herum der erste Nürnberger Burggraf aus dem Hause Hohenzollern, Friedrich I., gestorben war, kam es, wie bereits erwähnt, zu einer Teilung des Territorialbesitzes des Hauses. Während der ältere Sohn des Verstorbenen, Konrad I., die fränkischen Besitzungen erbte, kamen die schwäbischen Lande einschließlich der Stammburg Hohenzollern an den zweiten Sohn, Friedrich IV. (gestorben 1251). Doch wurde die Entwicklung dieses Teils des Hausbesitzes in der Folgezeit durch verschiedene Erbteilungen gehemmt. Als endlich am Anfang des 15. Jahrhunderts ein Erbstreit das schwäbische Haus erschütterte, drohte, da die Herzöge von Württemberg und die schwäbischen Reichsstädte aus dem Bruderkampf Gewinn zu ziehen beabsichtigten, die Stellung der Hohenzollern in Schwaben gänzlich verlorenzugehen. Wie zum Zeichen dafür ist 1423 die Stammburg des Hauses von einer reichsstädtischen Streitmacht vollkommen zerstört worden, obwohl sie als »das vesteste hauß in teutschen Landen« gegolten hatte. Doch hat Fürst Jost Niklas (oder Niklaus), der zwischen 1443 und 1488 regierte, dem Schicksal des schwäbischen Zweiges seines Hauses eine Wendung zu neuen Horizonten geben können. Wie er zwischen 1454 und 1461 die Burg Hohenzollern wieder aufbaute, vereinigte er mit Hilfe der Habsburger, an deren Hof er erzogen worden war, und des brandenburgischen Markgrafen Albrecht Achilles im Jahre 1443 den gesamten schwäbischen Hohenzollernbesitz in seiner Hand. Sein Sohn Eitel Friedrich II. (1488–1512) erwarb zudem 1497 die alte hohenzollernsche Herrschaft Haigerloch, die an Österreich gekommen und von diesem mehrfach verpfändet worden war, sowie (in Verbindung mit den Brandenburgern) die Würde des Reichserbkämmerers. 1495 wurde Eitel Friedrich Vorsitzender des neugegründeten Reichskammergerichts. Graf Karl I. von Hohenzollern, sein Enkel, vermehrte den Territorialbesitz 1535 um die Grafschaften Sigmaringen und Veringen, mit denen ihn König Ferdinand I. belehnte, und bekleidete das Amt des Präsidenten des Reichshofrats in Wien. Freilich wurde 1576 mit dem Tode Karls das Hausgut, das sich seit 1558 ungeteilt in seiner Hand befunden hatte, unter seinen drei Söhnen aufgeteilt. Es entstanden die Linie Hohenzollern-Sigmaringen, die Linie Hohenzollern-Haigerloch, die 1634 wieder erlosch und von den Sigmaringern beerbt wurde, sowie die Linie Hohenzollern-Hechingen, die bis 1869 bestand.

Die Reformation hatte nirgends in den Territorialbestand Eingang gefunden, weshalb die schwäbischen Hohenzollern auch ihre Nähe zum Habsburgerhaus bewahrten. Das war insbesondere in der Zeit des Dreißigjährigen Krieges von Bedeutung, als Graf Johann von Sigmaringen in der Würde eines Rates und Kämmerers des Ligahauptes Maximilian I. von Bayern keine geringe Rolle spielte und die Schweden Schloß Sigmaringen in Brand schossen. Seit 1692 gehörte das gesamte Haus dem erblichen Reichsfürstenstand an. Das Verhältnis zu Österreich war indessen seit dem Ausgang des Mittelalters nicht ohne Spannungen, da die Habsburger in Verbindung mit ihrem schwäbischen Besitz über die benachbarten hohenzollernschen Lande, namentlich über Sigmaringen, dessen Lehensqualität sie betonten, eine gewisse Kontrolle zu behaupten suchten; die Burg Hohenzollern war zwischen 1667 und 1771 mit einer österreichischen Besatzung belegt. Vor dem Hintergrund der somit durchaus zwiespältigen Beziehungen zu Wien war es für die schwäbischen Hohenzollern außerordentlich hilfreich, daß sie bei Kurbrandenburg Anlehnung fanden, was sich 1695 in einem Erbvertrag ausdrückte, der für den Fall ihres Aussterbens die Sukzession der Kurlinie vorsah und das Recht des schwäbischen Hauses erneuerte, Titel und Wappen eines Burggrafen von Nürnberg zu führen.

Im Dreißigjährigen Krieg hatten die Lande der schwäbischen Hohenzollern schweren Schaden genommen, doch war ihnen unter der Regierung des Sigmaringers Meinrad I. (1638–1681) eine vergleichsweise rasche Überwindung der allgemeinen Not und die Entfaltung einer bemerkenswerten Barockkultur vergönnt gewesen, die insbesondere Joseph Friedrich von Sigmaringen (1715–1769) fortgebildet hat. Bauten in Sigmaringen, Haigerloch, das wegen Lehensstreitigkeiten mit Österreich um Sigmaringen vorübergehend Residenz wurde, und an anderen Orten im Lande sprechen noch heute davon. Die Entwicklung des Fürstentums Hohenzollern-Hechingen war allerdings von einem ruinösen, nahezu endlosen Streit um eine strenge fürstliche Jagd- und Waldordnung, die zwischen 1584 und 1796 zu nicht weniger als 15 Bauernaufständen geführt hatte, sowie davon überschattet, daß die Kosten der Hofhaltung die Kraft des kleinen Territoriums überforderten. Die große von Napoleon innerhalb der Grenzen des alten Reiches erzwungene Flurbereinigung haben die beiden Fürstentümer nicht nur überlebt, sondern dazu noch von der Mediatisierung reichsritterlicher und der Säkularisierung geistlicher Territorien profitiert. Seinen Grund hatte dies in Beziehungen der Gattin des Fürsten Anton Alois von Sigmaringen, Amalie Zephyrine, einer geborenen Prinzessin von Salm-Kyrburg, zu Josephine Beauharnais, der späteren Gattin Napoleons, sowie in dessen Absicht, sich im schwäbischen Raum ein Gegengewicht zu Habsburg heranzuziehen. Beide Fürstentümer wurden souveräne Mitglieder des Rheinbundes und später – aufgrund der Verwendung Preußens – auch des Deutschen Bundes.

In Fürst Anton Alois, der zwischen 1785 und 1831 regierte, hatte Sigmaringen einen den schwierigen Umbruchzeiten gewachsenen Regenten, der in aufgeklärtem Sinne die Verwaltung seines Territoriums reformierte, aber auch dem Gesundheits- und Bildungswesen hohe Aufmerksamkeit schenkte.

Er ist der Gründer des Sigmaringer Hoftheaters. 1821 kam es zur Vereinbarung eines hohenzollernschen Familienstatuts, das den König von Preußen in die Würde eines Oberhauptes des Gesamthauses einsetzte. Fürst Karl, der seit 1831 regierte, gewährte den Sigmaringern am 11. Juli 1833 eine konstitutionelle Verfassung. Dennoch machten die revolutionären Unruhen des Jahres 1848, die auch Hechingen in den Genuß einer Verfassung brachten, nicht vor den Grenzen seines Fürstentums halt. Die Tatsache, daß die Steuerlast seit 1818 um das Sechsfache gestiegen war, hatte im Lande einen starken Unmut erzeugt. Tief enttäuscht entsagte Fürst Karl am 27. August zugunsten seines Sohnes Karl Anton dem Throne. Am 6. August 1849 besetzten preußische Truppen die Fürstentümer Sigmaringen und Hechingen. Hier wie anderswo in Deutschland stellte sich die Frage, ob es in einer Zeit politischer und ökonomischer, auf gesellschaftliche Großräume hindrängender Umwälzungen für Kleinstaaten noch eine Zukunft gab.

Karl Anton und sein Hechinger Vetter Friedrich Wilhelm Konstantin haben darauf eine eindeutige Antwort gegeben: Auch weil sie der deutschen Sache von Herzen zugetan waren, begaben sie sich durch einen Abtretungsvertrag vom 7. Dezember 1849 zugunsten der Krone Preußen ihrer Souveränität; zunächst hatten sie daran gedacht, sich unmittelbar der vorläufigen Zentralgewalt in Frankfurt a. M. zu unterstellen, wozu es lediglich infolge des Scheiterns des Paulskirchenwerkes nicht gekommen war. Gemäß einer königlichen Order vom 20. März 1850 kamen Karl Anton und Friedrich Wilhelm Konstantin die Vorrechte nachgeborener Prinzen des preußischen Königshauses zu; seit 1861 führte Karl Anton das Prädikat »Königliche Hoheit«. Durch ein Gesetz vom 12. März 1850 wurde in beiden Fürstentümern die preußische Verfassung eingeführt, und am 23. August 1851 ließ sich König Friedrich Wilhelm IV. im Hofe der Burg Hohenzollern unter der Linde von den »Hohenzollernschen Landen«, wie die von einem Regierungspräsidenten regierten beiden Territorien nunmehr genannt wurden, huldigen. Die Stammburg, die seit dem Abzug der österreichischen Besatzung im Jahre 1771 mehr und mehr verfallen war, hatte schon die Phantasie des Kronprinzen Friedrich Wilhelm gefesselt. Wie es ihm zu danken ist, daß mehrere rheinische Burgen wie Stolzenfels bei Koblenz und Sooneck bei Niederheimbach (im heutigen Kreis Mainz-Bingen) aus Ruinen wiedererstanden, so hat seine besondere Aufmerksamkeit dem Wiederaufbau der Burg Hohenzollern gegolten, die zwischen 1847 und 1867 vor allem nach Plänen August Stülers jene Gestalt gewonnen hat, die sie dem Besucher unserer Tage darbietet. Die brandenburgisch-preußischen Hohenzollern waren an die Ursprünge ihrer Geschichte zurückgekehrt.

Während Fürst Karl Anton dem preußischen Staat zuerst als Divisionskommandeur in Düsseldorf, 1858 bis 1862 als Ministerpräsident, als der er übrigens ein warmer Befürworter einer Berufung Bismarcks gewesen ist, und danach als Militärgouverneur in den Provinzen Rheinland und Westfalen gedient hat und sein Sohn Anton einer bei Königgrätz erlittenen Verwundung erlag, griffen dessen Brüder Leopold und Karl nach Königswürden. War Leopolds spanische Thronkandidatur von nur kurzer Dauer gewesen, so ist Karl mit Unterstützung Napoleons III. zu einem Führer der jungen rumänischen Nation geworden.

Karl, der zweite Sohn des Fürsten Karl Anton, wurde im April 1866 vom rumänischen Volk, das damals noch unter türkischer Oberhoheit stand, mit überwältigender Mehrheit zum Fürsten von Rumänien gewählt. Aus einem alten europäischen Fürstenhaus stammend, aber weder Rußland noch Österreich-Ungarn, den Balkankontrahenten, nahestehend, erschien der bei seiner Wahl 27jährige Prinz, auf den Napoleon III. die Rumänen hingewiesen hatte, als die geeignete Persönlichkeit, um das Land zu Eigenständigkeit zu führen. Und tatsächlich hat Karl, der preußischer Gardeoffizier gewesen war, nach preußischem Muster ein rumänisches Heer aufgebaut und Rumänien mit russischer Unterstützung 1877/78 aus seiner Abhängigkeit von der Türkei befreien können. Seit 1881 König genannt, steht Karl (Carol) I. somit an der Wiege einer souveränen rumänischen Staatlichkeit, wie er auch eine Öffnung des Landes in Richtung Westeuropa bewirkt hat. Von einem hohen Verantwortungsgefühl beseelt sowie von Fleiß und Willenskraft getragen, war dieser Hohenzollernkönig eine wirkliche Führernatur. Er galt jedoch, ehe die Altersmilde über ihn kam, als hart und kalt, ohne daß ihm sein Volk indessen neben der Achtung, die er genoß, auf die Dauer seine Liebe versagt hätte. Nach den Aufzeichnungen Marie von Bunsens war er »würdig und imponierend trotz der nur mittelgroßen Gestalt«. In seinem Wesen lag »gar nichts Anmaßendes, trotz seiner ruhigen Würde etwas fast Bescheidenes«. Er erschien, »als vornehmer Herr, als wohlwollender Mensch«, wohl als »höflich, aber keineswegs zuvorkommend«. Gegen seinen Willen blieb Rumänien, das sich an den Dreibund zwischen Deutschland, Österreich und Italien angelehnt hatte, 1914 aufgrund eines Beschlusses des Kronrates neutral. Der König mußte erkennen, daß Volk und Regierung nicht mehr hinter ihm standen. Noch im Herbst des ersten Kriegsjahres ist er gestorben, an gebrochenem Herzen, wie man sagte. Verheiratet gewesen war er mit Prinzessin Elisabeth zu Wied, die unter dem Namen Carmen Sylva als Verfasserin lyrischer Gedichte, von Unterhaltungsromanen sowie von Schilderungen rumänischer Landschaft und Gebräuche wie auch als Übersetzerin rumänischer Dichtung ins Deutsche hervorgetreten ist. Eine überschwengliche Natur, zuzeiten nicht frei von Exaltiertheit und Hysterie, sah sie in ihrem dichterischen Schaffen ihren Beruf, ohne allerdings ihre Pflichten als Königin und Landesmutter zu vernachlässigen, denen sie mit Warmherzigkeit und Güte genügte.

Da die Ehe des königlichen Paares kinderlos geblieben war, folgte auf Karl I. dessen Neffe Ferdinand, der, mit einer Enkelin der Queen Victoria verheiratet und auch selbst englisch gesinnt, sein Land 1916 in einen Krieg gegen Deutschland führte. In diesem wohl unterlegen, zog Rumänien doch infolge des Zusammenbruchs der Mittelmächte aus dem Weltkrieg bedeutenden territorialen Gewinn, indem es vor allem Siebenbürgen, die Bukowina und Teile des Banats zugesprochen bekam. Im Jahre 1922 wurde Ferdinand in Karlsburg in dem den Ungarn entzogenen Siebenbürgen zum »König aller Rumänen« gewählt. Karl II., Sohn Ferdinands, setzte 1938 die demokratische Verfassung von 1923 außer Kraft, wurde aber von Marschall Antonescu zum Thronverzicht zugunsten seines Sohnes Michael genötigt, nachdem Rumänien durch den von Deutschland und Italien gefällten zweiten Wiener Schiedsspruch vom 30. August 1940 zur Abtretung des nördlichen und des südöstlichen Teils Siebenbürgens an Ungarn sowie der südlichen Dobrudscha an Bulgarien gezwungen worden war. Die Macht im Staate lag seither ungeteilt in den Händen Antonescus. Als im Sommer 1944 die deutsch-rumänische Verteidigung seines Landes unter den Schlägen der Roten Armee zusammenbrach, ließ König Michael (Mihai) I. Staatschef Antonescu verhaften und erklärte Deutschland den Krieg. Er konnte sich aber nach Kriegsende nur noch eine begrenzte Zeit lang halten: Am 30. Dezember 1947 entsagte er auf Druck der Sowjets hin seinem Throne und ging ins Ausland, wo er seinen Verzicht widerrief.

# Stammtafel der Hohenzollern

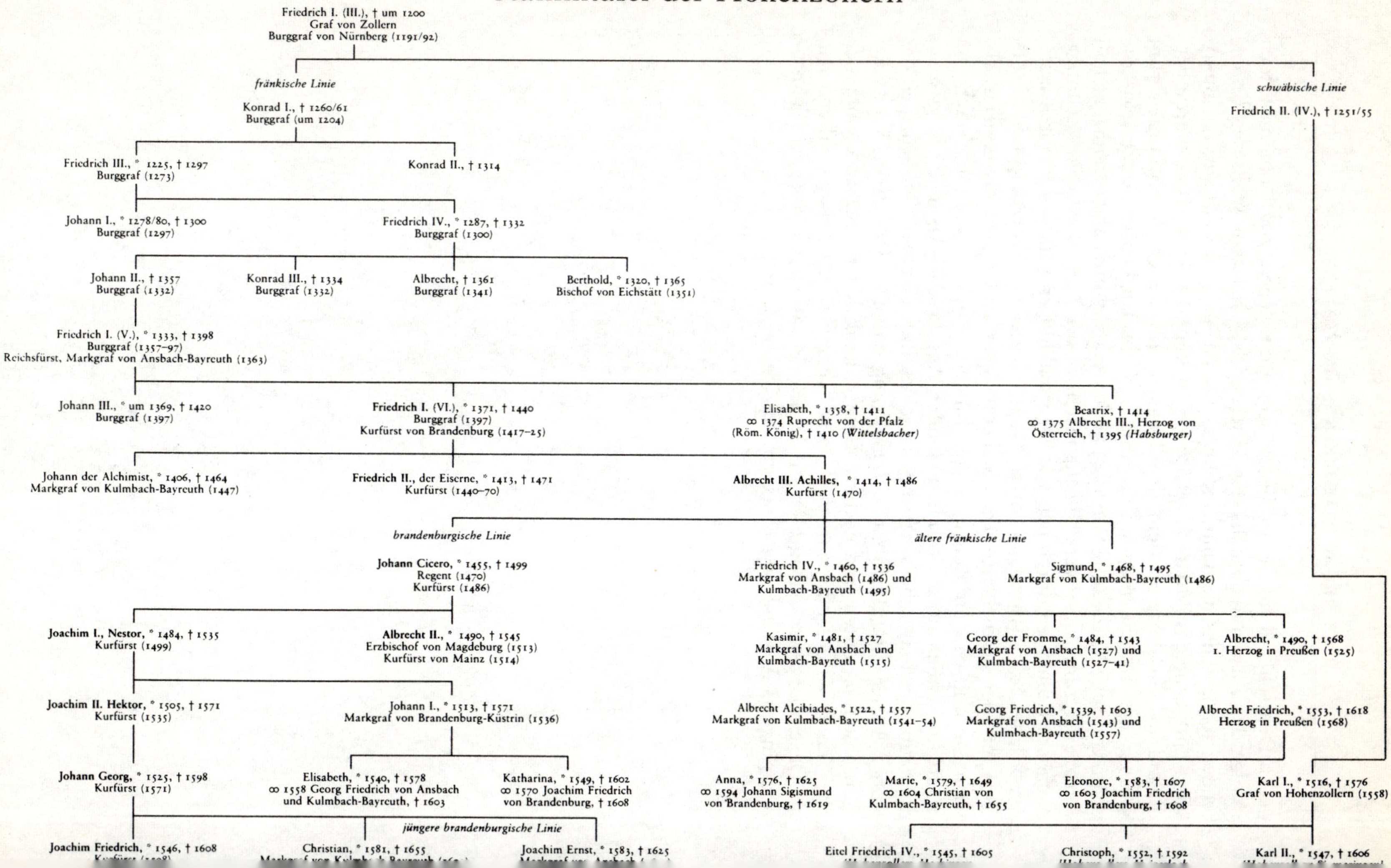

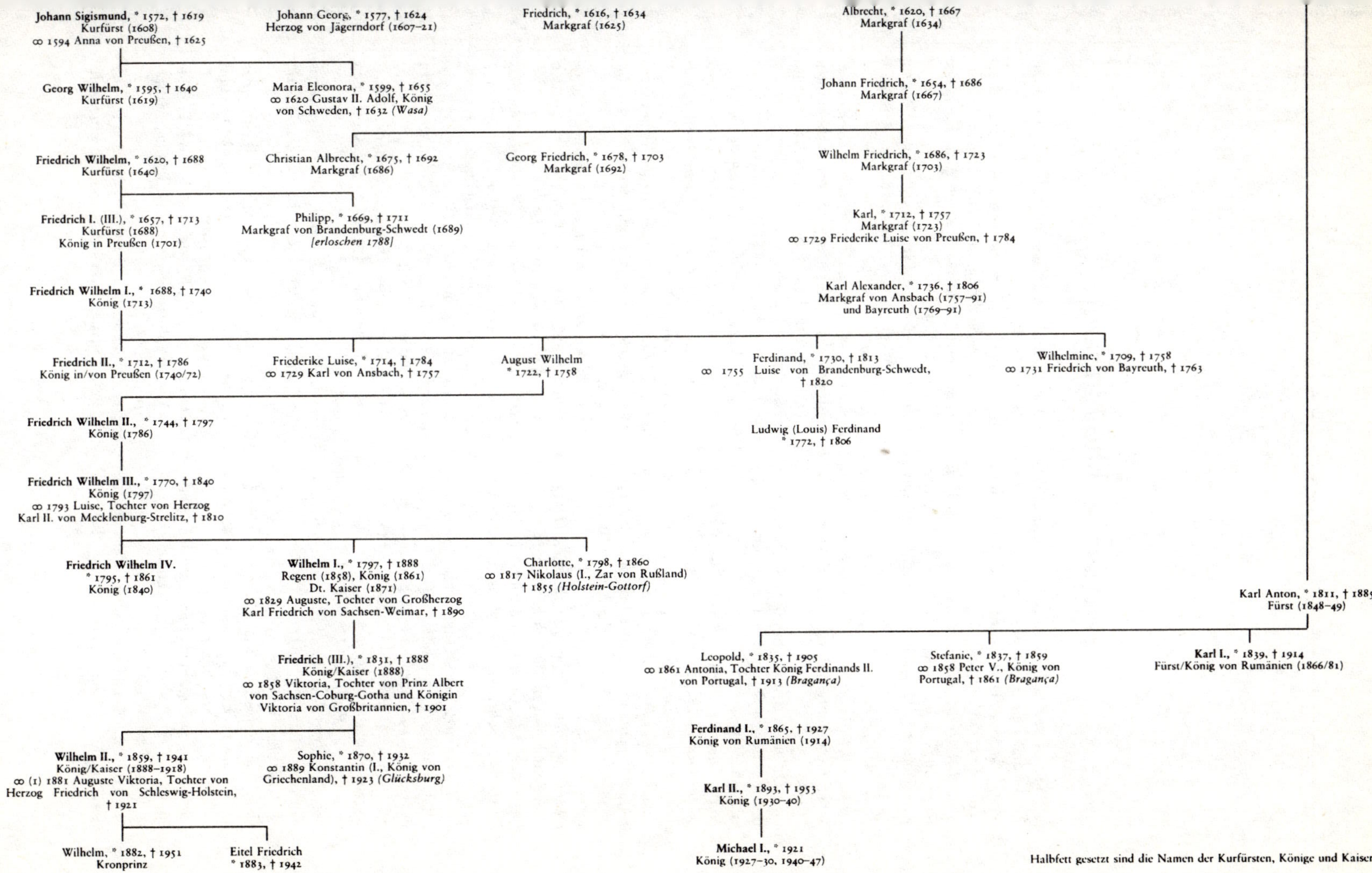


Halbfett gesetzt sind die Namen der Kurfürsten, Könige und Kaiser.

# Ausgewählte Literatur

*Paul Bailleu,* Königin Luise. Ein Lebensbild, Berlin und Leipzig 1908.

*Michael Balfour,* Der Kaiser. Wilhelm II. und seine Zeit, Berlin ³1967.

*Eva und Helmut Börsch-Supan u. a.,* Berlin. Kunstdenkmäler und Museen (= Reclams Kunstführer, Deutschland VII), Stuttgart 1977.

*Walter Bussmann,* Das Zeitalter Bismarcks (= Brandt/Meyer/Just, Handbuch der deutschen Geschichte, Bd. III, 2), Frankfurt a. M. ⁴1968.

*Georg Dehio u. Bearb.,* Franken (= Handbuch der deutschen Kunstdenkmäler, Bayern I), München 1979.

*Richard Dietrich (Hrsg.),* Berlin. Neun Kapitel seiner Geschichte, Berlin 1960.

*Bernhard Erdmannsdörffer,* Deutsche Geschichte vom Westfälischen Frieden bis zum Regierungsantritt Friedrichs des Großen. 1648–1740, 2 Bde., Meersburg/Naunhof/Leipzig 1932.

*Friedrich Wilhelm, Prinz von Preußen (Hrsg.),* Preußens Könige, Gütersloh/Wien 1971.

*George Peabady Gooch,* Friedrich der Große. Herrscher, Schriftsteller, Mensch, Göttingen 1951.

*Hans Haussherr,* Verwaltungseinheit und Ressorttrennung vom Ende des 17. bis zum Beginn des 19. Jahrhunderts, Berlin 1953.

*Gerd Heinrich,* Geschichte Preußens. Staat und Dynastie, Berlin 1981.

*Carl Hinrichs,* Friedrich Wilhelm I., König in Preußen. Eine Biographie, Bd. 1: Jugend und Aufstieg, Hamburg ²1943.

*Carl Hinrichs,* Preußen als historisches Problem. Gesammelte Abhandlungen (= Veröffentlichungen der historischen Kommission zu Berlin, Bd. 10), Berlin 1964.

*Otto Hintze,* Die Hohenzollern und ihr Werk. Fünfhundert Jahre vaterländischer Geschichte, Berlin ²1915.

*Otto Hintze,* Regierung und Verwaltung. Gesammelte Abhandlungen zur Rechts-, Staats- und Sozialgeschichte Preußens, Göttingen ²1967.

*Otto Hintze,* Behördenorganisation und allgemeine Verwaltung in Preußen beim Regierungsantritt Friedrichs II. (= Acta Borussica VI, 1), Berlin 1901.

*Willy Hoppe,* Die Mark Brandenburg, Wettin und Magdeburg. Ausgewählte Aufsätze, Köln/Graz 1965.

*Ernst Kaeber,* Beiträge zur Berliner Geschichte. Ausgewählte Aufsätze (= Veröffentlichungen der Historischen Kommission zu Berlin, Bd. 14), Berlin 1964.

*Ernst Kaeber,* Berlin 1848, Berlin 1948.

*Eberhard Kessel,* Moltke, Stuttgart 1957.

*Eberhard Kessel,* Militärgeschichte und Kriegstheorie in neuerer Zeit. Ausgewählte Aufsätze, Berlin 1987.

*Reinhold Koser,* Geschichte Friedrichs des Großen, 4 Bde., Stuttgart und Berlin ⁴·⁵1912 bis 1914.

*Reinhold Koser,* Geschichte der brandenburgischen Politik bis zum Westfälischen Frieden von 1648, Stuttgart und Berlin 1913.

*Ernst Lewalter,* Friedrich Wilhelm IV. Das Schicksal eines Geistes, Berlin 1938.

*Karl Linnebach (Hrsg.),* Deutsche Heeresgeschichte, Hamburg ²1943.

*Heinrich von Massenbach,* Die Hohenzollern einst und jetzt, Köln ⁸1970.

*Friedrich Meinecke,* Das Zeitalter der deutschen Erhebung (1795–1815), Göttingen ⁶1957.

*Christian Meyer,* Geschichte Frankens (= Sammlung Göschen, Bd. 434), Leipzig 1909.

*Gerhard Oestreich,* Friedrich Wilhelm, der Große Kurfürst (= Persönlichkeit und Geschichte, Bd. 65), Göttingen 1971.

*Gerhard Oestreich,* Friedrich Wilhelm I. Preußischer Absolutismus, Merkantilismus, Militarismus, Göttingen 1977.

*Ernst Opgenoorth,* Friedrich Wilhelm. Der Große Kurfürst von Brandenburg. Eine politische Biographie, 2 Bde., Göttingen 1971 und 1978.

*Paul Ortwin Rave,* Berlin. Das Werden eines Stadtbildes, Leipzig 1941.

*Gerhard Ritter,* Friedrich der Große. Ein historisches Profil, Heidelberg $^{3}$1954.

*Gerhard Ritter,* Staatskunst und Kriegshandwerk. Das Problem des »Militarismus« in Deutschland, Bd. 1: Die altpreußische Tradition (1740–1890), München $^{3}$1965.

*Theodor Schieder,* Friedrich der Große. Ein Königtum der Widersprüche, Berlin 1983.

*Hans-Joachim Schoeps,* Preußen. Geschichte eines Staates, Berlin 1966.

*Wilhelm Schüssler,* Kaiser Wilhelm II. Schicksal und Schuld (= Persönlichkeit und Geschichte, Bd. 26/27), Göttingen $^{2}$1962.

*Günther Schuhmann,* Die Markgrafen von Brandenburg-Ansbach. Eine Bilddokumentation zur Geschichte der Hohenzollern in Franken (= Jahrbuch des Historischen Vereins für Mittelfranken, Bd. 90), Ansbach 1980.

*Johannes Schultze,* Die Mark Brandenburg, 5 Bde., Berlin 1961–1969.

*Wolfgang Stribrny,* Der Weg der Hohenzollern, Limburg (Lahn) 1981.

*Fritz Wagner,* Europa im Zeitalter des Absolutismus. 1648–1789, München $^{2}$1959.

# Personenregister

# Bildquellenverzeichnis

S. 59: *Friedrich Wilhelm, Kurfürst von Brandenburg*
Kupferstich-Porträt 1648
Kunstbibliothek PK Berlin, Bildarchiv PK Berlin

S. 83: *Friedrich I., König in Preußen*
Kupferstich von J. G. Wolffgang nach einem Gemälde von J. W. Wenzel (1712)
Kunstbibliothek PK Berlin, Bildarchiv PK Berlin

S. 97: *Friedrich Wilhelm I., König in Preußen*
Kupferstich um 1735
Bildarchiv PK Berlin

S. 119: *Friedrich II., König von Preußen*
Kupferstich von Johann Georg Wille 1757
nach einem Gemälde von Antoine Pesne aus dem gleichen Jahr
Bildarchiv PK Berlin

S. 153: *Friedrich Wilhelm II., König von Preußen*
Bleistiftzeichnung von Adolph von Menzel
Bildarchiv PK Berlin

S. 173: *Friedrich Wilhelm III., König von Preußen*
Kupferstich von L. Buchhorn (nach 1815) nach einem Gemälde von François Gérard
Bildarchiv PK Berlin

S. 191: *Friedrich Wilhelm IV., König von Preußen*
Holzstich aus Illustrirte Zeitung, Bd. 8, Leipzig 1847
Bildarchiv PK Berlin

S. 203: *Wilhelm I., Deutscher Kaiser und König von Preußen*
Zeichnung von Anton v. Werner vom 13. Februar 1888
Bildarchiv PK Berlin

S. 219: *Friedrich III., Deutscher Kaiser und König von Preußen*
Zeichnung von W. Hecht 1884
Bildarchiv PK Berlin

S. 227: *Wilhelm II., Deutscher Kaiser und König von Preußen*
Zeichnung von Max Koner 1891
Bildarchiv PK Berlin

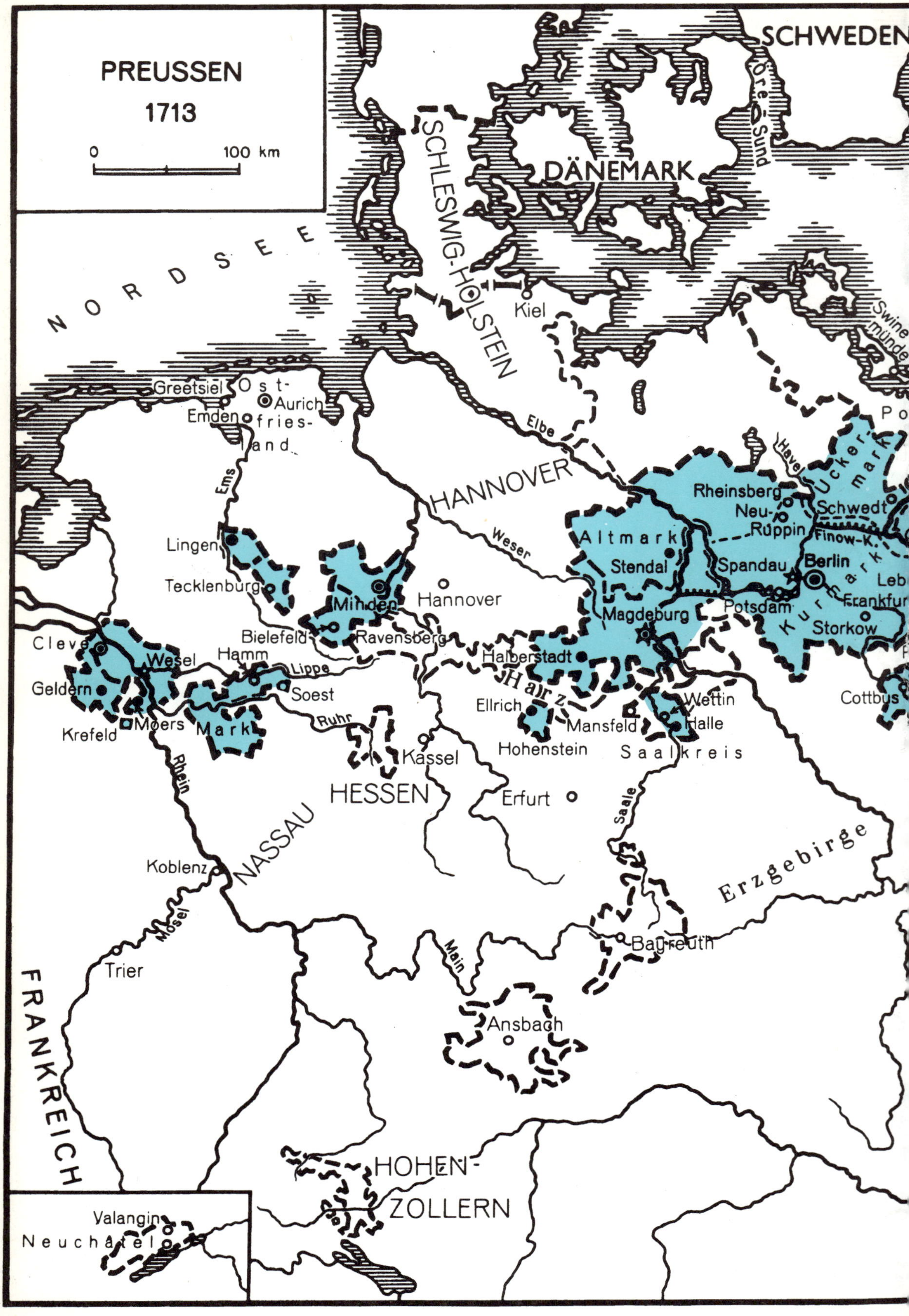
PREUSSEN
1713
0
100 km
SCHWEDEN
Öre-Sund
DÄNEMARK
SCHLESWIG-HOLSTEIN
NORDSEE
Kiel
Swinemünde
Greetsiel
Ost-friesland
Aurich
Emden
Elbe
Ems
HANNOVER
Rheinsberg
Neu-Ruppin
Havel
Uckermark
Schwedt
Finow-K.
Altmark
Stendal
Spandau
Berlin
Kurmark
Lingen
Tecklenburg
Minden
Hannover
Weser
Potsdam
Frankfurt
Magdeburg
Storkow
Bielefeld
Ravensberg
Cleve
Hamm
Halberstadt
Wesel
Lippe
Harz
Geldern
Soest
Ellrich
Wettin
Cottbus
Moers
Mansfeld
Halle
Krefeld
Mark
Ruhr
Kassel
Hohenstein
Saalkreis
Rhein
HESSEN
Erfurt
Saale
NASSAU
Koblenz
Erzgebirge
Mosel
Bayreuth
Main
Trier
FRANKREICH
Ansbach
HOHEN-
ZOLLERN
Valangin
Neuchâtel